编委会

高等院校旅游管理类应用型人才培养"十三五"规划教材

主 编

马 勇　教育部高等学校旅游管理类专业教学指导委员会副主任
　　　　中国旅游协会教育分会副会长
　　　　中组部国家"万人计划"教学名师
　　　　湖北大学旅游发展研究院院长，教授、博士生导师

编 委（排名不分先后）

田　里　教育部高等学校旅游管理类专业教学指导委员会主任
　　　　云南大学工商管理与旅游管理学院原院长，教授、博士生导师
高　峻　教育部高等学校旅游管理类专业教学指导委员会副主任
　　　　上海师范大学旅游学院副院长，教授、博士生导师
邓爱民　中南财经政法大学旅游管理系主任，教授、博士生导师
潘秋玲　西安外国语大学旅游学院院长，教授
薛兵旺　武汉商学院旅游与酒店管理学院院长，教授
田芙蓉　昆明学院旅游学院院长，教授
罗兹柏　中国旅游未来研究会副会长，重庆旅游发展研究中心主任，教授
朱承强　上海师范大学旅游学院/上海旅游高等专科学校酒店研究院院长，教授
王春雷　上海对外经贸大学会展经济与管理系主任，副教授
毕斗斗　华南理工大学经济与贸易学院旅游与酒店管理系主任，副教授
李会琴　中国地质大学（武汉）旅游系系主任，副教授
程丛喜　武汉轻工大学经济与管理学院，教授
吴忠军　桂林理工大学旅游学院院长，教授
韩　军　贵州商学院旅游学院院长，教授
黄其新　江汉大学商学院副院长，教授
张　青　山东青年政治学院旅游学院院长，教授
何天祥　湖南商学院旅游管理学院院长，教授
李　玺　澳门城市大学国际旅游与管理学院客座教授、博士生导师
何　彪　海南大学旅游学院会展经济与管理系主任，副教授
陈建斌　广东财经大学地理与旅游学院副院长，副教授
孙洪波　辽东学院旅游学院院长，教授
李永文　海口经济学院旅游与民航管理学院院长，教授
李喜燕　重庆文理学院旅游学院副院长，教授
朱运海　湖北文理学院休闲与旅游服务管理研究所所长，副教授

高等院校旅游管理类应用型人才培养"十三五"规划教材

总主编 ◎ 马 勇

湘南学院科研资助项目 湖南郴州市福泉度假有限公司合作项目（FQSZ2017013）
广州市星河湾酒店有限公司合作项目（HR2012003）

温泉度假地管理

The Management of Hot Spring Resort

娄丽芝 李 纯 曾 鹰 李梓畅 ◎ 编著

华中科技大学出版社
http://www.hustp.com
中国·武汉

内 容 提 要

作为一种既古老又全新的休闲养生旅游方式,温泉旅游因其吻合当前我国产业供给侧改革战略而逐渐成为全域旅游的重要组成部分,对其进行系统阐述是本书写作的基本出发点。本书具体内容包括以下三大方面:其一,梳理国内外温泉旅游发展历史、发展模式等方面的研究动态,揭示当前温泉旅游存在的主要问题及解决途径;其二,从温泉度假地管理理论、温泉度假地产品开发、温泉文化建设、温泉营销管理、温泉休闲养生、温泉安全及设施设备管理等多维度,系统构建我国温泉度假地管理体系;其三,以珠海御温泉、山东智圣汤泉度假村、南京汤山颐尚温泉度假区等国内五个典型案例进行详实解析,为我国温泉度假地管理提供可以借鉴的经验。

图书在版编目(CIP)数据

温泉度假地管理/娄丽芝等编著. —武汉:华中科技大学出版社,2018.3(2024.1重印)
全国高等院校旅游管理类应用型人才培养"十三五"规划教材
ISBN 978-7-5680-3911-6

Ⅰ.①温… Ⅱ.①娄… Ⅲ.①温泉-旅游度假村-经营管理-高等学校-教材 Ⅳ.①F590.6

中国版本图书馆 CIP 数据核字(2018)第 060997 号

温泉度假地管理 娄丽芝 李 纯 曾 鹰 李梓畅 编著
Wenquan Dujiadi Guanli

策划编辑:李家乐
责任编辑:李家乐
封面设计:原色设计
责任校对:曾 婷
责任监印:周治超
出版发行:华中科技大学出版社(中国·武汉) 电话:(027)81321913
　　　　　武汉市东湖新技术开发区华工科技园　邮编:430223
录　　排:华中科技大学惠友文印中心
印　　刷:武汉邮科印务有限公司
开　　本:787mm×1092mm　1/16
印　　张:14.25　插页:2
字　　数:346千字
版　　次:2024年1月第1版第3次印刷
定　　价:49.90元

本书若有印装质量问题,请向出版社营销中心调换
全国免费服务热线:400-6679-118　竭诚为您服务
版权所有　侵权必究

总 序

伴随着旅游业上升为国民经济战略性支柱产业和人民群众满意的现代服务业,我国实现了从旅游短缺型国家到旅游大国的历史性跨越。2016年12月26日,国务院印发的《"十三五"旅游业发展规划》中提出要将旅游业培育成经济转型升级重要推动力、生态文明建设重要引领产业、展示国家综合国力的重要载体和打赢扶贫攻坚战的重要生力军,这标志着我国旅游业迎来了新一轮的黄金发展期。在推进旅游业提质增效与转型升级的过程中,应用型人才的培养、使用与储备已成为决定当今旅游业实现可持续发展的关键要素。

为了解决人才供需不平衡难题,优化高等教育结构,提高应用型人才素质、能力与技能,2015年10月21日教育部、国家发改委、财政部颁发了《关于引导部分地方普通本科高校向应用型转变的指导意见》,为应用型院校的转型指明了新方向。对于旅游管理类专业而言,培养旅游管理应用型人才是旅游高等教育由1.0时代向2.0时代转变的必由之路,是整合旅游教育资源、推进供给侧改革的历史机遇,是旅游管理应用型院校谋求话语权、扩大影响力的重要转折点。

为深入贯彻教育部引导部分地方普通高校向应用型转变的决策部署,推动全国旅游管理本科教育的转型发展与综合改革,在教育部高等学校旅游管理类专业教学指导委员会和全国高校旅游应用型本科院校联盟的大力支持和指导下,华中科技大学出版社率先组织编撰出版"全国高等院校旅游管理类应用型人才培养'十三五'规划教材"。该套教材特邀教育部高等学校旅游管理类专业教学指导委员会副主任、中国旅游协会教育分会副会长、中组部国家"万人计划"教学名师、湖北大学旅游发展研究院院长马勇教授担任总主编。

在立足旅游管理应用型人才培养特征、打破重理论轻实践的教学传统的基础上,该套教材在以下三方面作出了积极的尝试与探索。

一是紧扣旅游学科特色,创新教材编写理念。该套教材基于高等教育发展新形势,结合新版旅游管理专业人才培养方案,遵循应用型人才培养的内在逻辑,在编写团队、编写内容与编写体例上充分彰显旅游管理作为应用型专业的学科优势,全面提升旅游管理专业学生的实践能力与创新能力。

二是遵循理实并重原则,构建多元化知识结构。在产教融合思想的指导下,坚持以案例为引领,同步案例与知识链接贯穿全书,增设学习目标、实训项目、本章小结、关键概念、案例解析、实训操练和相关链接等个性化模块。为了更好地适应当代大学生的移动学习习惯,本套教材突破性地在书中插入二维码,通过手机扫描即可直接链接华中出版资源服务平台。

三是依托资源服务平台,打造立体化互动教材。华中科技大学出版社紧抓"互联网+"发展机遇,自主研发并上线了华中出版资源服务平台,实现了快速、便捷调配教学资源的核心功能。

在横向资源配套上,提供了教学计划书、PPT、参考答案、教学视频、案例库、习题集等系列配套教学资源;在纵向资源开发上,构建了覆盖课程开发、习题管理、学生评论等集开发、使用、管理、评价于一体的教学生态链,真正打造了线上线下、课堂课外的立体化互动教材。

基于为我国旅游业发展提供人才支持与智力保障的目标,该套教材在全国范围内邀请了近百所应用型院校旅游管理专业学科带头人、一线骨干"双师双能型"教师,以及旅游行业界精英共同编写,力求出版一套兼具理论与实践、传承与创新、基础与前沿的精品教材。该套教材难免存在疏忽与缺失之处,恳请广大读者批评指正,以使该套教材日臻完善。希望在"十三五"期间,全国旅游教育界以培养应用型、复合型、创新型人才为己任,以精品教材建设为突破口,为建设一流旅游管理学科而奋斗!

2017.1.18

前　言

温泉旅游作为一种既古老又全新的休闲养生旅游方式，因为它的特殊功用开始不断受到世人瞩目，逐渐成为全域旅游的重要组成部分。一般而言，温泉旅游是指以感受温泉沐浴文化为主体，将观光、养生保健、怡情放松、娱乐餐饮、休闲度假等融为一体的多功能旅游。温泉资源之于医疗保健虽历史久远，但作为一种现代综合性特色旅游产业对中国大部分地区而言，其旅游功能的系统开发则是20世纪八九十年代以后的事，且是在医疗保健的基础上进一步发展和升华的。

从国外来看，20世纪以来，以医疗、疗养作用为主导的传统温泉旅游度假区开始向温泉治疗和温泉休闲度假并重的现代温泉度假区转变，温泉旅游地有了新的发展趋势，尤以美国、日本、西欧、东欧的温泉旅游度假区较为闻名。度假区的规模也随之扩大，旅游功能日趋多样化，温泉地逐渐发展成为多功能综合型的大型旅游度假区。

温泉旅游与保健功能的科学认识和合理开发，目前在国内尚处于起步阶段，特别是系统阐述温泉度假地的管理，更是如此。如何针对温泉的一系列链接资源进行科学且全面的介绍与论述，为温泉旅游的开发者、管理者、经营者，以及为广大的消费者群体提供一个关于温泉旅游保健较为系统完整的概念体系，同时也为有关高等院校旅游相关专业提供教学参考，这正是笔者构思写作《温泉度假地管理》一书的核心目标。

本书通过总结国内外温泉旅游发展历史、发展模式等方面的研究动态，从温泉度假地管理理论、温泉度假地产品开发、温泉度假地文化建设、温泉营销管理、温泉休闲养生、温泉安全及设施设备管理等多维度系统论述了我国温泉度假地经营管理，最后对珠海御温泉、山东智圣汤泉度假村、南京汤山颐尚温泉度假区等五个典型个案进行了介绍，进而为我国温泉度假地管理提供了可以借鉴的宝贵经验。

本书具有以下三个特点：一是体系完整、覆盖面广，在体例安排上做了精心筹划，通盘兼顾了温泉度假地管理的各个层面；二是内容充实，设计新颖，包括学习目标、案例引导、复习思考、案例解析、相关链接等环节，能提供丰富的教学资源，展示了"四位一体"的立体教学模式；三是凸显方法研究，强化实践教学设计，有较强的针对性、实效性。

总之，本书内容完整，史料丰富，时效性强，对温泉度假地管理具有可操作性，弥补了目前我国旅游管理专业本科层次温泉旅游相关教材的短缺，对中国温泉度假地经营者及温泉旅游行业的发展均有积极的助推意义。

Contents

第一章　绪论 …1
　第一节　温泉概念及分类 /1
　第二节　温泉旅游发展历史 /3
　第三节　我国温泉资源的分布 /6

第二章　温泉度假地概述 …11
　第一节　温泉度假地概念及类型 /11
　第二节　温泉度假地的特征 /14
　第三节　温泉度假地发展趋势 /16

第三章　温泉度假地管理基本理论 …24
　第一节　温泉度假地管理基础理论 /24
　第二节　温泉度假地管理内容 /30
　第三节　温泉度假地管理模式 /34

第四章　温泉度假地产品 …41
　第一节　温泉度假地产品概述 /41
　第二节　温泉度假地产品设计 /45
　第三节　温泉度假地产品创新 /54

第五章　温泉度假地文化建设 …62
　第一节　温泉文化的特点和构建 /62
　第二节　温泉文化与民俗 /66
　第三节　地域文化与温泉度假地 /71

第六章　温泉休闲养生旅游 …78
　第一节　休闲养生旅游的概述 /78
　第二节　温泉休闲旅游 /81
　第三节　温泉养生 /84

第七章 温泉度假地营销管理 — 92

  第一节 温泉度假地目标市场营销策略 /92
  第二节 温泉度假地营销组合策略 /96
  第三节 温泉季节性营销管理 /103

第八章 温泉度假地安全管理 — 109

  第一节 温泉度假地安全管理概述 /109
  第二节 温泉度假地安全管理内容 /111
  第三节 温泉度假地安全管理措施 /117

第九章 温泉度假地设施设备管理 — 124

  第一节 温泉度假地设施设备概述 /125
  第二节 温泉度假地设施设备使用和维护 /129
  第三节 温泉度假地设施设备维修与改造 /133

第十章 温泉品牌个案研究 — 141

  第一节 露天温泉第一家：珠海御温泉度假村 /141
  第二节 以水为魂：山东智圣汤泉旅游度假村 /145
  第三节 华东温泉度假旅游标杆：南京汤山颐尚温泉 /150
  第四节 天然地热博物馆：云南腾冲火山热海 /154
  第五节 华南第一泉：湖南汝城福泉山庄 /156

附录 温泉企业服务质量等级划分与评定 — 161

  引言 /161
  附录A 必备项目检查表 /168
  附录B 温泉水质评价 /178
  附录C 医疗热矿水水质标准分类表 /180
  附录D 公共场所集中空调通风系统卫生规范 /181
  附录E 设施设备评分表 /183
  附录F 温泉企业运营质量评价表 /204

参考文献 — 217

第一章

绪论

学习目标

了解温泉有关的概念;熟知国内外温泉旅游的发展历史;对我国温泉资源的分布现状有所掌握。

第一节　温泉概念及分类

案例引导　2017年中国温泉旅游市场前景研究报告

近日,商情数据旗下国内领先的产业研究咨询服务机构中商业产业研究院权威发布《2017年中国温泉旅游市场前景研究报告》。报告显示,我国温泉资源丰富,温泉产业的规模庞大。伴随温泉市场热度的提升,人均消费水平也不断提高。从2012年至2016年,我国温泉旅游产品消费规模从103亿元增长到266亿元,年复合增长率达到20.9%,温泉旅游发展潜力巨大。但对温泉资源的开发和利用水平还低于日本、韩国以及欧美国家。

国内旅游市场规模不断上涨,温泉市场持续增长。国家旅游局数据显示,2016年国内旅游人数达到44.4亿人次,国内旅游总收入3.9万亿元。与我国庞大的旅游市场相比,温泉旅游产品仍属于小众产品。2016年,我国温泉旅游约3580万人次,占我国旅游总人次比重约8%。但在消费升级的驱动下,人们对主题景区旅游的需求在增加,温泉旅游作为集养生、休闲于一体的体验式旅游,受到越来越多消费者的青睐。

一、温泉的概念

有关温泉的概念,国内外学者观点尚未统一,目前尚无十分明确的、公认的定义,大多数定义都是从温泉的温度、成因、成分角度来阐述的。最早由吉尔伯特对温泉做出定义,他认为"凡温度高于当地年平均温度15°F(8.3 ℃)的泉水,就叫温泉或热泉"。我国著名的地质学家陈炎冰将温泉定义为"地下漏出之泉水,其温度较漏出地点之年平均温度为高者称温泉"。美国地热地质学家怀特重新定义温泉为"温度显著高于当地年平均气温的泉水叫温泉或热泉,一般来说,5 ℃或5.6 ℃就算显著"。

关于温泉的下限温度,国际上没有统一的划分标准。德国和英国规定的标准为高于20 ℃。日本的《温泉法规》,关于温泉的定义是从温度及成分两个角度考虑的,认为温泉是高于25 ℃的天然地下涌水,若低于25 ℃,只要含有某些成分一定量也可称为温泉。韩国将温泉定义为高于25 ℃且不含对人体有害物质,日采水量超过300吨的地下涌水。

我国政府有关部门借鉴国外标准,结合国内自然地理和地热地质条件并且考虑到地下热水的综合利用,把温泉的下限温度定为25 ℃。

从以上定义我们不难看出,温泉是泉水的一种,严格意义来说,是从地下自然涌出的自然水,泉口温度显著地高于当地年平均气温而又低于(等于)45 ℃的地下水天然露头叫温泉,并含有对人体健康有益的微量元素的矿水。绝大多数学者都认为温泉是达到一定温度,且含有对人体有益矿物质成分的泉水。学者们限制了温泉水温的下限,但并未提出上限,而在习惯上,我们所说的温泉也未按温度来严格区分,常常将热泉甚至高热泉也称之为温泉。

二、温泉的分类

国外对温泉的划分一般按温泉水渗透压、温泉水对皮肤的刺激性、温泉水的酸碱度、温度以及温泉水中所含化学物质成分多少等这5种方法来分类。

国内进行温泉分类主要依据其所含化学物质和水温。

(一)根据温泉所含成分分类

温泉中大都含有氧、钠、铁、铝等化学元素以及硫黄、氯化物、碳酸氢钠等矿物质成分,具有减轻疲劳、治疗皮肤病、促进血液循环、疗养身体等不同功效。根据温泉的这种特点,我们可以将其划分为单纯泉、二氧化碳泉、碳酸氢钠泉、氯化物泉、硫酸氯泉、含铁泉、铝泉、硫磺泉、酸性泉、放射性泉等种类,以便于人们选择适合自身保健的温泉类型度假旅游,见表1-1。

表1-1 根据温泉所含成分分类

类型	所含成分及功能
单纯泉	无色无味无臭,有利于60岁以上长者以及病愈后的人疗养身体
二氧化碳泉	以二氧化碳成分为主,可以刺激皮肤,促进血液循环,能直接饮用
碳酸氢钠泉	以碳酸氢钠为主要成分,有清净肌肤的作用,被称为"美人温泉",对胃肠疾病以及过敏症状也有疗效

续表

类型	所含成分及功能
氯化物泉	以氯化物为主要成分,对胃肠病患者、60岁以上长者和风湿患者有效
硫酸氯泉	可进一步分为芒硝泉、石膏泉、正苦味泉,有促进新陈代谢的作用
含铁泉	呈红褐色,含有铁成分,对贫血患者有效
铝泉	富含铝,有恢复肌肤和勃膜的作用
硫黄泉	温泉中硫黄含量极大,带有异味,对皮肤病、动脉硬化症以及关节疾病有效
酸性泉	刺激性较强,有杀菌效力。在世界范围内,日本著名的酸性泉很多
放射性泉	镭泉,对神经痛和风湿症有效
氡泉	氡泉可治疗心血管、皮肤方面的疼痛疾病,调节内分泌系统

（二）根据温泉涌水口水温分类

不同温泉地涌水口温度差别很大,根据涌出泉水的温度我们可以将其划分为微温泉、温泉、热泉、沸泉等几种类型。其中温泉又可分为不感温泉、温热泉和高温温泉,见表1-2。

表1-2　温泉分类（根据温泉涌水口水温）

<35 ℃	35~45 ℃			>45 ℃
微温泉	温泉			热泉
	35~36 ℃	37~39 ℃	40~45 ℃	
	不感温泉	温热泉	高温温泉	

第二节　温泉旅游发展历史

案例引导　　重庆第一泉——北温泉

重庆的温泉历史非常悠久,有记载的最早的就是北温泉寺,北温泉公园位于北碚区,北濒嘉陵江,南倚缙云山。其前身为温泉寺,初建于南朝刘宋景平元年（423年）,重建于明宣德七年（1432年）。距今1500多年,比日本最古老的有马温泉早200年。据明万历《合州志》载,元宪宗蒙哥"为炮风所震,因成疾。班师至愁军山,病甚……次过金剑山温汤峡而崩。"从此,温泉寺之名,遂列入正史。明、清两代,是温泉寺的黄金时代。清康熙文学殿大学士张鹏翮亲笔书写的"第一泉"三字刻于温泉寺下的嘉陵江边岩壁上。北温泉的泉水水质绝佳,且水量丰富,现有泉眼10处,日出水总量为6000~8636吨,水温38 ℃左右。北温泉名胜古迹众多,文化内涵丰厚。现存的温泉寺庙是于明清时期重新修建的古寺,朱檐碧瓦,雄伟壮观。

1927年，卢作孚于此创办嘉陵江温泉公园，增建温泉游泳池与浴室、餐厅等旅游设施，后更名为重庆北温泉公园。公园依自然地形而建，楼台亭阁错落有致，翠竹森森，林木葱茏，山光水色，风景如画。公园内代表性景点有关圣殿及观音殿。

　　其中关圣殿，又称三圣殿，为温泉寺山门。接引殿后有一山泉细流汇成的方池，池上石桥栏杆上刻有麒麟、芭蕉及花鸟等图案，皆为明代之作。大佛殿内现存一尊明代佛像；殿前一对石狮怀抱小狮，十分别致。观音殿以石柱支撑，铁瓦盖顶，俗称"铁瓦殿"。

　　嘉陵江温泉公园是中国最早的平民公园。黄炎培在此写下："数帆楼外数风帆，峡过观音见两三。未必中见名利客，清幽我亦泛烟岚。"抗战时期蒋介石、林森、周恩来邓颖超夫妇曾多次来此住宿。新中国成立后，朱德、董必武、邓小平、刘伯承、陈毅、聂荣臻等都曾在此住过或小憩。

　　温泉旅游是指以感受温泉沐浴文化为主体，将观光、养生保健、怡情放松、娱乐餐饮、休闲度假等融为一体的多功能旅游，温泉的旅游功能是与温泉的保健功能相关联的，温泉旅游是在温泉保健基础上的进一步发展与提升。

　　国内与国外利用温泉资源于医疗保健的历史久远。相对而言，对温泉资源旅游功能的开发则比较晚，而且是在医疗保健基础上进一步发展和升华的。

一、国外温泉旅游发展

（一）温泉旅游的缘起

　　早在古罗马时期，德国的巴登-巴登温泉和英国的巴斯温泉就已成为欧洲最著名的温泉胜地，温泉的治疗作用开始受到人们的重视，后经希腊人、土耳其人和罗马人的广泛传播，温泉沐浴扩展到北非海岸及欧洲大部分地区。但是到罗马帝国后期，由于温泉地的奢侈生活再加上15世纪中后期，猖獗欧洲的鼠疫以及人们对洗澡观念的错误认识，使得温泉地在西方国家逐渐成为世人遗忘的角落。虽然如此，这一时期仍有一些对温泉养生的知识积累。1326年，第一个温泉疗养地在比利时东部出现。SPA来自拉丁文，全名为"Solus Par Aqua"，意指"经由水而痊愈"。当时人们在此于自然环境中以天然温泉水为主浸浴，治疗各种疾病与疼痛，使患者的身体得以痊愈。

　　18世纪，欧洲又开始流行用身体接触水，体会沐浴的快乐。特别是19世纪医学观念的转变，温泉地又一次受到人们的欢迎，迎合了人们治愈和疗养身体的迫切要求，历史上大量的温泉疗养地在欧洲得以重生。总的来说，温泉旅游首先在西欧兴起，其吸引旅游者的主要因素是温泉的医疗功能，这时期的温泉疗养地旅游功能单一，仅仅开发了一些简陋的住宿设施和温泉沐浴疗养设施。

（二）温泉旅游的发展

　　文艺复兴后，欧洲各国的经济发展水平显著提高，资本主义自由经济扩张，政治相对稳定，都市余暇生活整体复兴，西方国家出现了以亲近大自然为主题的旅游活动浪潮，如到阿尔卑斯山去体验自然等。这一时期，温泉地的开发空前兴盛，温泉旅游在欧洲得以快速发展。欧洲大陆的众多国家，诸如法国、意大利、西班牙、德国等均有大量的SPA发展起来。"享用温泉"成为当时人们的一种时尚，此时的温泉仍然以治疗为导向，前往温泉地的旅游者主要是富有的社会上流人士，为迎合他们的需要，温泉地出现了各种各样的住宿、娱乐和服务设施，如戏剧院、歌剧院、舞厅、图书馆、赛马场、野营地等。此时的温泉地已经成为集疗养与休闲娱乐为一体的温泉旅游度假区。

然而，18世纪末期，随着医疗水平的提高，温泉的疗效开始受到人们的质疑。与此同时，与温泉疗效相似的海水浴逐渐受到人们的青睐，海滨旅游随之崛起，吸引了大量的旅游者，人们纷纷前往地中海等地海滨度假。因而，许多传统的温泉旅游地逐渐受到冷落。

（三）温泉旅游地的复兴与新趋向

工业革命完成之后，随着中产阶级规模的扩大，可自由支配的财富增多，新的便捷、快速的交通方式广泛出现，特别是工业化和城市化的迅猛发展，城市居民的工作压力增大、生活环境日益恶化，从而使得大众休闲康体旅游快速发展，具有医疗作用和保健性质的温泉又得到了新的发展机遇，温泉旅游地得以复兴。

20世纪以来，以医疗、疗养作用为主导的传统温泉旅游度假区开始向温泉治疗和温泉休闲度假并重的现代温泉度假区转变，温泉旅游地有了新的发展趋向，这一趋势后来在全世界发展起来，其中以美国、日本、西欧、东欧的温泉旅游度假区较为著名。度假区的规模也随之扩大，旅游功能日趋多样化，温泉地逐渐发展成为多功能综合型的大型旅游度假区。

二、国内温泉旅游发展

（一）古代温泉的利用

目前，我国有文字记载利用温泉洗浴最早的是先秦时期。《礼记》中有"头有创则沐，身有病则浴"的记载，《论语》中有"浴于沂，风于午云，泳而归"的记载。此外，在《内经》、《素问》中都有关于温泉的记载。这说明，早在先秦时期我国就已经有了使用温泉治疗疾病的做法。张衡在《温泉赋》中曾歌颂温泉"有疾病兮，温泉泊焉。以流秽兮，益蜀除苛惹"，可见人们在当时就已经广知温泉能够洗浴治病。

我国的温泉利用，根据史书记载有着上千年的历史，西安的华清池、北京的小汤山、南京的汤山、云南的安宁、广东的从化等温泉都具有悠久的历史。但是，这些温泉的沐浴、医疗利用大多数与帝王、将相、士大夫阶层有关，真正在广大人民中流传下来的则是人们口口相传的对于温泉神奇疗效的歌颂，以及利用温泉水提取食盐、烧饭、灌溉农田等实践活动。我国古代对温泉的认识集中起来可以说是简单地利用温泉进行生产、生活实践，以及以权贵为中心的温泉愉悦活动。

（二）温泉疗养院时期

新中国成立后，本着为工人阶级服务的原则，我国在对一批原有的温泉地设施进行改、扩建的同时，也建立了一批新的温泉疗养院。至20世纪50年代末，我国的政府机关、专业工会、卫生部门、厂矿、部队等相继在全国各处的温泉目的地建立了上百所温泉疗养院，主要分布于东北地区。

由于当时的特殊环境，我国这一时期所建的疗养院基本上照搬了东欧的经验和格局。院内设置诊疗楼及若干病房，同时庭院内修建了林荫道、观赏水池、亭阁等，用于组织疗养员即患者在接受治疗期间参加集体性的学习、活动等。此时的疗养院与东欧的温泉保养公园相似。

从今天的旅游角度来看，这些疗养院所进行的活动尚不具备旅游功能。但是，正是这一时期的建设，奠定了我国温泉旅游起步阶段的基础设施；也使温泉中心洗浴理念，以及温泉疗养能够治愈身心积劳的知识得到了普及，促使我国众多的温泉疗养地成为今天的旅游目的地。

（三）温泉旅游度假区时期

1978年召开十一届三中全会以后，在邓小平同志的倡导下，我国实行改革开放、打开国门的政策。旅游产业率先进行了改革，公费温泉治疗患者大幅度减少，这些疗养院不再以接待公费疗养者为主，而是实行对外开放。这样，我国温泉目的地的功能由原先单一的以疗养为主向休闲度假旅游的方向发展，从而出现了我国的第一代温泉旅游度假区。

20世纪90年代中期以来，随着我国国民经济水平的进一步提升以及旅游业的全面发展，温泉旅游作为一种特殊的休闲度假旅游产品再次吸引了广大旅游者。1997年，广东恩平金山温泉以露天为特色的度假区，珠海御温泉以享受温泉文化为主题的度假区拉开了我国大规模和综合开发温泉旅游资源的帷幕。特别是广东地区，仅广东省内已建成的大型温泉度假区就达60多家，在建项目30余家，而且这种类型的大规模温泉度假区建设正从沿海发达地区向中西部省区拓展。

第三节　我国温泉资源的分布

案例引导　　　　山东温泉资源分布

山东是中国长江以北温泉大省。丰富的地热资源和地下水资源形成了山东丰富的温泉资源。调查结果显示，山东全省日产地热水约 5.7×10^4 立方米，全省3000米以内浅层可利用地热资源量相当于150亿吨标准煤燃烧所产生的热量，约为山东省煤炭资源总有储量的4倍。

山东全省17个市都有可开发利用的地热资源，共有地下热水出露点30余处，主要天然露头温泉有泰安桥沟温泉、威海温泉、温泉汤、洪水岚汤、七里汤、呼雷汤、北汤、大英汤、小汤、龙泉汤、于家汤、温石汤、艾山汤、汤东泉、东温泉、汤头、温凉泉、汪家坡等18处温泉，在北方各省区中首屈一指。

山东省有组织地进行地热开发始于20世纪50年代。泰山温泉城、德州齐河国科高尔夫温泉、聊城天沐温泉；菏泽、临沂、德州、寿光、招远、栖霞、威海、即墨等地温泉,均已建成营业,主要开发项目有温泉洗浴、温池游泳、生活供水、供暖等,成为山东旅游发展的新亮点,其中,烟台、青岛、威海三市发展葡萄酒庄旅游具有得天独厚的资源优势和有利条件,同时,这三个市也是山东省温泉资源较为富集的区域,"温泉+葡萄酒"旅游产品的组合,有望成为山东发展温泉旅游的独特优势。

山东的温泉度假地开发也较为成熟,其中有5A级温泉度假村天沐江北水城温泉度假村是天沐集团在山东冠县开发的以温泉为特色的五星级度假酒店,4A级的枣庄滕州盈泰温泉度假村、艾山温泉国际旅游度假村、威海文登的汤泊温泉度假区、山东观唐温泉度假村、临沂智圣汤泉温泉度假村等,还有诸多的特色温泉,大大小小的温泉度假地共有37处。

一、我国温泉的总量

虽然我国温泉已有长期的研究,但对其数量统计由于多种原因,差距较大。

中国能源研究会地热专业委员会(1986)公布全国共有温泉3398处,中国科学院陈墨香等人(1994)在《中国地热资源》一书中提及的我国温泉总数为2200处,天津地矿局(1998)在编制《中国地热资源规划》时统计出的我国温泉总数为3150处等。造成这种温泉统计总数不一的原因是多方面的:第一,进行温泉资源调查时没有统一的标准,比如在调查中使用的温泉下限不同;第二是调查人员将天然出露的温泉和人工钻探成井的地热水混为一谈,不加区别,比如天津在历史上并没有关于温泉的记载,可是有的资料在统计时却认为天津有温泉20多处;第三,有些省市区,尚未对温泉资源进行详细的普查,这样也会造成温泉数目统计上的偏差,比如青藏高原、横断山区或其他一些交通不便的山区,常常有很多温泉"藏"在深山老林之中,要么很少有人知道,即使知道位置,也很难进行实地考察。但是,总体来说,以上这些统计调查还是有其针对性和科学依据的,目前我国的温泉总数在上述范围之间。

二、我国温泉资源的分布情况

国土资源部(姜建军等,2005)资料显示:我国共有温泉、热泉、沸泉、喷气孔等3150多处,除上海市外,各省市均有分布。其中云南(603)、西藏(283)、广东(257)、四川(220)和福建(174)5个省区,约占全国温泉总数的70%。分布状况是:藏南—川西—滇西水热活动密集带1750处,其中有沸泉71处,60~80 ℃的热泉515处;台湾水热活动密集带103处,其中有沸泉18处,热泉4处;东南沿海地区水热活动密集带461处,其中高于80 ℃的热泉有27处;胶辽半岛水热活动密集带有46处,其中高于80 ℃的热泉3处,60~80 ℃的热泉10处。

据陈墨香(1992)统计,全国温度>25 ℃的温泉有2200处,其中25~40 ℃为859处,40~60 ℃为807处,60~80 ℃为398处,>80 ℃为136处。按行政区计,除黑龙江和宁夏两省(区)无≥25 ℃的温泉,上海和天津两市无温泉出露外,其余各省市区均有数量不一的≥25 ℃的温泉出露。温泉数量居全国前列的分别是云南(603)、西藏(283)、广东(257)、四川(220)和福建(174)5个省区,约占全国温泉总数的70%。温度密度大于10者有5个省(区),其中以台湾为最高(19.2),云南次之(15.9),广东(14.3)和福建(14.1)居第3、4位,海

南(10)居第 5 位。我国的绝大部分温泉分布在东半部,而西半部分布稀少;即使在东南半部,也分布不均,又以东南沿海和西南一隅分布最为稠密。

三、我国温泉资源分布特征

从我国温泉资源分布可知,受地质构造和地壳构造运动控制的影响,我国温泉分布存在明显的不均衡性。

按照温泉出露的不均衡性情况,我国的温泉,相对而言,有三个主要的分布密集带:藏南—川西—滇西分布密集带、台湾分布密集带和东南沿海分布密集带,其特点如下。

(一)藏南—川西—滇西密集带

位于藏南沿雅鲁藏布江两侧,向东经三江地区在滇西折向经腾冲等地,属地中海—喜马拉雅温泉带的组成部分。本带有温泉处 676 处,约占全国温泉总量的 32%。>80 ℃的温泉中,分布于藏南 41 处,滇西 34 处,川西 5 处,并有 60 多处泉点温度达到或超过当地沸点的沸泉。

(二)台湾分布密集带

属环太平洋温泉带的一部分。台湾全岛有温泉 103 处,>80 ℃者有 18 处,其中,接近或超过当地沸点的沸泉有北投、大油坑、七星山、宜兰龟岛、清水、土场等。台湾岛北端北投附近的大屯为第四纪更新世火山区,现代水热活动十分强烈,除有沸泉外,还有喷气孔等。

(三)东南沿海分布密集带

东南沿海分布密集带指濒临东海和南海的闽粤琼三省,是我国大陆东部地区温泉分布最密集的地带。共有>25 ℃的温泉 461 处,约占全国温泉总数的 25%,>80 ℃者 24 处。在温泉的数量和温度上都有由内陆向近海岸地带增多和增高之趋势,特别是>80 ℃的温泉主要集中在近海岸地带。

另外,经调查发现温泉分布的稠密区与高降水区一致:我国温泉的分布由西向东,由北向南激增,在东南沿海和西南一隅形成的高密度的温泉密集分布带,也正好与我国的高降水分布一致。温泉的密集区也是高降水量分布区,这里降水多在 1000~1200 毫米以上。充足的降水为温泉的形成与发展提供了良好的泉源补给条件。在干旱的西北地区,由于降水稀少,蒸发强烈,缺少地表径流,温泉水源补给短缺,因此,降水也是造成我国西北温泉稀少的重要影响因素之一。

本章小结

本章对温泉的概念、分类及其分布进行了大致介绍。我国的温泉资源分布广,类型多,品质好,国内进行温泉分类主要依据其所含化学物质和水温两个标准,分别划分为单纯泉、矿物质泉、放射性泉;温泉、热泉、沸泉等。本章第二节主要对国内外温泉旅游的发展历史进行了详细的说明,从第三节我国温泉资源分布特征可以知道,我国温泉分布存在明显的不均衡性。集中分布在藏南—川西—滇西分布密集带、台湾分布密集带和东南沿海分布密集带,各集中分布带也有其独有特色。

关键概念

温泉概念　温泉分类依据　温泉旅游发展　温泉资源分布特点

复习思考

□复习题
1. 国内外对温泉的划分依据有什么不同？国内温泉划分主要依据什么标准？
2. 我国温泉主要分布在哪些地区？
3. 我国温泉旅游发展经过哪些时期？

□思考题
试对东南沿海温泉分布密集带发展特色进行分析。

案例分析

温汤镇的温泉

温汤镇位于宜春市袁州区西南方18公里处，境内拥有国家级森林公园——明月山和国内罕见的地下富硒温泉，发展旅游疗养业具有得天独厚的优势。著名温汤镇的温泉，蕴藏于地下400多米深的岩石裂隙之中，分布在以地矿疗养院为中心的温汤镇0.8平方公里范围内，日出水量3600吨左右，至今已有800多年历史。温汤温泉水温常年保持在68～72 ℃，水质清澈透明，无色无味，内含20多种人体必需的微量元素、无机离子，属弱碱性、低矿化度、重碳酸钠、高热优质淡温泉，是比较少见的可以饮用的温泉。

中国预防医学会检验证实，温汤温泉是中国目前发现的唯一可以与法国埃克斯温泉相媲美的优质温泉。温汤温泉具有很强的生理活性，是一种罕见的富硒温泉，有明显的强身健体的作用。据有关部门调查发现，从新中国成立至今，温汤镇居民没有发现一例癌症患者的病例，这与温汤镇居民常年取用温泉水有关系。

温汤温泉有很好的保健预防治疗作用，它对风湿、类风湿、肩周炎、坐骨神经痛、颈椎病、腰椎间盘突出症、腰肌劳损等运动系统和神经系统疾病有独特的疗效，对心血管、消化、泌尿系统疾病也有显著疗效。宜春温汤镇温泉主要有矿疗温泉乐园、明月山天沐温泉、明月山维景国际温泉、江西交通温泉山庄等度假酒店。其中明月山天沐温泉已有800多年的利用历史，为国家5A级景区，泉水日流量达700吨，泉源流一年四季不绝，无明显的季节差异。

问题：温汤镇的温泉主要发展方向和主要特色是什么？

  相关链接

进一步阅读推荐：

1. 何小芊,龚胜生.中国古代温泉资源分布及其空间演化[J].热带地理,2013(4).
2. 王华,彭华.温泉旅游的发展与研究述评[J].桂林旅游高等专科学校学报,2004(4).
3. 王艳平,山村顺次.中国温泉资源旅游利用形式的变迁及其开发现状[J].地理科学,2002(1).
4. 曹诗图.旅游哲学引论[M].天津：南开大学出版社,2008.
5. 张建.我国温泉旅游资源的开发与利用[J].资源开发与市场,2004(5).
6. 王爱娥,李纯,周树雄.湖南省温泉旅游资源分布及开发价值评估[J].商场现代化,2009(24).
7. 左莉华,王艳平.汤温泉及其理论基础[J].旅游论坛,2016(2).
8. 周玲强,祝勤玫.温泉旅游开发模式探讨[J].经济论坛,2010(11).

第二章

温泉度假地概述

学习目标

掌握温泉度假地的概念,划分的类型;了解我国温泉度假地的基本特征;对当前国内外温泉度假地的发展趋势能够进行判断。

第一节 温泉度假地概念及类型

案例引导 宜兴竹海富陶温泉度假酒店

开工8个月的宜兴竹海富陶温泉度假酒店目前已经完成主体工程建设,进入后期装修和配套建设阶段。按照原计划,宜兴竹海富陶温泉度假酒店将成为宜兴乃至无锡地区假期休闲游玩的绝佳去处。

江苏省地质调查研究院有关专家表示,他们对湖父镇丘陵地区的地热资源进行勘查论证发现,湖父地区具有"源、通、储、盖"等良好的地热地质条件。2012年4月29日,位于宜兴阳羡生态旅游区内阳岭附近打出第一眼温泉,井口出水水温高达53℃。温泉距著名的宜兴竹海景区仅几里路之遥,周围丘陵棋布,坐拥万顷竹林,素有"华东第一竹海"之称。地矿部门科学估算,该井单日最大涌水量可超过500吨。时任宜兴阳羡生态旅游区管委会主任、现任宜兴市委宣传部部长沈晓红当时表示:希望在该温泉区域建设温泉度假酒店,开辟户外温泉、室内泳池等,把宜兴竹海建成"温泉谷"。

据国土资源部南京矿产资源监督检测中心水质分析,从该温泉取得的地热水中多种元素含量达到或超过国家理疗热矿水水质标准,富含氡和偏硅酸,可广泛应用于休闲娱乐、医疗保健、生活热水、地热空调、特种养殖、温室以及烘干等许多领

域。地质专家进一步分析后认为,宜兴竹海深处的温泉富含偏硅酸,洗浴时对人体皮肤和黏膜有清洁消炎作用,给皮肤以肥皂和类似脂肪样的润滑感,经常用富含氡和偏硅酸的水洗浴,对湿疹、荨麻疹、神经性皮炎、各种关节炎、风湿性关节炎以及软骨病等骨科病症、心血管系统疾病等都有一定疗效。

据介绍,正在建造中的竹海温泉度假酒店由宜兴富陶集团投资兴建。项目总投资5亿元,占地48.3亩,总建筑面积44559平方米。项目功能集娱乐、休闲、文化、养生、运动等功能于一体,设迎宾楼280间,别墅酒店6栋,联排别墅18个,停车位228个,建成后将为阳美生态旅游区高星级酒店新的标杆,为此,阳美生态旅游区将据此条件优化配置旅游要素,建设开辟溪水疗养区、山地疗养区、竹浴休闲区、竹寨养生区、中药谷、养生文化馆等,并充分利用阳美旅游生态区独特的生态资源,建设穿越、野营、攀岩、探洞、骑马等周末户外休闲体验活动项目,打造一个集温泉疗养、道家养生、中医治疗的温泉度假胜地。

分析提示:温泉度假酒店在开发中应如何确定相关项目功能?

一、温泉度假地概念

温泉度假地广义指以温泉资源为核心载体,以优质的服务为支撑,以体验温泉、感受文化、康体养生、休闲度假等为目的,为广大旅游者提供观光娱乐、康体保健、休闲度假、商务会议、科普教育等一系列与温泉相关项目的休闲度假地。狭义指以闲暇为导向,旅游功能相对独立,能为游客度假提供良好的温泉资源和相当的设施与服务的目的地。

温泉度假地必须具有以下基本条件。

(1) 地处温泉旅游区或温泉地。

(2) 度假地的设计、建造、装修等必须依托温泉资源。

(3) 度假地的设施、活动及其服务的设计必须考虑温泉消费客人的行为方式、活动规律、消费需求。

二、温泉度假地的类型

我国的一大批先行的温泉度假地在多年经营实践中,通过开发模式的不断创新,取得了令人瞩目的成绩。目前主要有以下开发类型。

(一)"温泉+景区"型

这类温泉度假地以创造独具特色的温泉泡浴景区来赢得市场。这是温泉度假地开发最基本的类型,这类温泉度假地规模不一定很大,但在一定程度上是在创造现代温泉文化、缔造温泉行业标准、引领中国温泉行业的整体发展,其关键是运用文化来包装主题或凸显自然山水并形成体验温泉泡浴景区。如以中国温泉行业的领头羊——御温泉和天沐温泉为代表,不论是御温泉的"御泉道"、"太医五体"、"N福汤六次方",还是天沐的"真山水温泉"、"太极八汤"、"美人四润汤"、"九步六法沐汤仪式",以及他们所共同提倡的"夏季泡温泉",实际上都是在开创和丰富现代温泉文化。

（二）"温泉＋会议休闲"型

"温泉＋会议休闲"的类型是温泉度假地最普遍也是最容易获得成功的开发模式。这种类型的温泉度假地是看中了越来越庞大的会议市场，充分利用温泉的康体疗养价值与休闲整合效应，把温泉与会议融合越做越大，把商务会议作为最重要的一项服务来接待，建设完善的商务及会议设施，以及满足会议客人全方位需求的客房、餐饮、娱乐、运动等服务。北京九华山庄无疑是此种类型最为典型的代表。

（三）"温泉＋运动游乐"型

温泉与运动游乐的结合，也是温泉度假地常见的开发类型。其核心是在温泉泡浴的基础上，通过发展满足旅游者体验性、参与性需求的运动游乐项目，有力提升温泉度假地的整体吸引力，延长游客停留时间甚至改善温泉度假地的淡季经营问题，提高人均消费水平，如以北京温都水城的水空间、广东恩平锦江温泉、浙江武义清水湾等为代表的都是通过温泉造浪池、温泉游泳池、水上滑梯等一系列时尚、动感、刺激的水游乐项目的引入，实现了度假地经营的火爆。另外还有一些温泉度假地通过引入高尔夫、滑雪场以及多种动感游乐项目与温泉相结合起来，这些把相对静态的温泉泡浴与动态的体验项目整合，使得两者优势发挥到了极致，从而产生了巨大的市场吸引力。

（四）"温泉＋康复疗养"型

温泉吸引市场的最核心的本质是健康养生。随着社会上亚健康状态人群的不断加大，人们对于养生、康复的需求越来越大，把温泉和康复疗养结合起来，充分发挥医学、生命科学与健康管理的作用，运用现代理疗手段，把温泉的健康养生价值与日常的体检、医疗、诊断、康复、疗养、健身等一系列手段深度结合，打造温泉康复疗养基地。此开发类型以全国四大康复理疗中心、亚洲著名温泉——汤岗子温泉疗养院为代表。

（五）"温泉＋生态农业"型

温泉结合生态农业产品的开发模式实际上是生态可持续的能源循环利用型开发模式，既利用了温泉洗浴的康体休闲度假功能，同时又利用地热、水热资源等实现种植、养殖等生态农业产业效益。生态农业有效地改善了度假区的生态环境，充实了旅游度假区的休闲娱乐项目。此类项目充分利用了地热资源，如北京蟹岛、地热博物馆等，对于大众游客吸引力较大，特别是对家庭、中老年聚会等，产生的旅游消费也相对较少。

（六）"温泉＋旅游地产"型

由于温泉在健康养生与旅游休闲上的巨大价值，为房地产特别是旅游地产的开发创造了非常突出的优势，往往能够以"养生休闲"特色在房地产市场形成巨大的竞争力，从而取得非常可观的投资回报。因此，"温泉＋旅游地产"模式成为全国绝大多数温泉度假地优先考虑的开发模式之一。珠江帝景温泉度假村、重庆海兰云天温泉度假村等，都是"温泉＋旅游地产"的典型代表。温泉和旅游地产的广泛结合，形成了一大批大型温泉度假区、温泉小镇、温泉新城（区），带动了大型区域的整体开发。

第二节 温泉度假地的特征

案例引导　　　　　　　天著

　　天著,国际温泉休闲度假地,坐落于中国洗肺圣地——本溪,处在环渤海经济带、大沈阳经济圈内,于3大顶级4A度假区环抱之下,是辽宁"温泉度假第一省"战略下重点标杆项目。其由金沙集团携手天地、希尔顿等6大世界顶级品牌,联袂打造,以大美巅峰姿态,敬献世界。该项目在拥有罕见山河的同时,更坐拥以颐养之名著称于世的顶级温泉——温泉寺温泉。相传,温泉寺温泉是努尔哈赤御用疗养之地,这位皇朝君主曾多次于此疗养身心,也由此成就其颐养九州之名。同时,这一温泉更是中国最为罕见泉种——氡温泉。氡温泉作为世界公认的最具疗养价值泉种,对增强心脏机能、血压系统、神经系统、内分泌系统、美容养颜都颇具功效,是任何人工合成药物无法替代的,其颐养价值,得世界共鉴。山公园等世界级罕见全业态,创造性地为世人呈现5大山河领衔主题居住组团,满足世人一切居住想象。

　　天著国际温泉休闲度假地将有顶级豪华舒适的希尔顿逸林度假酒店、最颐养温泉典范希尔斯·颐泉星级温泉会馆、400年温泉古刹以及集热气球基地、攀岩探险、野外拓展、趣味树屋等为一体的世界级山地体验登山公园;整个项目亦开亦合、亦动亦静、风景与趣味相融,将世界商街体验与地方特色繁华完美融合的2万平方米特色风情街;文化创意商街,由大型独立会展中心、别墅式艺术工作室、特色画廊、艺术品展览馆集聚而成。5大山河主题居住组团,以不同山河特色,演绎特色人居,囊括公寓、洋房、别墅等多重业态,满足世人一切居住需求,为天著国际温泉休闲度假地带来不一样的精彩。

　　(资料来源:http://mp.weixin.qq.com/s/waTVPHvBu7lICm0AWXrT6w.)

　　我国温泉旅游兴起于改革开放前,20世纪50年代中央政府及各部位建立上百个冠以"工人温泉疗养院"等名称的温泉疗养设施,主要接待工人、伤员等。改革开放后,随着我国经济体制的转轨,人们生活水平的不断提升,温泉消费更成为都市人群的一种休闲方式。改革开放后依托疗养院建设起来的温泉,开始突破"疗"的局限,加入了"休闲"的因素,温泉开发的形式从疗养院到温泉宾馆、温泉医院,再发展到温泉度假村,今后将朝着大型温泉度假休闲区、温泉小镇的方向发展。整体来看,我国温泉度假地在发展过程中形成的主要特征如下。

一、明显的地域性和分带性

温泉是一种遍在性的资源。我国已考察探明的温泉（温度≥25 ℃）有 2200 处。除黑龙江和宁夏两省（区）无≥25 ℃的温泉，上海和天津两市无温泉出露外，其余各省市区均有数量不一的≥25 ℃的温泉出露。我国的绝大部分温泉分布在东半部，而西半部却分布稀少；即使在东南半壁，也分布不均，又以东南沿海和西南一隅分布最为稠密。而受地质构造——热背景和区域水文地质条件的影响，温泉资源的分布具有明显的地域性和分带性特征。

二、共性大而独特性小

（一）自然资源特性类似

温泉资源对于旅游者来讲，其最大特性就是疗养健身，本身所赋有的附加价值（文化历史沉淀、观赏性质、娱乐性质）很少。所以，除了特殊的病患者需要特殊矿物质成分的温泉治疗，大部分旅游者面对不同的温泉资源心理诉求差距较小。再加上温泉出露的地区多为平原地区，地域景观类似。因此，温泉度假地作为温泉资源和地域景观的组合结果，决定了该类旅游地共性大而独特性小。

（二）开发模式同质化

温泉度假地的开发模式细分主要有四种（见表 2-1），开发者大多采用综合开发模式。

表 2-1　温泉度假地开发模式

温泉开发模式	资源组合特点	代　　表
自然景观组合	自然景观基础好，山水特色赏心悦目，基本不依赖人造景观的构造	中山海上温泉
人造景观组合	自然景观组合平淡无特色，主要依赖人造景观的组合与弥补	三合温泉
综合开发	自然景观和人造景观生态和谐共生，组合成多层次丰富的立体景观	从化温泉
家庭式小规模	小规模经营，容量小，景观要求不高，主要以提供宾至如归的家庭服务吸引游客	韶关家庭式作坊温泉

三、运营依赖重游率

有研究认为，旅游者习惯性在旅游度假区花费的时间平均为 1.71 天，温泉度假地是传统的度假型旅游地，因而属于短线旅游。据温泉游客行为问卷调查资料，63%的旅游者花费在路途上的时间为 3 个小时以下，也就是说温泉旅游地的主要客源市场集中在 200 公里范围以内的邻近城市。而且调查中发现从化温泉 51.6%的游客属于两次以上的重游者。这说明了温泉旅游地的运营依赖于重游率。市场营销专家菲利普·科特勒根据市场规律分析指出，对于反复消费的产品，吸引新顾客的费用比维持旧顾客的费用高 5 倍，因此，温泉旅游地启动后经营的重点应放在保持和提高重游率上。

四、淡旺季交替明显

温泉度假地的游客量呈现淡季和旺季交替明显。9月至11月和3月至5月是较适宜浸泡温泉的,游客多选择集中在这个时间段泡浴。在这种情况下,淡季的维护经营成本高,投资资金回笼速度慢,同时由于温泉旅游地启动的投资费用较大。在双重因素影响下,温泉旅游度假消费的价格一直居高不下,温泉旅游市场潜力仍有待开拓。

五、项目多元化

从国内温泉度假项目的发展情况看,项目规模正在从小体量单一性逐渐转变为大体量多元化特征,也就是从"小而精"到"大而全"的发展方向转变,体现为以下三个方面。

(一)产品多元化

随着开发体量的扩大与客户需求的多样化,所对应的产品从旅游度假产品发展为养生康体、商务会议、度假旅游与居住等多元化产品。

(二)功能多元化

出于抗风险性的考虑和商务、养生需求的客观增长,温泉度假项目的功能日益丰富,部分项目已脱出温泉的这一主体,加入高尔夫、游艇码头等高端消费功能、完善教育文化功能,使温泉度假地产的内涵进一步丰富。

(三)资源多元化

一方面,部分温泉资源与现有的其他自然资源有紧密联系,如庐山西海国际温泉度假村;另一方面,开发商认为温泉资源过于单一而有意地将温泉资源与其他资源进行结合,如海景温泉、湖景温泉、山间温泉等复合型产品。

第三节 温泉度假地发展趋势

案例引导 丰顺县温泉度假地的成长

正逢国庆佳节,千江温泉大酒店又迎来了旅游的旺季,来自潮汕地区和梅州各地的大量散客和旅游团以及回乡探亲的游子相继到来,酒店宾客满盈。而在十年前,丰顺的温泉酒店还存在"小、散、乱"等不规范的开发现象。于是,丰顺县委、县政府引回丰顺籍老板、人大代表陈生跃回乡投资,斥资1.5亿元投资丰顺旅游度假村。至2009年已完成首期投资9000多万元,已开放试业的项目有按四星级标准建设的千江温泉大酒店、大型多功能温泉游泳池、温泉大瀑布等。由于温泉旅游的异军突起,促使丰顺地区的温泉酒店竞相提高自身服务档次,提高市场竞争力,从而带动了整体温泉旅游的发展,为丰顺打造温泉城创造了美好的局面,成为丰顺县的一张新名片。如今温泉是丰顺县的拳头产品,丰顺巩固发展"温泉、漂流、瀑布、登高"四大旅游品牌,重点抓好温泉旅游,充分发挥"温泉之乡"优势,大力发展旅游产业,使温泉度假村成为丰顺县的支柱产业。

温泉度假区内配套有大小各式亭台楼阁温泉泡浴厢房、大型温泉游泳池。千江温泉酒店的试业使丰顺旅游业增加一个新的特色景点,可以尽情享受到山区特有淳朴的民风民俗及清新怡人的新鲜空气。

分析提示:温泉度假地发展特点。

由于温泉具有在全国分布广泛、离客源地距离近、游客消费成本比海滨度假地低、养生健康效果明显、适宜于多次消费、消费人数众多等特点,在度假旅游地中将占据越来越重要的角色。我国的温泉产业经过多年的发展已初具规模,并进入了高速发展时期。

一、国际温泉度假地发展趋势

(一)欧洲温泉度假地发展趋势

欧洲是地球上温泉较多的地区之一。目前,欧洲已有温泉5224处(眼),温泉最多的国家是匈牙利,已开发的温泉1300处(眼),是世界著名的"温泉王国"之一。其次是冰岛,有温泉800处(眼)。捷克与斯洛伐克温泉数量也多,两国共有温泉1350处(眼)。保加利亚有温泉500处(眼),瑞士有温泉250处(眼)。此外,德国、意大利、罗马尼亚和法国等温泉也较多(见表2-2)。

表2-2 欧洲各国温泉分布统计表

国家	温泉数/处(眼)	国家	温泉数/处(眼)
俄罗斯	144	波兰	8
罗马尼亚	160	捷克与斯洛伐克	1350
保加利亚	500	奥地利	100
马其顿	38	匈牙利	1300
希腊	12	瑞士	250
塞尔维亚	6	法国	150
黑山	1	比利时	1
斯洛文尼亚	1	英国	1
意大利	185	冰岛	800
德国	220	小计	5227

(资料来源:谭见安.温泉旅游之科学[M].北京:中国建筑工业出版社,2011.)

欧洲的温泉浴源于古罗马的"公共浴场",古罗马人酷爱温泉,创建了许多宏伟壮丽的温泉大浴场。随着时代的变迁,欧洲温泉越来越大众化,温泉成为人们旅游和保健的好去处。欧洲温泉形成了一大批温泉度假胜地,形成了各式各样的SPA温泉文化,以矿泉疗养为目的的温泉旅游是欧洲许多国家的重要旅游项目。

经历了这么多年的发展，欧洲温泉度假地不再是传统的温泉洗浴，配套了许多的娱乐设施或服务设施，使得温泉度假地的保健功能有了一定的延伸，在欧洲，温泉设有赛马场、体育运动场、剧院、大型音乐厅等，温泉养生旅游与温泉医疗旅游结合，形成了旅游、休闲、度假与医疗有机互动的多元融合发展。①

（二）北美温泉度假地发展趋势

整个北美有数千座温泉，据不完全统计有1602处（眼），其中有许多是在2万到4500万年前，由于激烈的火山运动而形成的。根据资料，北美洲主要温泉约1428处（眼），其中美国是温泉最多的国家1275处（眼），其次是墨西哥101处（眼），最少的是危地马拉10处（眼）（详见表2-3）。表中的温泉数在10以下的国家未列出。

表 2-3　北美主要国家温泉分布

国家	温泉数/处（眼）
加拿大	20
美国	1275
墨西哥	101
危地马拉	10
萨尔瓦多	22
总计	1428

（资料来源：谭见安.温泉旅游之科学[M].北京：中国建筑工业出版社，2011.）

北美自然景观资源十分丰富，多冰川、瀑布、森林、湖泊、温泉、火山等自然风光。有世界著名温泉之一的加拿大班芙温泉，世界最大、最多的温泉奇观是美国黄石公园，其中以"老忠实间歇泉"最为著名。

北美温泉度假地主要体现在休闲、疗养及消遣功能，消费气息也比较浓厚。比如，阿拉斯加温泉旅游资源丰富，大小不一的温泉带有小木屋、温泉池很有特色，这里有世界唯一的、独特的温泉旅游业，除了泡温泉欣赏极光外，还可以参观冰旅馆、用冰制成的冰城堡、北极熊冰床及冰雕像。

此外，随着SPA在全球受到欢迎，北美的温泉度假地SPA也有很好的发展。如美国温泉水疗侧重休憩、美容、运动。目前在美国流行的按摩方式是热石疗法，可以活络身体，达到强化血液循环、缓解肌肉僵硬和酸痛的作用。

北美温泉有很重要的养生保健功能。著名的佐治亚州—松山温泉，是美国前总统罗斯福经常休假、医疗、办公之处。1927年，由罗斯福发起成立了"佐治亚温泉基金会"，松山温泉成为名人喜欢的温泉疗养胜地。与SPA度假结合，走温泉养生路线，今后趋势为温泉养生度假与最先进的现代营养学、康复医学和抗衰老医学的结合。

---

① 注：欧洲温泉医疗发展，与欧洲社会和政府将温泉视为医疗体系和医保体系的一个组成部分的文化传统直接有关。

(三) 日本温泉度假地发展趋势

日本是个岛国,位于太平洋与亚洲板块的接合处,多火山,多地震,也多温泉。日本温泉是亚洲乃至世界温泉较多的国家之一,有 3500 多处或 21758 眼温泉,已开发的有 13488 眼。

日本发展温泉和利用温泉已有 1000 多年历史了。日本称温泉为"汤",称温泉浴为"风吕",日本国民也就有"风吕民族"的称誉。随着日本温泉浴和温泉旅游的盛行,日本开始出现了温泉旅馆。时至今日,日本的温泉事业已得到了长足的发展,各个温泉所在地旅馆林立,温泉度假村如雨后春笋。全国共有 7.5 万家温泉旅馆,号称"温泉王国"。

日本人民为治疗疾病或消除疲劳而常去洗温泉,进行"汤治"。日本的温泉医学经过长期的发展,目前已居世界领先地位。日本在风景秀丽的温泉旅游区建立了许多大型的"温泉馆",利用温泉馆的各种设施来增进国民健康。

日本是个沐浴文化高度发展的国家。日本人泡温泉如同朝圣,叫作"泡汤",创造了独具特色的"汤治文化",并发展成最受游客欢迎的日本 SPA 旅游项目。结合欧美 SPA 的先进经验,日本的 SPA 出现了本土化色彩,如日本巧克力 SPA 温泉浴、日本软水 SPA 等。

20 世纪 90 年代以后,日本经济进入低速增长期,温泉资源的开发利用也发生了变化。大都市周边地域及都市内部的温泉资源得以开发利用,温泉分布更加接近消费地。这种新开发的温泉健康保养设施齐全,包括高温、低温桑拿,瘦身浴,美容浴,舒缓放松浴,岩石浴等各种功效的温泉浴室,同时还提供简单的饮食及休息场所,但没有住宿设施。温泉入浴费用较低,客源广泛,具有当地居民和游客能够同时入浴的特点。这种大型温泉健康中心得以形成和发展,其主要原因为:一是温泉文化的普及,温泉利用成为人们的日常化需要;二是高龄化社会的到来,增加了对附带有健康功能温泉设施的需求;三是振兴地域经济的需要,1989 年开始实施 1 亿日元创生事业,政府给每个市镇村 1 亿日元用于地域振兴,许多地方政府把这 1 亿日元用到了这类温泉的开发上;四是温泉开发技术的进步,使难以开发的温泉得到了开发。

二、我国温泉度假地发展趋势

据了解,全国规划在建的投资超过 10 亿元的温泉旅游项目不少于 30 个,有的项目投资高达 106 亿元,许多温泉新城、温泉小镇有望在 3～5 年内出现。温泉行业近年来随着消费者对健康生活的重视而进入了高速发展时期,"第四代温泉"的概念是基于中国的温泉开发阶段提出的。

就中国的温泉旅游产业而言,其发展经历过如下三个阶段:第一代温泉是新中国成立后由中央政府及各部委建立了上百所的冠以工人温泉疗养院等名称的温泉疗养阶段,也就是"公休疗养"模式,主要以重工业基地辽宁省为多,如辽宁省的丹东五龙背温泉、营口熊岳温泉、鞍山汤岗子温泉等;第二阶段是改革开放以后,由公费休养性质转变到休闲度假性质的温泉山庄阶段,该阶段最大的特点是"游泳池＋澡堂"的模式,如辽宁省熊岳温泉疗养院、大连市安波温泉疗养院;第三阶段是 20 世纪 90 年代开始的,以综合性的旅游休闲活动聚集形成,特点在于规模较大、功能复合、温泉形态和游客类型多样化,也就是现在目前最为流行的"露天温泉"模式,珠海御温泉当属于这一阶段温泉中的典型代表。

第四代温泉——"超大型休闲娱乐温泉",将在解决温泉开发模式雷同、淡旺季差异、产

业链延伸有限方面进行突破。第四代温泉本质上将是一种"规模温泉",它将以大型温泉旅游区这样的形态出现。在投资、建设、运营等方面都将比现在的温泉具有更大的投资规模优势、人力运营优势和智力支撑优势。温泉旅游将从一种养生旅游产品快速过渡到以休闲娱乐为主的旅游产品形态,温泉洗浴成为游客旅游行为中的一个亮点,而非核心,更多的旅游行为将集中在游乐、休闲上面。

未来我国温泉度假地的发展趋势将表现如下。

(1) 在旅游功能上,温泉度假地面临着从单纯的温泉治疗、养生,到温泉治疗、养生与休闲娱乐、会议等多功能并重,再到多种旅游功能综合发展的演变。

温泉作为一种融合观光、商务、健康、保健、休闲和度假等功能于一体的时尚旅游形态,正在逐渐取代滨海旅游,成为一种更大众、更时尚的旅游模式。随着国内休闲模式的升级,中国进入"以玩为贵"的时代。温泉旅游在休闲、度假、商务和保健等方面已经有一套比较成熟的做法。但正是拘泥于这样一种成熟的做法和对温泉是一种高档旅游产品的片面认识,导致在温泉开发中,始终把大众娱乐项目认为是一种与温泉旅游开发背道而驰的项目而弱化甚至舍弃。珠海海泉湾其成功的很大原因就是在休闲娱乐上进行了大胆突破,其投资大部分是用于休闲娱乐项目的建设。此外,餐饮的吸引力也是一个很重要的吸引要素。这些产品必须根据温泉度假地的实际情况进行策划规划,做出特色。

(2) 在环境营造上,从忽视环境的营造到追求高质量的环境,从室内封闭的沐浴环境转向露天温泉、半室内温泉和温泉洗浴的私密性空间发展。

温泉度假地的选址,环境是很重要的一个因素。环境主要是指山水环境、空气质量、气候条件等,此外还包括就餐环境和洗浴环境等。比如洗浴环境,北方常常有个错误的观念,认为冬天天气寒冷,于是在产品设计上采用大棚式的室内温泉为主,北京郊区的温泉基本上都有大棚。这给人的感受是封闭,人与自然不能和谐相处。如北京统一石油化工有限公司投资的北京郊区的温泉度假地"霍氏庄园"通过市场调研,发现目前北京市场对露天温泉洗浴很感兴趣,只不过要做好通廊的保暖。另外,私密性的温泉洗浴小空间也备受商务客人和散客的欢迎。如果温泉的选址没有良好的天然环境,那就需要人为的打造。

(3) 从消费者需求看,细分市场对温泉旅游服务的需求从单一的疗养向多样化、个性化的康体、休闲转变。

细分市场是温泉旅游大众化发展的必然趋势,市场需求决定产品和服务特色。调查表明,目前的大部分温泉在产品和市场细分上做得远远不够。虽然温泉洗浴产品很多,但大多产品泛泛无奇,十几个不同类型的洗浴汤池一建,游客一来,依次洗一遍,毫无细分特色。针对中年男性、两性、家庭群体、老年保健和中小型商务群体的定制温泉旅游产品将日益受到追宠,而这些类型丰富的细分产品将自成体系,各自有着自己独特的细分客户,从而形成定制化、经典化的套餐。比如,对房间的结构提出了要求,游客需要大的露台、大的玻璃窗、大的房间,游客已经不喜欢住标间,标间的设计对观光的团队游客有用,对度假游客就没有吸引力;还有针对家庭的散客,房间的功能和设置也会有所不同。

(4) 从可持续发展来看,未来温泉度假地的主题文化,是温泉度假地的生命力之所在。

主题文化是温泉度假地实现产品差异化的根本。其实我们需要挖掘的主题文化是非常丰富的,以至于每个地方都能找出属于自己的特色,只不过目前在这方面还没有做出努力而已。在主题文化确定以后,才能确定度假地的建筑风格和景观园林风格。投资者切忌先入为主地定位以皇家园林、欧式建筑、美式建筑、日本园林等为主题,这在温泉产品竞争不激烈的时代尚可取,现在则是风险大增,实在不能如此为之。

因此可以预测,营造高质量的度假环境,提供多样化、高档次的康体旅游产品,具备舒适周到的旅游服务,以及塑造鲜明的文化特色将成为温泉度假地发展的新趋向。要达到这样的目标,开发前做好统一的策划规划能收到事半功倍的效果。

(5)从消费者生活方式看,温泉房产——时尚的温泉生活模式将引领潮流。

温泉房产的升级和以温泉住宅为核心的温泉生活模式成为第四代温泉的一个重要标志。目前绝大多数温泉住宅的开发模式依然沿袭常规住宅开发模式,并未很好地研究温泉休闲方式与居住生活方式的关系,温泉资源未能深度开发,利用程度低,未能很好地成为住宅的增值要素。温泉旅游地产仅仅打造了社区配套的温泉泳池、温泉会所和水疗中心,却未能打造居民的整体温泉休闲生活。而在第四代温泉中,温泉休闲产业链的下游部分如康复、水疗、温泉消费品等,将出现在温泉房产的周围,而这些大量协作性很强的商业产业,将围绕温泉休闲形成商业物业集群,而被这种商业休闲载体包围的温泉房产将逐步成为时尚、交际、高档、幸福的生活代名词。

本章小结

本章对温泉度假地的基础内容进行了介绍。温泉度假地必须具有以下基本条件:地处温泉旅游区或温泉地;度假地的设计、建造、装修等必须依托温泉资源;度假地的设施、活动及其服务的设计必须考虑温泉消费客人的行为方式、活动规律、消费需求。根据我国温泉度假地的开发类型,总结了目前温泉度假地一共有六大类型,分别是:"温泉+景区"型、"温泉+会议休闲"型、"温泉+运动游乐"型、"温泉+康复疗养"型、"温泉+生态农业"型、"温泉+旅游地产"型,每种类型各有特点。

本章还对温泉度假地的发展趋势进行了总结。对国外的主要温泉度假地板块欧洲温泉度假地、北美温泉度假地及日本温泉度假地的发展趋势做了介绍,并重点将我国温泉度假地的发展趋势进行了阐述。未来温泉度假地的发展将必须考虑温泉消费客人的行为方式、活动规律、消费需求。通过对温泉旅游度假地的了解和现状研究进一步加强对温泉度假地的认识,进一步运用到温泉度假地管理实践中。

关键概念

温泉度假地概念　温泉度假地的特征　温泉度假地的类型　温泉度假地发展趋势

复习思考

□ 复习题

1. 你对温泉是如何认识的,温泉度假地管理主要包括哪些内容?
2. 试列举温泉度假地的主要类型。
3. 试说明温泉旅游度假地的发展趋势。

□ 思考题

结合湖南郴州汝城温泉现状,试分析汝城温泉的发展趋势。

案例分析

河北固安温泉

河北固安温泉立足于对当地温泉资源的分析,发掘音乐艺术与温泉资源共同的休闲特质,融入固安"中国古乐之乡"的艺术文化底蕴,并结合对北京798等艺术群落的研究启发,着眼京津冀地区巨大的温泉度假和艺术消费市场,大胆地提出了"中国音乐创意温泉城"的主题概念。

通过对温泉资源分布广、储量大、质量好的调查,河北固安温泉致力于打地热牌,唱温泉戏,积极推动温泉资源的开发和利用。2010年年底,经省、市政府批准,正式成立了固安温泉休闲商务产业园区,并列入省级管理序列,成为河北省唯一的省级温泉休闲产业园区。园区近期规划面积17平方公里,中期规划面积50平方公里,远期规划面积120平方公里。

开发建设总体设想是:按照"政府主导、市场运作、统一规划、分区开发"的思路,遵循"有序竞争、国内一流、和谐建设、可持续发展"的原则,积极推进温泉园区开发建设,力争建成以休闲度假、高端商务、创意产业、健康产业为主导,集旅游、度假、康体、休闲、会议、住宿、餐饮、娱乐为一体的中国北方最具休闲品味、最具文化内涵、最具生态环境的温泉度假旅游胜地。运作上以温泉开发做基础,休闲农业做延伸,音乐创意做特色——在温泉商务度假、休闲农业等见效快的板块开发建设的同时,打出音乐创意的主题口号并逐步开发相应的温泉与音乐结合的项目及音乐文化项目,以温泉和农业项目的发展支撑音乐文化创意主题氛围的培育,以音乐文化创意主题来突出温泉度假的特色,长、中、短线投入相互促进,实现良性滚动发展和旅、居、业三位一体,最终建设成为音乐创意文化主题特色鲜明的温泉城。

问题:河北固安温泉项目在开发建设中有哪些值得借鉴学习的?

相关链接

进一步阅读推荐:

1. 王华,彭华.温泉旅游的发展与研究述评[J].桂林旅游高等专科学校学报,2004(4).

2. 王艳平.我国温泉旅游存在的问题及对策[J].地域研究与开发,2004(3).

3. 王艳平.温泉地社会保障功能之国际比较[J].旅游学刊,2005(1).

4. 王艳平,山村顺次.中国温泉资源利用形式的变迁及其开发现状[J].地理学报,2002(1).

5. 于杨,王艳平.中国温泉旅游研究三十年进展[J].旅游论坛,2009(5).

6. 王宇智.我国度假地发展的制约因素和对策[J].桂林旅游高等专科学校学报,2002(2).

7. 冯威,张丹丹,王波.温泉旅游地的发展态势分析——构筑休闲型的温泉度假空间[J].云南财经大学学报,2003(5).

8. 段银云.《案例》:恒鑫旅游度假区——规划与实施[D].广州:暨南大学,2013.

第三章

温泉度假地管理基本理论

学习目标

了解现代管理理论和管理思想、温泉度假地管理理念；掌握温泉度假地管理职能以及温泉度假地管理的内容；了解国内外温泉度假地的管理模式。

第一节 温泉度假地管理基础理论

案例引导 虹夕诺雅温泉酒店

　　虹夕诺雅温泉酒店的前身是"星野温泉酒店"，建于1904年，如今这新派与传统糅合的宅第是2005年重建的，是日本星野集团旗下的第一家高端度假酒店。在这片山林土地上，酒店占地不到十分之一，大片的土地留给了园林湖景。在高级温泉旅馆强者如林的日本，以基于传统日式风格而进行现代设计的虹夕诺雅，它的出现像是一个绝对的颠覆者，不仅改变了日本人对于现代度假酒店的认知，也拓宽了日本人对于高级温泉酒店的想象。

　　整个酒店因地就势，围绕汤川错落分布，并以村落的方式展开，称为"谷的集落"，即山谷里的村落。独立的别墅体，让每一个房间都有独立的景观，房间也因所处环境的不同而分为庭院房、水景房和山景房。连接它们的是小桥、流水、树道、草径。树林掩映，芳草丛生，各家门庭都有小景，整体有一种社区型的风貌，而且每栋别墅都有独特的家徽，更有着村落邻里的气氛。虹夕诺雅在起居空间的规划上下了不少功夫，全开放式设计，以及超过4米的挑高空间，而与阳台相连接的坐地起居室，被视为与卧室同样重要的活动区域，这为客人能在房间里待上一整天足不出户提供了可能性。看书、泡茶、发呆，真正的度假就是这样"无所事事"。

"无所事事"的方式有很多种，作为深入山间的酒店，它本身就兼具一个独立目的地的各种功能。早晨去林间的小木屋做唤醒早操，然后顺着小道走去吃早餐。吃完饭回房间的时候，总是会未加犹豫就走入隔壁的阅览区，泡一壶茶，取一点点心，去书架找两本书，在宽大的沙发上坐下来，也可以很舒服地消磨一个上午。

如果不想这么安静地休憩，可以选择去星野走廊散步，穿过林间小道，往低处步行是一段非常理想的散步道，或者参加Picchio野外活动中心的生态旅游活动，顺着后山的小路一直走到瀑布的3公里路程，你可以选择在Picchio工作人员的带领下参加观鸟活动，或者在野鸟保护森林里沿着溪流随意漫步，是消夏的理想方式。

酒店住客的早餐可以在客房内享用，在阳台上的早餐时光非常有野餐的感觉。这里没有电视，不能用手机和电话，上网只能去休息室。住在虹夕诺雅，你会由衷地赞叹酒店设计师的超凡智慧和精湛的细节功夫，同时，又会被酒店精致的服务所吸引。

山谷本是又暗淡又安静的，灯光设计其光线不会影响视线等细节也经过精心考虑。不论是在室内还是室外，是金属的还是竹子的，是隐藏的还是作为景观一瞥，每一盏灯具都恰如其分，每一盏都是一个细节。

客房设计了特殊的通风系统，自然凉爽，即使在炎夏也不需要开空调，半闭性窗口的设施会把白天温暖的空气排出去并引进夜间清爽的凉风。配套使用绝热和双层屋顶等方法，大幅度减少空调设备的过度使用。度假村引进了地热资源利用系统能源的自给自足率高达80%，即便在冬季也不依赖暖气设备。卧室的壁纸出自日本唯一继承了"揉唐纸"技术的工匠，传统的花纹、特有的不均匀感，在灯光的照耀下呈现出千变万化的"表情"。

酒店内的道路上铺着类似木屑的胶质卤面，走上去软软的，完全不累。基本在林间脚碰到的地面都是这种材质铺成的，就算穿着木屐也不会感觉累。

木质浴盆边摆放着泡澡的水果、香草。日本人很会享受，呼吸着四周香草的气息，身于暖暖的山泉中，放松疲惫的身心，反复回味浸泡温泉时的惬意舒适感，体会生活在人间的喜悦。

思考：材料中的虹夕诺雅在管理和服务过程中，体现了现代管理理论中的哪些思想和特点？体现了温泉度假地的哪些管理理念？

（资料来源：http://mp.weixin.qq.com/s/WMCDO2tM2zEm-wQzg9gQtg.）

管理理论和管理思想在企业的管理中显得尤为重要，本节主要内容为现代管理理论和管理思想的回顾，以及现代管理理论的特点。并且将管理学理论引申到温泉度假地管理中来，进一步分析温泉度假地管理理念。

一、现代管理理论和管理思想回顾

20世纪50年代之后,随着社会生产力和现代科学技术的迅速发展,世界各国,特别是发达国家对管理理论、方法、手段的研究也日益深入,形成了各具特色、流派纷呈的现代管理思想丛林,对世界各国生产力的发展起到了极大的推动作用。

(一)现代管理丛林中的管理学派

如果说泰罗和法约尔的古典理论当初只是管理学的萌芽,那么现在这些萌芽已发展成为一片茂密的丛林,这就是人们熟知的"管理理论丛林"。各种各样的管理学派犹如雨后春笋,滋生蔓延,形形色色的理论观点盘根错节,林立丛生。管理学存在管理过程学派、管理科学学派、社会系统学派、决策理论学派、系统理论学派、经验主义学派、经理角色学派、权变理论学派再加上早期的行为学派。孔茨把这种管理理论学派林立的情况比喻成"热带丛林",并称之为"管理理论丛林"。众多学者认为最具影响力的可归纳为七个流派,它们分别如下。

1. 管理过程学派

管理过程理论渊源于法约尔的管理理论。管理过程学派把管理看作一个过程,其研究对象就是管理的过程和职能。法约尔提出管理的五种职能,这五种职能形成一个完整的管理过程。管理过程学派认为,管理是通过计划、组织、指挥和控制诸因素来协调有关资源以达到组织既定的目标。

2. 行为科学学派

该理论是在梅奥开创的人际关系学说发展起来以人的行为及其产生的原因作为研究对象的学派,主要的代表人物及理论有马斯洛的需要层次理论、赫兹伯格的双因素理论、麦格雷戈的"X理论-Y理论"等。行为科学学派从心理学、社会学角度侧重研究个体需求、行为、团体行为、组织行为和激励、领导方式,认为人不仅仅是"经济人",同时还是"社会人",将人的管理提升到所有管理对象中最重要的地位,开创了管理理论中的人本主义潮流。

3. 决策理论学派

西蒙是决策学派的主要代表人物,将社会系统理论同心理学、行为科学、系统理论、计算机技术、运筹学结合起来考察人们在决策中的思维过程,并分析了程序化决策和非程序化决策及其使用的传统技术和现代技术,提出了目标—手段分析法等决策的辅助工具,被人们认为对经理人员的决策确有帮助,并为今后对人工智能等问题的深入研究提供了基础。由于西蒙在决策理论研究方面的突出贡献,被授予1978年度的诺贝尔经济学奖。

4. 经验管理学派

创始人是彼得·德鲁克,代表人物有欧内斯特·戴尔、艾尔弗雷德·斯隆等,这一学派认为,古典管理理论和行为科学都不能完全适应企业发展的实际需要。有关企业管理的科学应该从企业管理的实际出发,以大企业的管理经验为主要研究对象,以便在一定的情况下把这些经验加以概括和理论化,把实践放在第一位,以适用为主要目的。

5. 管理科学学派

管理科学学派也称计量管理学派、数量学派。该学派是在第二次世界大战时兴起的,将数学引入管理领域,运用科学的计量方法来研究和解决管理问题,使管理问题的研究由定性分析发展为定量分析的管理学派。

6. 系统管理理论学派

其主要代表人物是卡斯特等人。该派理论是以系统为基础来研究管理,强调任何组织都是由若干子系统所构成。企业的经营系统可以划分为战略子系统、协调子系统和作业子系统。在管理工作中,强调通过各个子系统之间的协调,以实现组织大系统的整体优化。

7. 权变理论学派

该学派认为,在企业管理中要根据企业所处的内外条件随机应变,没有什么一成不变、普遍适用的"最好的"管理理论和方法。该学派是从系统观点来考察问题的,它的理论核心就是通过组织的各子系统内部和各子系统之间的相互联系,以及组织和它所处的环境之间的联系,来确定各种变数的关系类型和结构类型。它强调在管理中要根据组织所处的内外部条件随机应变,针对不同的具体条件寻求不同的最合适的管理模式、方案或方法。

(二)现代管理理论和管理思想的特点

纵观管理学各学派,虽各有所长,各有不同,但不难寻求其共性,可概括如下。

1. 强调系统化

就是运用系统思想和系统分析方法来指导管理的实践活动,解决和处理管理的实际问题。系统化,就要求人们认识到一个组织就是一个系统,同时也是另一个更大系统中的子系统。所以,应用系统分析的方法,就是从整体角度来认识问题,以防止片面性和受局部的影响。

2. 重视人的因素

由于管理的主要内容是人,而人又是生活在客观环境中,虽然他们也在一个组织或部门中工作,但是他们在其思想、行为等诸方面,可能与组织不一致。重视人的因素,就是要注意人的社会性,对人的需要予以研究和探索,在一定的环境条件下,尽最大可能满足人们的需要,以保证组织中全体成员齐心协力地为完成组织目标而自觉做出贡献。

3. 重视"非正式组织"的作用

即注意"非正式组织"在正式组织中的作用。非正式组织是人们以感情为基础而结成的集体,这个集体有约定俗成的信念,人们彼此感情融洽。利用非正式组织,就是在不违背组织原则的前提下,发挥非正式群体在组织中的积极作用,从而有助于组织目标的实现。

4. 广泛地运用先进的管理理论与方法

随着社会的发展,科学技术水平的迅速提高,先进的科学技术和方法在管理中的应用越来越重要。所以,各级主管人员必须利用现代的科学技术与方法,促进管理水平的提高。

5. 加强信息工作

由于普遍强调通信设备和控制系统在管理中的作用,所以,对信息的采集、分析、反馈等的要求越来越高,即强调及时和准确。主管人员必须利用现代技术,建立信息系统,以便有效、及时、准确地传递信息和使用信息,促进管理的现代化。

6. 把效率和效果结合起来

作为一个组织,管理工作不仅仅是追求效率,更重要的是要从整个组织的角度来考虑组织的整体效果以及对社会的贡献。因此,要把效率和效果有机地结合起来,从而使管理的目

的体现在效率和效果之中,也即通常所说的绩效。

7. 重视理论联系实际

重视管理学在理论上的研究和发展,进行管理实践,并善于把实践归纳总结,找出规律性的东西,所有这些是每个主管人员应尽的责任。主管人员要乐于接受新思想、新技术,并用于自己的管理实践中,把诸如质量管理、目标管理、价值分析、项目管理等新成果运用于实践,并在实践中创造出新的方法,形成新的理论,促进管理学的发展。

8. 强调不断创新

要积极改革,不断创新。管理意味着创新,就是在保证"惯性运行"的状态下,不满足现状,利用一切可能的机会进行变革,从而使组织适应社会条件的变化。

二、温泉度假地管理理念

要在众多的温泉旅游中取得良好的发展,必须借助先进的温泉度假地管理理念,使得度假地的发展更加完善有序。

温泉度假地管理理念,是在温泉度假旅游蓬勃发展的时代大背景下,采用具有自身的特色并使温泉度假地取得良好发展的理论支持。这种理论支持并非是一成不变的,会随着温泉旅游市场的变化而不断变化,温泉度假地管理理念在温泉度假地发展的过程中所起到的作用就是指导与引领,使得与度假地相关的各个部分统一发展、充分协调,为温泉度假地更加长久有效的发展提供理论依据。

(一)人本管理理念

人本管理思想是以人为中心的人力资源管理思想。它把人作为企业最重要的资源,以人的能力、特长、兴趣、心理状况等综合情况来科学地安排最合适的工作,并且在工作中充分地考虑到员工的成长和价值,使用科学的管理方法,通过全面的人力资源开发计划和企业文化建设,使员工能够在工作中充分地调动和发挥人的积极性、主动性和创造性,从而提高工作效率、增加工作业绩,为达成企业发展目标做出最大的贡献。

目前,较为普遍的是把人本管理分为五个层次。

1. 情感沟通管理

它是人本管理的最低层次,也是提升到其他层次的基础。在该层次中,管理者与员工不再是单纯的命令发布者和命令实施者。管理者与员工有了除工作命令之外的其他沟通,这种沟通主要是情感上的沟通,比如管理者会了解员工对工作的一些真实想法,或员工在生活上和个人发展上的一些其他需求。在这个阶段员工还没有就工作中的问题与管理者进行决策沟通,但它为决策沟通打下了基础。

2. 员工参与管理

员工参与管理也称决策沟通管理,管理者和员工的沟通不再局限于对员工的嘘寒问暖,员工已经开始参与到工作目标的决策中来。在这个阶段,管理者会与员工一起来讨论员工的工作计划和工作目标,认真听取员工对工作的看法,积极采纳员工提出的合理化建议。员工参与管理会使工作计划和目标更加趋于合理,并增加员工工作的积极性,提高工作效率。

3. 员工自主管理

随着员工参与管理的程度越来越高,对业务娴熟的员工或知识型员工可以实行员工自主管理。管理者可以指出公司整体或部门的工作目标,让每位员工拿出自己的工作计划和工作目标,经大家讨论通过后,就可以实施。由于员工在自己的工作范围内有较大的决策权,所以员工的工作主动性强,并且能够承担相应的工作责任。

4. 人才开发管理

为了更进一步提高员工的工作能力,公司要有针对性地进行一些人力资源开发工作。

5. 企业文化管理

企业文化说到底就是一个公司的工作习惯和风格,企业文化的形成需要公司管理的长期积累。企业文化的作用就是建立这样一种导向,而这种导向必须是大家所认同的。随着公司的发展,企业文化也会不断发展。但不论怎样,企业文化管理的关键是对员工的工作习惯进行引导,而不是仅仅是为了公司形象的宣传。

（二）精细化管理理念

精细化管理是一种文化,一种理念。它是源于发达国家（日本 20 世纪 50 年代）的一种企业管理理念,它是社会分工的精细化,以及服务质量的精细化对现代管理的必然要求,是建立在常规管理的基础上,并将常规管理引向深入的管理模式和基本思想,是一种以最大限度地减少管理所占用的资源和降低管理成本为主要目标的管理方式。现代管理学认为,科学化管理有三个层次:第一个层次是规范化,第二层次是精细化,第三个层次是个性化。其中,精细化管理就是落实管理责任,将管理责任具体化、明确化,它要求每一个管理者都要到位、尽职。第一次就把工作做到位,工作要日清日结,每天都要对当天的情况进行检查,发现问题及时纠正,及时处理等。

服务精细化管理是指以最经济的管理方式获取最大的效益,达到企业可持续发展目的的管理方式。要求服务管理的每一个步骤都要精心,每一个环节都要精细,那么我们做的每一项工作都是精品。精心是态度,精细是过程,精品是成绩。精细化管理是"用心服务,真心服务"的共组思想在管理中的具体体现,其目的就是把人们平时看似简单的事情精心地做好。

（三）可持续发展的管理理念

可持续发展理论的形成经历了相当长的历史过程。20 世纪 50 年代至 60 年代,人们在经济增长、城市化、人口、资源等所形成的环境压力下,对"增长＝发展"的模式产生怀疑并展开研究。1987 年,以挪威首相 Gro Harlem Brundt land（布伦特兰）为主席的联合国世界与环境发展委员会发表了一份报告《我们共同的未来》,正式提出可持续发展概念,并以此为主题对人类共同关心的环境与发展问题进行了全面论述,受到世界各国政府组织和舆论的极大重视,在 1992 年联合国环境与发展大会上可持续发展要领得到与会者的承认。

在具体内容方面,可持续发展涉及可持续经济、可持续生态和可持续社会三方面的协调统一,要求人类在发展中讲究经济效率、关注生态和谐和追求社会公平,最终达到人的全面发展。这表明,可持续发展虽然源起于环境保护问题,但作为指导人类走向 21 世纪的发展理论,它已经超越了单纯的环境保护。它将环境问题与发展问题有机地结合起来,已经成为一个有关社会经济发展的全面性战略。

1. 在经济可持续发展方面

可持续发展鼓励经济增长而不是以环境保护为名取消经济增长，因为经济发展是国家实力和社会财富的基础。但可持续发展不仅重视经济增长的数量，更追求经济发展的质量。可持续发展要求改变传统的以"高投入、高消耗、高污染"为特征的生产模式和消费模式，实施清洁生产和文明消费，以提高经济活动中的效益、节约资源和减少废物。从某种角度上，可以说集约型的经济增长方式就是可持续发展在经济方面的体现。

2. 在生态可持续发展方面

可持续发展要求经济建设和社会发展要与自然承载能力相协调。发展的同时必须保护和改善地球生态环境，保证以可持续的方式使用自然资源和环境成本，使人类的发展控制在地球承载能力之内。因此，可持续发展强调了发展是有限制的，没有限制就没有发展的持续。生态可持续发展同样强调环境保护，但不同于以往将环境保护与社会发展对立的做法，可持续发展要求通过转变发展模式，从人类发展的源头、从根本上解决环境问题。

3. 在社会可持续发展方面

可持续发展强调社会公平是环境保护得以实现的机制和目标。可持续发展指出世界各国的发展阶段可以不同，发展的具体目标也各不相同，但发展的本质应包括改善人类生活质量，提高人类健康水平，创造一个保障人们平等、自由、教育、人权和免受暴力的社会环境。这就是说，在人类可持续发展系统中，经济可持续是基础，生态可持续是条件，社会可持续才是目的。下一世纪人类应该共同追求的是以人为本位的自然—经济—社会复合系统的持续、稳定、健康发展。

作为一个具有强大综合性和交叉性的研究领域，可持续发展涉及众多的学科，可以有不同重点的展开。例如，生态学家着重从自然方面把握可持续发展，理解可持续发展是不超越环境系统更新能力的人类社会的发展；经济学家着重从经济方面把握可持续发展，理解可持续发展是在保持自然资源质量和其持久供应能力的前提下，使经济增长的净利益增加到最大限度；社会学家从社会角度把握可持续发展，理解可持续发展是在不超出维持生态系统涵容能力的情况下，尽可能地改善人类的生活品质；科技工作者则更多地从技术角度把握可持续发展，把可持续发展理解为是建立极少产生废料和污染物的绿色工艺或技术系统。

第二节 温泉度假地管理内容

案例引导　　广东恩平恒大温泉小镇项目

广东恩平为著名的"中国温泉之乡"，当地温泉水质优、水温高、流量大，水中含氟、硫、铜、锰、硅等多种有益人体健康的稀有元素。

恩平恒大温泉项目的规划设计打破了传统温泉项目"接待中心＋室内温泉＋

室外温泉"的"三件套"模式,包括5个温泉主馆和30个别墅汤屋,总占地面积约10万平方米,温泉水域面积约1万平方米,利用精致的主题场景设计,让顾客更自然地融入度假氛围,体验原汁原味的多国人文文化。

项目通过泰国、日本、土耳其、意大利、芬兰等国际主流风格的温泉文化的荟萃,以及蕴含传统养生之道的中国温泉,集世界温泉之大成,让宾客一站式尽享全球顶尖温泉风情。

其中,泰国馆以泰式热带风情SPA岛为形态及主题,融合泰国精油浴、药浴、香薰、泰式按摩产品,突出泰式SPA;日本馆营造特色樱花园及枯山水山丘,融合日式温泉文化,突出日式礼仪、特色汤等产品;土耳其馆以神秘的棉花堡温泉和卡帕多西亚地理地貌为原型,结合土耳其历史文化,打造富有神秘色彩的产品;意大利馆则以文艺复兴艺术作品为线索,实现温泉养生与艺术养生的融合,打造集雕塑、绘画、音乐等艺术形式的艺术主题产品;芬兰馆以极地温泉为主题,融入芬兰的极地冰山景观、维京人海盗文化、圣诞老人文化、北欧工艺设计文化等,打造新奇的极地温泉体验。

2018年上半年温泉项目落成后,还将采用恒大酒店集团独创的"N+1"模式,陆续配备酒店、中西餐厅、酒吧、会议中心、运动中心等,满足客人的多元化度假需求,将该项目打造为休闲度假、会议会奖综合旅游目的地。

思考:广东恩平恒大温泉在发展中所体现的管理职能有哪些?在恩平恒大温泉中所体现的温泉度假地管理的内容有哪些?

(资料来源:http://mp.weixin.qq.com/s/_E55-Nn3 gYuLP0yltcparw.)

管理职能在企业的管理过程中尤为重要,同样,在温泉度假区中也是如此。温泉度假地的管理职能与温泉度假地的管理内容是本节的主要学习内容。

一、温泉度假地管理职能

尽管对管理职能的划分有不同的理解和分类,但是大多数专家都认同:管理职能是管理过程中各项行为的内容的概括,是人们对管理工作应有的一般过程和基本内容所作的理论概括。根据管理学家法约尔提出的五项管理职能,即计划、组织、指挥、协调和控制来加以阐述。

(一)计划

法约尔强调"管理应当预见未来"。计划是管理的首要职能。计划是对未来方案的一种说明,包括目标、实现目标的方法与途径、实现目标的时间、由谁完成目标等内容,是管理工作中必不可少的重要内容。计划贯穿于整个管理工作中,组织等其他一切工作都要围绕着计划所确定的目标和方案展开。

(二)组织

组织职能是指按计划对企业的活动及其生产要素进行的分派和组合。组织职能对于发

挥集体力量、合理配置资源、提高劳动生产率具有重要的作用。管理学认为，组织职能一方面是指为了实施计划而建立起来的一种结构，该种结构在很大程度上决定着计划能否得以实现；另一方面，是指为了实现计划目标所进行的组织过程。

（三）指挥

当组织建立以后，就要让指挥发挥作用。通过指挥的协调，能使本组织的所有人做出最好的贡献，实现本组织的利益。

1. 指挥要合于组织目标

违背组织目标的指挥不但是"瞎指挥"，而且有可能是一种破坏行为。

2. 指挥要合于职权范围

指挥只有符合本职权限范围，才具有权威性，下级才能服从，否则，则是一种无效指挥，或非法指挥。

3. 指挥要合于实际情况

指挥必须有的放矢、切实可行。

4. 指挥要合于下级的正当意愿

指挥要认真考虑下级人员的实际能力，要有助于发挥他们的积极性、创造性，而不能盲目指挥，降低他们的热情和积极性。

5. 指挥要合于明晰、准确的要求

不论是以口头还是文字的形式进行指挥，都必须表达明晰、准确，而不能含糊不清、模棱两可。

（四）协调

协调就是指企业的一切工作者要和谐地配合，以便于企业经营的顺利进行，并且有利于企业取得成功。法约尔认为，协调能使各职能机构与资源之间保持一定的比例，收入与支出保持平衡，材料与消耗成一定的比例。总之，协调就是让事情和行动都有合适的比例。有效协调的组织一般具有如下的特征。

(1) 每个部门的工作都与其他部门保持一致。企业的所有工作都按顺序进行。

(2) 各个部门、各个分部对自己的任务都很了解，并且相互之间的协调与协作都很好。

(3) 各部门及所属各分部的计划安排经常随情况变动而调整。

(4) 公开各部门领导人的会议是使工作人员保持良好状态的一种标志。

（五）控制

控制是管理人员为保证实际工作与计划一致而采取的一切行动，是一种经常性的管理活动。现代组织规模庞大，人员众多，工作复杂，要使组织的各项活动达到协调一致，管理者就必须依赖于控制手段监督管理的全过程。控制是计划、组织、指挥有效进行的必要保证，离开了适当的控制，计划、组织、指挥都有可能流于形式，组织目标就有可能无法实现。

二、温泉度假地管理的内容

一个好的温泉经营管理者只有明确了管理的主要内容，才能在竞争日益激烈的市场环境中保持竞争的地位,成功地管理好温泉企业,温泉度假地的管理主要包含以下内容。

（一）温泉经营战略和决策

温泉度假地是否具有一个富有远见和创新的经营战略及科学的决策,是温泉度假地能否成功的关键。因此,一个好的温泉经营管理者必须掌握温泉度假地的经营思想、企业愿景、企业使命、经营战略目标、经营环境、经营决策等内容,并对宏观、微观经营环境进行准确的判断,做出科学的决策。

（二）温泉经营计划管理

计划管理是温泉度假地管理的首要职能,是一项综合性管理工作。温泉度假地经营管理者首先需要明确计划的重要性及计划的编制方法,同时能根据经营战略决策方案有关目标的要求,对方案实施各种措施,从时间和空间上做出统筹安排。

（三）温泉组织管理

温泉组织管理是对温泉管理中建立健全管理机构,合理配备人员,制定各项规章制度等工作的总称。具体地说,就是为了有效地配置企业内部的有限资源,为了实现一定的共同目标而按照一定的规则和程序构成的一种责权结构安排和人事安排,其目的在于确保以最高的效率实现组织目标。温泉组织管理的具体内容有组织设计、组织运作、组织调整。

（四）温泉经营业务管理

温泉旅游企业的经营业务,是指为温泉旅游者提供以温泉沐浴、住宿、餐饮、保健为主的综合性服务。因此,温泉管理者必须了解和掌握温泉场所的管理、温泉客房管理、餐饮管理、保健管理的内容和方法。

（五）温泉人力资源管理

企业的一切经营活动都离不开人。如何进行人力资源开发,调动员工的主动性,为温泉旅游者提供良好的服务,是温泉经营管理的重要内容。因此,温泉管理者需有效地掌握人力资源管理六大模块,即人力资源规划、招聘与配置、培训与开发、绩效管理、薪酬福利管理、劳动关系管理。

（六）温泉财务管理

财务管理是一个企业的命脉,也是温泉管理的重点。温泉管理者必须掌握资金运用的规律和特点,并懂得如何控制成本、扩大收益和利润等。

（七）温泉营销管理

温泉度假地的产品和服务,只有销售给温泉旅游者才能实现其价值。营销是企业利润的来源,温泉管理者应掌握温泉产品的特点,满足温泉旅游者的需求,进行产品的开发与销售。

（八）温泉品牌管理

品牌是企业的核心竞争力之一,是关系企业快速发展、可持续发展、提升盈利能力的重要因素。温泉管理者应重视品牌的塑造和建设,掌握品牌定位、品牌设计、品牌延伸和品牌保护等内容。

（九）温泉文化建设管理

企业文化又称为公司文化,它是以企业管理哲学和企业精神为核心,凝聚企业员工归属感、积极性和创造性的人本管理理论。温泉管理者要发挥无形的导向作用通过加强企业文化的建设,培养员工对企业的深厚感情,培养员工对企业的认同感和忠诚度,提高员工的凝聚力、战斗力、创造力,使公司员工能够真正做到团结、合作,从而使生产部管理绩效在最短的时间内取得最大的提高。

第三节　温泉度假地管理模式

案例引导　国外温泉度假地管理模式典型代表

温泉的保健治疗效果绝佳,又能够满足人们休闲放松的需求,一直以来受到大众的青睐。我国温泉产业发展的形势、主流和趋势是好的,但是,从温泉大国、强国和世界级品牌的标准来看,我国的温泉产业还普遍存在盲目开发、自建自营、文化内涵不足、同质同构化现象严重、产品雷同、管理混乱、缺乏规范、缺乏特色、缺乏品牌等诸多问题,对此进行理性的探讨,对维持我国温泉产业健康持续的发展是极其重要的。

世界各国对地热温泉资源的开发与利用历史悠久,尤其是匈牙利、法国、德国等国家在温泉开发的过程中引入了娱乐、保健、衍生产品开发、温泉养殖与栽培等思路,摸索出了自己的发展路径。

匈牙利:温泉大国的保健旅游模式

匈牙利80%的国土面积蕴藏着地下热水,被人称为浮在温泉上的国家。所以发展温泉保健旅游拥有巨大的优势。2002年该国政府决定今后10年,把上亿美元的专项资金用于发展温泉旅游,每年都要新建或改建20～25个温泉保健中心,使匈牙利的温泉保健旅游处于欧洲国家的前列。2003年政府又通过了10年旅游发展纲要,大力发展温泉保健旅游,旅游业成为国家发展的新动力和改善经济平衡的重要支柱。

德国:黑森林中的温泉疗养胜地

巴登在德语中有泡澡的意思。这个地处德法交界、群山环绕间的黑森林边缘小城,是德国最负盛名的温泉疗养胜地,素有"欧洲的夏都"之称,保留了传统浴场的模式。

巴登温泉中最为著名的泡澡方式是肥皂刷按摩泡澡,全套需时约三个小时,有暖、泡、蒸、洗、冲、动、冷、擦、按摩、涂油、泥澡与静养等十六种不同的程序,分别在不同的地点用不同的温度进行。

法国:衍生产品与温泉保健旅游齐头并进

除了类似于欧洲其他地区的温泉保健旅游之外,法国特别注重温泉衍生产品的开发与推广。利用温泉的治疗保健功效生产饮用水、研制药品、化妆品等。依云矿泉水,薇姿、雅漾、理肤泉等护肤品,贝德玛药妆等都是世界知名的法国温泉品牌。因此,温泉衍生产品对温泉品牌的打造有着十分重要的作用。

(资料来源:http://mp.weixin.qq.com/s/297o6F-0hr9EGaGbdu4RJA.)

思考:根据以上材料分析,结合自己所了解的知识,分析材料中国外温泉度假地的管理模式。

要掌握温泉度假地的管理模式,就必须熟知温泉度假地的开发模式,才能做到将开发模式中存在的优缺点都适当把握,以此作为依据来选择相应的管理模式,保证管理的有效性。

一、国际温泉度假地的管理模式

与国内温泉市场相比,国外温泉市场发展非常成熟,无论是在开发和管理理念上还是在管理模式上都具有十分明显的特点和优势,分析国外温泉度假地管理模式的目的就是总结和借鉴其在温泉开发和管理上的先进理念和经验,为我国温泉度假地的开发与管理提供参考。

世界温泉开发以日本、欧美为代表,这些地区的温泉一般都充分把握和展示了民族性和温泉特色,突出了温泉的疗养、医疗价值,完善了温泉度假地的度假功能和会议功能。

管理模式是指对温泉度假地的温泉水资源、业务经营、社区公共设施、度假区品牌和营销推广等进行管理的一种组织方式。

(一)日本温泉的管理模式

日本温泉资源十分丰富,绝大多数的温泉是如汤山温泉、箱根温泉一样的乡镇农家式的小型旅馆,温泉度假区的基础配套则由政府负责完成。

日本早在1948年就制定了《温泉法》,温泉法对温泉资源的开发利用及保护作了明确规定。《温泉法》规定,温泉管理、温泉采掘、动力装置等必须得到都道府县知事的许可;为保护温泉泉源,知事有权发布各种命令。《温泉法》还规定,温泉经营者对温泉成分、禁忌征、适应征、入浴以及饮用的注意点,要依据权威机关分析结果在入浴设施处明示;温泉加水、加温、循环过滤、消毒等的有无也要明确表示。日本《温泉法》第14条规定,为了增进温泉的公共利用,环境省对于选定的温泉地,根据其温泉成分、效能及环境、利用状况进行规划,对温泉利用设施进行整备,对环境改善进行指导。其内容包括温泉地区域规划、功能区划分、设施整备、环境整备、管理运营计划等方面。

在温泉资源利用上,日本温泉度假区采用专门的温泉协会进行协调管理,温泉的具体经营则由农户自主经营。

营销和市场拓展方面的事务是由温泉协会统一进行管理。日本每年在各温泉度假胜地都要举办各种形式多样的温泉节,举行文化周活动,这些也由当地温泉协会发起和管理。

(二)欧美温泉的管理模式

欧美国家温泉度假区主要体现了疗养、修养及消遣功能,并使得温泉科学价值和医疗价值得到了充分发挥。

1. 美国黄石国家温泉度假区

美国黄石国家温泉度假区有47处钻井,美国人利用其宝贵的资源建立了康复中心、理疗中心和修养之家,现有300多家饭店、汽车旅馆、寄宿中心,已发展成为规模宏大的疗养度假休闲社区。黄石国家温泉度假区是由美国政府进行统一规划的,由多个投资主体共同开发。其管理模式采取了社区形式的管理,即成立专门的管理公司进行度假区的日常事务管理,而经营则由各投资主体自主进行。

把社区形式的管理模式引入温泉度假区的管理上是美国人的一大创新,既体现了专业化的社会分工带来的经济节约,也有利于度假区的统一形象、统一管理、统一营销推广。

2. 瑞典斯德哥尔摩温泉

瑞典斯德哥尔摩的Stureadet温泉位于一个购物中心内,拥有4000名会员。人们除了洗浴温泉外,还可以享受最新理念的香薰按摩、指甲美容护理等,并有自己的网络来专门推销产品。

Stureadet温泉的开发和管理都是一个主体,并主要作为购物中心的配套而体现其存在的价值。在经营上其依托购物中心的人流,采取了会员制,会员制的管理模式是温泉管理的又一种创新。

3. 奥地利Bad Loiperdorf温泉游乐中心

奥地利Bad Loiperdorf温泉游乐中心是集娱乐、保健和理疗于一体的大型度假区,其功能十分齐全。1977年,该温泉区开始建设,最初开放时仅有一个12平方米的温泉池塘。至2000年4月,该温泉区第三期工程开始建设,从1977—2000年,经历了24年的建设期。

Bad Loiperdorf温泉游乐中心采取了明显的循序渐进的开发模式,不急功近利,注重开发过程前后的相互协调和配套项目的建设,坚持高档位的定位,特色鲜明,在管理上采取了统一集中管理。Bad Loiperdorf温泉游乐中心循序渐进的开发模式有利于温泉度假区可持续发展,有利于对度假区生态环境的保护。统一集中的管理模式有利于温泉资源的合理利用。

二、我国温泉度假地的管理模式

我国温泉利用有着相当长的历史,有一大批知名的温泉度假地,如西安华清池、北京小汤山、南京汤山等,但随着近年来温泉旅游的兴起,国内资本急功近利,使得我国温泉资源的开发良莠不齐,有成功的,但差强人意的则显得更多,并由此造成了大量的温泉资源被开发性地人为破坏。为此,对国内目前的一些主要温泉度假区进行分析,总结其在温泉管理上的得失经验,使我国其他温泉度假地在管理过程中少走弯路,更好地保护温泉资源,实现温泉的可持续发展。

1. 广东从化温泉

广东从化温泉属于老牌温泉品牌,历经从国有到股份制的资产变革,虽说品牌早已树立,但是资源出现枯竭,规划开发滞后,慢慢走向衰落。从化温泉的开发几乎没有规划,转制后在市场巨大需求的推动下,因急功近利而陷入了无序的过度开发的陷阱,导致温泉资源枯竭,在管理上,从化温泉也没有形成适宜自身的模式。

2. 西安华清池温泉

华清池是国内有文字记载开发利用最早的温泉,素有"天下第一温泉"之称,但因开发利用时间长久出现了水量减少的现象,同时因骊山风景区保护的限制,无法扩大经营规模。华清池的开发、投资都是由政府主导,其经营管理是典型的国有企业模式,产品单一,规模小,没有什么配套项目,在温泉的管理上也没什么明显的优势。

3. 珠海御温泉

珠海御温泉度假村是集温泉度假、休闲、养生和娱乐为一体的四星级度假村,也是我国第一家露天温泉,AAAA级绿色酒店。御温泉以卓越创新的经营管理理念,独特的"情"字风格的"御"式服务,并成功被评为"中国旅游知名品牌"、"全国用户满意服务"等国家级荣誉。御温泉温馨细致的服务、星级酒店的管理和服务模式被引进了温泉行业,成为行业的标准制定者,开创了一种新的管理模式。

4. 江西天沐温泉

2002年,在全国温泉旅游白热化阶段,天沐集团敏锐地捕捉到市场机遇,转变"澡堂式"传统温泉开发模式,强调人与自然和谐,讲究"亲近自然、享受自然"。温泉度假区在旅游规划设计上突出自然"真"山水的设计理念,营造生态、自然的绿色环境,让游客在"身放山水、心达天地"的状态下得到身心放松。江西天沐温泉首次将养生和健康的方式融入其中,提炼出天沐养生沐浴"九部六法"独特的沐浴方法,丰富了天沐温泉的品牌文化内涵,形成了天沐温泉独特的品牌个性。自庐山天沐温泉取得成功后,天沐集团先后还投资兴建了天沐·江西明月山温泉度假区、山东江北水城温泉度假区、山东威海温泉度假区等8个温泉度假区。此后,天沐集团通过品牌加盟的方式,由其他投资方建立了内蒙古乌海君正(天沐)国际俱乐部、江西资溪法水(天沐)温泉度假区、湖南夜郎王(天沐)温泉度假区、天津光合谷(天沐)温泉度假区和厦门杏博湾(天沐)温泉度假区。在不到10年的时间里,天沐温泉已经形成了全国性的温泉品牌,品牌输出分布江西、江苏、安徽、山东、湖北、辽宁六省,天沐集团成为中国温泉度假旅游品牌输出开发模式的领跑者。

三、国内外温泉度假地管理模式总结

通过分析国内外温泉度假地的经营管理经验,总结了具体以下几种模式。

(一)集中统一管理模式

该模式是对度假区的温泉水资源、业务经营、社区、品牌和营销推广由一个主体进行集中统一管理。

(二)分散管理模式

分散管理模式则是对温泉水资源、业务经营、社区、品牌和营销推广由多个主体进行分散管理。

（三）协会管理模式

对于多个投资经营主体并存的度假区，由度假区内的经营主体共同发起成立协会，度假区的品牌、营销推广、促销活动以及公共设施由协会进行统一管理的一种模式。

（四）社区管理模式

该种管理模式借鉴了房地产的物业管理模式，通过成立专门的社区管理机构来对整个度假区的公共设施、环境绿化、公共卫生、各经营单位所需经营物品进行集约化、专业化管理。

（五）政府主导管理模式

政府主导管理模式指建立由政府领导下的园区管理委员会，管委会在政府授权下行使职能，对温泉度假区的发展目标、规划和任务的制定，投资政策的出台，各相关部门及社区关系的协调，以及对外招商引资发挥主导作用，但不参与温泉经营的具体事务。

国内外众多温泉度假区的不同开发与管理模式，给我们带来了有益的经验，同时也给我们提出了温泉经营管理需要注意和解决的问题。

本章小结

本章对温泉度假地的管理理论进行了介绍。第一部分回顾了现代管理理论和管理思想，总结出了温泉度假地管理理念，即人本管理理念、精细化管理理念、可持续发展管理理念。第二部分主要介绍了温泉度假地的管理职能和管理内容，其中，温泉度假地的管理职能包括计划、组织、指挥、协调、控制。温泉度假地管理的内容分别为温泉经营战略和决策、温泉经营计划管理、温泉组织管理、温泉经营业务管理、温泉人力资源管理、温泉财务管理、温泉营销管理、温泉品牌管理、温泉文化建设管理。本章最后一个部分，主要阐述温泉度假地的管理模式。根据国际温泉度假地的管理模式，譬如日本和欧美，和我国一些具有代表性的温泉度假地的管理模式总结出了国内外温泉度假地管理的五个主要模式：集中统一管理模式、分散管理模式、协会管理模式、社区管理模式、政府主导管理模式。

通过对温泉度假地管理理论的研究，进一步将其运用到温泉度假地的管理当中，促进温泉度假地实现经济效益、社会效益、生态效益。

关键概念

温泉度假地管理理念　温泉度假地管理职能　温泉度假地管理内容　温泉度假地管理模式

复习思考

□复习题
1. 简述现代管理理论和管理思想的特点。
2. 简述温泉度假地管理理念。
3. 简述温泉度假地管理职能。
4. 简述温泉度假地管理的内容。
5. 简述国内外温泉度假地管理模式总结。

□思考题
1. 为什么说温泉度假地管理复杂多变?
2. 如何更好地确定温泉度假地的管理理念?

案例分析

一次,某温泉旅游度假地接待了一对美国夫妇。接待人员小李在准备带他们去泡温泉时发现女士面色苍白,似乎有点犹豫。于是小李主动上前询问,了解到女士由于身体原因今天无法进行泡浴,但在三天后他们将离开中国,这是最后一次机会,最终女士面带遗憾地留在了房间。第二天在这对夫妇吃早餐时,小李找到他们并说明为了弥补女士昨天的遗憾,今天将特意为即将离开的这位女士安排有益于身体健康的药浴。这对夫妇不断感激小李的细心服务,在回到美国后还寄来了感谢信。

思考:案例中的小李是怎样了解顾客心理的?其成功的根本原因是什么?

相关链接

进一步阅读推荐:
1. 尹苏.基于公共管理角度下的温泉旅游发展研究[D].南京:东南大学,2014.
2. 巫晶.温泉旅游游客行为研究[D].厦门:厦门大学,2006.

3. 朱东国.我国温泉旅游开发研究[D].湘潭:湘潭大学,2006.
4. 樊小兰,刘住.国内外温泉旅游比较研究[J].太原大学学报,2008(1).
5. 马伟.营口温泉旅游发展战略研究[D].大连:大连理工大学,2008.
6. 彭秀芬,向云波.广东、台湾与日本温泉旅游开发比较研究[J].经济论坛,2011(2).

第四章

温泉度假地产品

学习目标

掌握温泉产品的概念及内涵;了解温泉产品的结构;熟知温泉度假地产品的特征;掌握温泉产品的设计及开发程序;能够运用相关知识对温泉度假地产品进行创新。

第一节 温泉度假地产品概述

案例引导　　阿尔卑斯温泉中心

阿尔卑斯温泉中心是1993年建造完成的近代温泉理疗中心,拥有室内和室外温泉池及豪华的罗马-爱尔兰浴的浴池,设施齐备,可预约各种按摩及美容服务。除了保健疗养项目以外,还有丰富多彩的体育活动,无论春夏秋冬,都能保证令每个人感到满意。如冬季滑雪、滑雪板运动、越野滑雪、溜冰、乘雪橇、(有导游陪同的)冬季远足等。

1. 重视生态保护和利用

小镇几乎没有任何污染,拥有大片的森林、清新的空气、壮观的阿尔卑斯山和美丽的山上湖泊。

2. 提供多样化和多层次的疗养服务

温泉主要以健康养生为主题,能提供超过250种疗养休闲方式,让游客享受到丰富的温泉体验。在使用上,小镇的温泉体验还划分为公共区和私密区,目的是向客户提供不同层次和个性化的服务,其中,公共露天浴可欣赏阿尔卑斯山的壮观美景,私密温泉则可满足客户个性化的需求,享受尊贵服务。

3. 多元化体验

以温泉为中心,能为游客提供完善的服务链条和多样化的度假体验。

4. 提供丰富的户外活动

旅游区通过攀岩、登山步道以及山地缆车等多种山地探险方式将周边山体资源与小镇紧密相连,既延长了游客的逗留时间,也增加了小镇的吸引力。其中,主要的户外活动包括山地骑行、攀岩、山地缆车、徒步登山、乘雪橇、游泳等。

5. 主体化、多层次的度假居住配套

在小镇的镇区分布着多达十多个不同档次和风格的酒店,其中还提供一种位于丛林之中的木屋,使入住的游客能体会原汁原味的瑞士小镇风格。上述酒店房费从人民币500至1200元不等。

6. 农家体验

利用当地居民的农庄和葡萄园组织相关体验活动,营造小镇浓郁的田园生活的内涵与风韵。其中,游客可以选择入住原汁原味的木屋农庄,亲身感受恬静的田园生活气息。

7. 组织系列节庆活动

旅游区全年都会组织各种各样的节庆活动,这些活动的举办既丰富了游客的日常活动,又展现了旅游区独特的文化魅力,具体见表4-1。

表4-1 阿尔卑斯温泉中心节庆活动安排表

1月19日	火焰冰雪节	7月4日—6日	冰壶比赛
1月26日—2月5日	狂欢节	8月1日	国庆节焰火活动
2月5日	赛马	8月3日	斗牛节
3月8日	夜间跳跃比赛	8月22日—24日	遗产保护会议
3月8日—9日	冰雪运动会	8月30日	阿尔卑斯马拉松
3月22日	世界水日专项活动	9月1日—27日	红酒节系列活动
4月25日—27日	周末运动和音乐会	9月12日—14日	高尔夫节
5月24日	歌德纪念活动	9月13日	铁人三项赛
5月30日—31日	地区音乐节	10月4日—5日	乡村音乐周(周末)
7月4日—6日	国际文学节		

思考:案例中的阿尔卑斯温泉中心,所提供的温泉产品结构如何?所体现的温泉产品的特点是什么呢?

产品是企业销售的核心,也是企业利润的主要来源。温泉度假地的产品是温泉管理企业的核心要素,也决定着整个温泉度假地的品位与档次。本节学习内容为温泉度假产品的概念、温泉度假地产品结构以及温泉度假地产品特点,为我们更好地了解温泉产业,成为温泉度假地的管理者奠定良好的基础。

一、温泉度假地产品概念

温泉度假地产品是温泉旅游企业依托温泉资源,出售能满足消费者需要的有形物品和无形服务的总和,是温泉旅游企业开发的核心旅游产品,是温泉旅游企业赖以生存与发展的基础。从现代营销理论的角度看,温泉度假地产品的概念包括了三个层次的含义:核心产品、形式产品、附加产品。

核心产品是指能满足游客特定需求的基本服务、利益,是旅游者真正要买的东西,消费购买某种旅游产品,并不是为了占有该产品本身,而是为了获得能满足某种需要的效用和利益。核心产品可以是无形的,它包含了旅游者感受到的基本需求和追求的基本利益。

形式产品是指核心产品借以实现的形式,由 5 个特征构成,即品质、式样、特征、商标及包装。具体表现为温泉度假地的建筑风格、服务项目、地理位置、服务质量等。

附加产品是指消费者购买有形产品或者无形服务之后所获得核心利益以外的利益。这种附加服务能给宾客带来更多的满足,因而对客人购买实际产品具有一定的影响力。

二、温泉度假地产品结构

从图 4-1 我们可以看到,中心部分为温泉度假地产品的核心产品:健康、放松这两项。比如交通部门通过提供交通工具满足旅游者"行"的需求,餐饮部或住宿业的核心产品满足旅游者"食"或"住"的需求,旅游目的地资源旅游吸引物是核心旅游产品,温泉度假地所提供的"健康"和"放松"这两项功能为游客去温泉度假地的基本需求。

图 4-1 温泉度假地产品结构

横轴以下的产品为游客能够使用核心产品所必备的产品。它包含实物产品和配合产品。实物产品是为满足游客体验温泉而提供的各种泡浴汤池和娱乐设施,它是看得到、摸得着的产品。这种产品的整体形象对于游客的第一感官印象来说是很重要的。对于配合产品,这种产品使旅游者能够有效地使用核心旅游产品的功能,即各种附加利益的总和。例如,航空公司提供的机场接送服务、登机服务等旅游景点提供的缆车服务及方便游客的旅游车服务等,而在温泉度假地温泉各汤池配有人工录制的解说词,以供游客在泡浴的同时了解各温泉的疗效和效果。

横轴以上的为企业的增值旅游产品,具有增加旅游产品使用价值的功能,使得旅游者获得超额利益,是各旅游企业实现差异化竞争战略的武器。它包含了温泉企业的服务与文化。虽然服务是帮助游客顺利完成温泉旅游必不可少的组成部分,但是根据服务本身的特点,它更具有实现企业差异化的功能,能够使游客在泡浴温泉的过程中丰富体验感受。所以把服务作为特色温泉产品的企业也不乏其人。温泉企业的文化向来就是各企业实现差异化竞争战略的武器。从国内御温泉来说,其"情"式服务和"御温泉"文化就是增值旅游产品做得好的典范。

当然,以横轴为界的实物产品、配合产品与增值旅游产品之间并没有清晰的界限,两者往往共存于一个交集之中,共同增加核心旅游产品的使用价值。实物产品和配合产品是企业的基础产品,增值旅游产品是企业的特色产品,在实物产品和配合产品的基础上,做足增值旅游产品的文章,才能更大限度地发挥温泉的核心价值,才能使游客更深刻地体会核心产品。

三、温泉度假地产品的特点

和一般的旅游产品一样,温泉旅游产品也具有无形性、生产和消费的同时性、不可储存性等共有特点。同时,它还具有明显的自身产品特点。

(一)季节性

温泉旅游产品是典型的极易受季节影响而导致旅游需求波动的旅游产品。一般的温泉旅游产品销售旺季多集中于严寒时令季节,尤其在冬日天寒地冻之时,搭配冬日进补、养生保健的主题,更是能够迎来消费旺潮。然而到了酷暑时节,需求就会相应减少。而温泉旅游产品设施在淡季的维护成本相较一般旅游产品要高,所以宜采取相应的措施保持需求量的平稳。例如,近来也有一些温泉旅游产品商家创新营销概念,在暑期将漂流活动与温泉沐浴联动整合营销,动静皆宜的结合方式,也取得了不错的市场反响。

(二)同质性

这一特点对于在地理空间位置上处于同一地域的温泉旅游产品表现尤甚,因为同一地域的温泉旅游资源的地质条件相差无几,所以处于产品核心层的温泉水质本身的功效会趋同,温泉地域文化也会比较接近。这就使得温泉旅游产品间的同质性明显,从而加剧温泉旅游产品间的竞争。为了避免同质性带来的不良影响,要对产品进行差异化定位。处于核心层次的同质,可以通过在服务设施、服务接待及可达性上面做文章来加以区别和改进。

(三)独特性

和同质性相对的,有些温泉旅游产品的独特性明显,能很好地吸引消费者的注意力和消费兴致。例如,日本的温泉旅游产品独具特色的温泉文化、温泉沐浴方式以及细致人性的服务,往往使得消费者体验到许多其他地方体验不到的感受,从而有效地将之与同类型的产品区别开来,形成自身的核心竞争优势和产品独特的形象魅力。

(四)休闲娱乐性

温泉一般地处城郊或者山地,远离城市喧嚣,环境宜人,适合工作一族休息保健,缓解工作的压力,也适合朋友相聚放松娱乐,而且温泉老少皆宜,非常适合家庭成员一起出行共享欢乐,增进成员间的感情,所以是非常理想的休闲娱乐场所。而旅游产业的休闲升级要求,也将直接推动中国温泉旅游产品从个别性、单纯的洗浴项目,逐步转化为温泉沐浴、桑拿、按摩、SPA、药浴、健身、养生、会议、大众娱乐等结合的休闲娱乐产品链及康复疗养产品链的双产品交织结构形态。

第二节 温泉度假地产品设计

案例引导 水晶温泉水上漂浮泡池创意设计

旅游的本质是体验，体验陌生的、超出想象的情景、场景，丰富人生经历。随着温泉旅游地的增多，温泉消费逐渐普及，旅游者对温泉体验的需求日益高涨，人们已不再满足于大众化的温泉产品，更渴望追求体验化、精致化、个性化、休闲化、娱乐化的产品。如何设计出具有创新性、吸引力和有效益的温泉，是每个设计师的追求。

水晶温泉位于贵州省北部，喀斯特地形地貌特色明显，奇峰秀岭、植被葱茏，赤尾溪萦绕而过，水质稀有，属碳酸型"高锶二氧化碳氡泉"，含18种对人体有益的微量元素，其中，锶的含量达5.03毫克/升，对心血管、造血功能、风湿、关节炎等疾病有良好的疗效。但地理位置偏僻，道路弯拐狭窄，可达性差，距大城市远（贵阳220公里、重庆280公里），客流量少。

水晶温泉已经营业十多年，具有一定的知名度和客源，但硬件老化、产品单一。此次改造设计，有两个重点：一是如何将水质的特性、疗效，充分展示出来，留下回头客；二是结合环境，设计出具有创新的产品，增强体验性、娱乐性，吸引周边游客。

可饮、可泡、可疗，是水晶温泉水质的最大特色，具有唯一性和稀缺性，应充分发挥其优势，打造属于水晶温泉自身的产品体系，包括饮汤、泡浴、理疗等。

饮汤系列：水晶温泉的水具有弱碱性、含多种矿物质、水分子较小、吸收快、助消化的特点，有治疗心血管、胃肠疾病的功能。在温泉区内，人流汇集点，设置饮水亭（饮汤）；每个泡池的出水口，设计成饮水点；服务吧内，提供饮用温泉水等，以充分保证游客随时随地可饮，将水晶饮汤的概念贯彻到底，深入人心，成为特色。

泡浴系列：水晶温泉靠山面水，环境优越。设计结合靠山的优势，形成台地泡池、瀑布泡池、溪流泡池；结合面水的优势，设计无边际泡池、半凌空泡池、水中泡池。特别是在赤尾溪上，建设挡水坝蓄水，峡谷平湖，将泡池设置于湖面，形成水上漂浮泡池。在喀斯特地貌构成的丛山之中，一泓碧波，泡池漂浮，意境悠然，增加泡池的景观性、体验性和参与性，成为水晶温泉最具创意的特色产品。

理疗系列：水质理疗，根据水质的不同含量，形成锶泡池、碳酸泡池、氡泡池、硫黄泡池、弱碱泡池等既有一定疗效，又充分展示水质的泡池；机械理疗，结合器械和水力作用，设置冲击池、按摩池、泡泡池等理疗泡池，增加动感、互动性和娱乐性；药物理疗，结合本地特色的丹砂、苗药、花木本草，设计丹砂泡池、苗药泡池、中药泡池、花果泡池等，以点缀、增加泡池的丰富性、体验性。

设计中,因地制宜设置多样化的产品,以满足不同游客的需求,如为了满足儿童的需求,在地势平缓处,设置水晶温泉乐园;为满足老年人的需求,在山脚设计了安静的躺式泡池、石板浴;为满足青年人的需求,在开阔处布置了动感泡池、游泳池,在草地上设帐篷泡池,在密林中设私密泡池,在湖中设水上漂浮泡池等;为满足高层次需求,在水边设计了水晶SPA理疗屋,山中设计了温泉汤墅、私人会所等产品。

水晶温泉设计的核心,是用创意吸引人,用环境留住人,用疗效打动人,充分挖掘温泉水质及环境的特色,形成温泉消费的场和磁力,壮大市场,迎接康旅时代的到来。

思考:水晶温泉体现了哪些设计理念?

(资料来源:http://mp.weixin.qq.com/s/sy-k1PJEjv_QycRFk0VXdw.)

产品的设计是受诸多因素影响的,也是整个产品品位的体现。本节以温泉度假地产品的设计理念、设计内容,温泉泡浴产品设计以及产品设计程序等一系列的内容来阐述温泉度假地产品的设计。

一、温泉度假地产品设计理念

温泉度假地产品设计需要注意两个方面,一是符合温泉旅游度假顾客的需求,二是要体现温泉旅游度假地的风格特色,且这种特色实际上也是基于顾客需求的差异。因此,无论是产品设计理念的提出,还是对产品进行分类设计,都需要建立在市场分析的基础之上,并紧扣温泉旅游度假顾客需求特点和消费行为来展开。

产品是由诸多要素组成的,如温泉泡池、客房、餐厅、娱乐、SPA等。温泉产品的塑造,应以生态化、市场化、人文环境与地域自然特色相结合作为基本设计指导思想。

(一)自然和谐的生态化

温泉旅游度假对生态的要求是第一位的。从资源角度看,温泉是特有资源,连同其所处的原始生态环境具有不可再生性,保护了生态就是保护了资源。从度假角度来说,生态化是吸引消费者的前提。从投资回报角度来说,生态化是保障其长期利益的基础。因此,在温泉度假地总体产品规划设计上应注重生态化的原则。

首先,整个景区的建设应与其周围的自然环境有机融合,各温泉度假地的建设应充分结合当地的自然地理环境,突出其特有的景观成分,创造"此地非彼地"的独特效果,同时,尽量保持其原始的自然形态、保留原生态植物,使景区的建设具有良好的生态效益。

其次,景区道路和建筑规划应本着"依山就势,遇水随形"的理念,建筑轮廓线与自然起伏相协调,建筑色彩与自然色彩相映衬,使景区的开发性建设与当地的环境地质条件完美结合,形成与自然和谐配合的优美景观。

再次,应充分规范、管理好人流与物流,使人有充分自由的、丰富多彩的活动,使其对周围环境的影响达到最小化,即体现最优化的生态效益。

最后,还应预留近期不开发建设的保护性区域,改变过度开发的弊病,从而在发展空间和发展项目上为度假地的可持续发展留有充足的余地,以保证度假地温泉旅游的可持续发展。

（二）满足消费者需求的市场化

消费者是产品的最终体验者及使用者。只有通过对消费者现在需求和潜在需求的调查、了解与分析,充分把握和捕捉市场机会,才能设计出符合消费者需求的产品。消费者的需求有很多内容和层次,马斯洛总结过需求层次理论,其中,除了生理需求以外的,包括安全、爱与归属、被人尊重、自我实现都属于心理需求。

在消费者的需要与行为之间还有动机、驱动力、诱因等中间变量。动机是决定行为的内在动力,是引起个体活动,维持已引起活动,并促使活动朝向某一目标进行的内在作用。动机试图从能量和具体方向对行为提供更充分的解释。因此,在产品设计时,需要发现消费者的购买动机,识别顾客购买特定产品或服务与其所追求的利益和价值之间的关系,并注意消费者的隐性动机与多重动机,采取适当的营销策略。

（三）突出地域特色的文化性

在有温泉资源的地方,不仅有丰富的自然景观资源,还有众多的文化遗产资源,如佛教文化、道教文化、三国文化、商周文化。在少数民族地区,还有独特的少数民族文化,尤其是神秘的洗浴文化,更具独特魅力。如内蒙古的阿尔山温泉,有"头泉"、"喉泉"、"脚泉"、"五脏泉"之分,能针对不同的患病情况进行治疗,被称为"热的圣水"。在产品设计中突出文化特色是时代的要求,强化地域文化特色是温泉度假地产品设计重要的原则,这是打破千篇一律,使温泉度假地产品设计拥有独特魅力的一个非常重要的内容。

在位于富士山下的日本风景名胜"箱根温泉",美丽的湖光、山色连同温泉被称为"箱根三绝",同时还保留了众多古街、人文古迹,建造了"现代雕刻之森"美术馆,与自然结合得十分完美,因而成为享誉世界的温泉度假地。

二、温泉度假地产品设计内容

一般而言,我们把旅游产品划分为有形产品和无形服务两大部分。对于温泉度假地产品有形的设施包含如度假地的公共设施、建筑形象、客房及餐饮装饰、娱乐康体设施等,无形服务则包括服务人员的礼仪礼貌、仪容仪表、服务态度、服务技能、服务程序、服务效率、服务水平等软件部分。同时,温泉度假地产品设计还应包含活动设计、文化设计,这两者也是温泉度假地产品设计的重要内容。因此,温泉度假地产品设计需从设施与活动项目设计、服务设计、文化设计三个方面进行。

（一）温泉度假地的设施与活动项目设计

为满足温泉旅游者的需求,需要依托一定的服务设施,同时,为了使客人更加充实,温泉度假地需要设计各种活动项目。这些是温泉度假地吸引客人的产品差异性所在,精心规划对于温泉度假地取得长期成功具有根本性的意义。

在大多数的温泉度假地,对设施的规划和设计比较重视,但对于活动的设计非常缺乏。不少调查结果显示,人们在体育健身产品方面的消费很少,并非人们没有这方面的需求,也不是温泉度假地没有运动场所和设施,而是缺乏对活动的组织。温泉度假地不但要做设施的提供者,更要成为活动的组织者。因此,在对各种项目进行设计时,除了硬件设施的设计外,还应有多个活动菜单的设计。这样,才能跳出守株待兔的局面,主动引导客人进行消费。

一般而言,温泉度假地的服务设施主要包含以下方面。

1. 公共设施

包含温泉度假区广场、度假区大堂、走廊、卫生间、商店等设施,这是组成度假地酒店的必要部件。

2. 温泉沐浴设施

温泉沐浴设施对温泉度假地来说是必不可少的,这也是温泉游客前往温泉度假地非常重要的吸引物。

3. 住宿设施

温泉游客通常会在度假区停留1~2天,因而就需要为温泉游客提供一定量的客房住宿。

4. 餐饮设施

通常温泉度假地距离市中心有一定距离,周边也没有更好的消费场所,因而客人的餐饮消费就只有通过度假区得以解决。

5. 健身娱乐设施

温泉游客在度假区的活动中,不管是白天还是晚上泡浴温泉,时间都不宜过长,因而大量的闲暇时间需要度假区提供其他的活动来充实。所以在温泉泡浴之外,温泉度假地还应提供健身娱乐设施,如各类球场、KTV、健身会所等。

以上五类设施是每一个温泉度假地都应该具备的。此外,随着市场需求的多样化,温泉度假区还可以根据顾客需求进行相关设施的建造,如会议设施、儿童游客设施、医疗保健设施等。

(二)温泉度假地的服务设计

各个不同的温泉度假地,出于管理、市场、财务等多方考虑,所提供的设施、活动存在着很大的差别。但事实上所有成功的温泉度假地都有一个共同点,即它们都创造出了一种能够促进并增强幸福感和愉悦感的环境。在实际运营中,除了通过提供高质量的住宿、餐饮、娱乐、保健设施,营造愉悦而恬静的环境来实现外,更需要通过以友好而个性化的方式提供高质量服务来实现。因此,如何设计出能满足客人需求的服务项目,以及让客人感觉最舒服、最放松的服务方式,是在固定的设施、活动之外的又一重要内容。

通常温泉度假地的服务设计有以下内容。

1. 前厅接待服务

客房预订、接待、收银、问讯、委托代办、贵重物品寄存、宾客迎送等。

2. 温泉区服务

接待大厅(总台接待、收银)、更衣室(更衣换鞋、洗浴用品服务)、沐浴区(引导客人、提供饮品、更换浴巾、泡浴说明)、按摩休息区(按摩、修脚、美容)。

3. 客房服务

卫生服务、会客服务、送餐服务、叫醒服务、开夜床服务、其他代办事宜。

4. 餐饮服务

订餐服务、迎送服务、看台服务、席间服务、结账服务。

5. 健身娱乐服务

接待服务、安全指导服务、餐饮服务。

6. 会议服务

会议准备（引领、签到、会场布置）、会议期间（茶水服务、资料复印、录像、录音、传真服务等）、会议餐饮服务。

(三) 温泉度假地的文化设计

温泉度假地从很大程度上讲是文化与一种生活方式的组合，温泉度假地若缺少了对文化符号的注入，它的所有产品将变为一潭死水，没有灵气。为满足目标市场的需求，温泉度假地必须巧妙挖掘当地的文化，并把文化符号恰到好处地表达在产品主题、产品项目、服务设施、建筑设计、景观设计营销、管理等方面。有效的文化表达，处理好规划设计的地域性特征，不但能解决主题雷同、文化内涵稀缺的问题，也利于为度假地塑造独一无二的竞争力，同时有助于市场营销的开展。文化品位附加值低的"快餐"式产品，周期短、容易老化，易被别的温泉度假地模仿。成功的温泉度假地，必须有个性鲜明的文化品位，才能成为让人印象深刻的"印记"式的产品。

除上述内容外，温泉度假地在进行产品设计时，还应考虑以下内容的设计。

(1) 温泉度假地的整体布局、建筑物的位置、高度及建筑物之间的距离。

(2) 度假地内部的开放空间和布局。

(3) 度假地内游客小径的路线及铺路所用材料。

(4) 度假地的入口和可能的进入道路。

(5) 度假地内部交通，如机动车道、步行道、非机动车道等。

(6) 度假地主要建筑的规模、形状、外观、颜色和材料。

(7) 度假地小品设施的设计，如路灯、路标、示意图、指示牌、休息亭、休息凳、垃圾桶等的位置和外观的设计。

三、温泉泡浴产品设计

由于温泉泡浴是吸引温泉旅游者非常重要的产品，因此温泉度假地应设计出多个不同形式、不同功能、不同特色的温泉泡浴设施，并提供多种多样的体验形式，既可以泡、可以游，又可以淋、可以蒸、可以烘，还能尝试各种水上运动，让游客充分享受温泉沐浴的快乐和健康。

(一) 天然温泉

天然温泉是最传统的温泉项目，温泉水保持天然的状态，不添加其他的成分。天然温泉池有集中式的不规则的游泳池，也有分散型的草堂式泉池，前者适合于大规模的温泉沐浴，后者则适合于家庭或小团体。这类温泉泳池之间差别不是很大，但可以将不同的泳池设计

为不同温度,如设置出高、中、低温三种温泉池,让不同体质的游客都能享受到温泉带来的理疗作用,也给游客更多的选择。不同的游客有不同的偏爱,有人喜欢高温,有人喜欢低温,也有人喜欢在温泉中一边浸泡,一边品茗。因此,在温泉池设计修建时,应充分兼顾不同客人的不同喜好,如池面宽广的温泉池可以设置为30 ℃左右的低温,客人在这里可以浸泡,更可以随意畅泳。温泉度假地还可以设计出一些参与性的活动,如打水球、做些小游戏之类;中温池的温度保持在35～40 ℃,大小规模适中,强调悠闲泡汤,客人可以拿一本书置身水里,或者一边浸泡,一边品尝特色食品,或者与亲朋好友、服务员轻松聊天;高温池的设计可以较小,位置隐蔽一些,有相对安静的环境,让客人在池中安静地浸泡。

温泉度假地的客房和别墅往往还带有相对独立的露天庭院温泉池,这种私人用的温泉池周围可以种上一圈植物或用树皮围成篱笆,以满足客人私密性的要求。

(二)加料温泉

在温泉中加入一些具有特殊功效的原料,与温泉双效合一,对身体保养可起到事半功倍的效果。如在温泉水中加入酒,对全身皮肤是一种良性刺激,能活血通络、促进新陈代谢、改善血液循环;在温泉水中加入香薰油精,则具有润肤养颜、杀菌香体的功效。常见的加料温泉有中药浴、鲜花浴、水果浴、牛奶浴、可可浴、酒浴、茶浴、咖啡浴、木香浴等。

其中,中药浴是最富于变化的一种温泉产品,将灵芝、人参、当归、甘草等中药单独加入温泉水中是单方温泉,而如果加入的是由多种中药配制而成的中医配方,泉水便成了复方温泉,其疗效更有针对性。如设计出具有不同疗效的补气健脾池、活血通络池、祛风除湿池、健腰固肾池、清热解毒池、美容健肤池、养血安神池、强心益脑池等。珠海御温泉的六福汤N次方,则是设置六个温泉池,每个池中添加不同的中草药药材,六种名药,每天每项更换六次,按照子、丑、寅、卯、辰、巳、午、未、申、酉、戌、亥的时辰轮流变换,其中既有规定的时辰项目,也可以根据当时情况满足消费者的个人需求。

(三)理疗温泉

理疗温泉利用水的动力作用于人体的不同部位,替代其他力量对人体进行按摩,在与水的接触中达到保健养生的目的。如利用水温差别调节人体血液循环的温差浴、利用温泉的蒸气进行桑拿的蒸气泉浴、利用水力作用刺激人体神经末梢达到理疗和保健目的的瀑布冲淋浴、按摩冲浪浴等。

(四)趣味温泉

为改变在浴盆中泡温泉的枯燥方式,温泉度假地应推出一些水中运动式、趣味性的温泉产品,如温泉冲浪、温泉漂流以及温泉水上游戏等。峨眉山灵秀温泉的飞碟转轮以水平安装的水轮飞转带动水流,如倾盆大雨;水上迪斯科则是让客人悬吊于网格上,依托于水面浮物前进,人随抖动的风格摇摆,如自由的水上迪斯科舞者。

(五)温泉配套项目

1. 游泳池

游泳是客人较喜欢的戏水运动之一,游泳池应设计美观,有长方形、圆环形、泪珠形和自由形状,池壁和地面采用装饰性图案和鲜艳的色彩。儿童戏水池:供儿童及家长嬉戏的浅水池,水深在20~60厘米,池中设置水蘑菇、喷泉、儿童水滑梯、气涌喷泉等儿童游乐设施。

2. 桑拿浴室

桑拿浴是一种蒸气浴,其室内气温在45~100℃。蒸汽浴时人坐着,室内高温使人有一种身临赤热骄阳之下被干晒着,身体水分被吸干的感觉。湿蒸汽沐浴又称土耳其浴,整个蒸浴过程需不断地在散热器上加水,以使整个房间的湿度浓厚。

3. 香熏房

香熏是一种古老、神秘的气味疗法,是集身、心、灵三者合一的康复艺术。温泉度假地的客人可以在沐浴温泉后,到香熏屋喝茶、看报,或是痛快睡上一觉,燃烧着的盏盏香熏油灯,能将人带到浪漫、灵性的大自然氛围中,调理身体及性情,并达到杀菌、养颜、润肤、提高睡眠质量的特殊疗效。

四、温泉度假地产品开发程序

温泉度假地产品开发是指一个从收集产品开发的各种构思开始,到把这些建议转变为最终投入市场的温泉产品为止的前后连续的、有计划、有目的、有系统的过程。这个过程一般经历七个阶段。

(一) 收集构思

任何产品都是在一定构思的基础上最终形成的。开发温泉度假地产品首先也需要有充分的创造性构思,才能从中发掘出最佳的可供开发的项目。产品构思的来源是多方面的,包括旅游者、旅游中间商、旅游营销人员、市场竞争对手、行业顾问、管理顾问、广告公司等。其中,前四类人员或组织构成旅游产品最主要的构思来源。依照市场营销观念,顾客的需求和欲望是寻找新产品构思的合乎逻辑的起点。旅游业得以生存和发展的条件就是满足旅游者的需要,所有旅游者的意见及建议,应成为温泉经营者高度重视的新产品构思来源。通常,通过市场调查,直接向温泉旅游者询问现行产品存在的问题来获得对新产品的构思,比直接要求他们提供新产品构思更为有效。

温泉度假地从业人员,尤其是一线员工和营销人员,他们在旅游产品的生产和销售过程中,与顾客交往密切,相互作用,最了解顾客的需要;经销或代理本企业产品的中间商掌握着顾客需求的第一手资料,同时也掌握着大量供给方面的信息;同行业的竞争对手往往能给经营者很好的提示。所有这些方面都成为温泉度假地产品构思的极好来源。温泉度假地能否收集到丰富的新产品构思,关键在于是否有鼓励以上各类人员及组织提出各种构思的奖励办法,以及内外部沟通的有效程度。没有大量新颖的产品构思,要想开发一种具有吸引力的旅游产品是不可能的。

(二) 筛选构思

经过上一阶段所收集到的对新产品的大量构思并非都是可行的,筛选的目的是尽快形成有吸引力的、切实可行的构思,尽早放弃那些不具可行性的构思,以免造成时间和成本的浪费。对产品构思的筛选过程包括以下几个方面。

(1) 对资源进行总体评价,分析设备设施状况、技术专长及生产和营销某种产品的

能力。

(2) 判断新产品构思是否符合组织的发展规划和目标。

(3) 进行财务可行性分析,分析能否有足够的资金发展某项新产品。

(4) 分析市场性质及需求,判明产品能否满足市场需要。

(5) 对竞争状况和环境因素进行分析。

通过以上各方面的分析判断,剔除不适当的构思,保留少量有价值的构思进入下一个阶段。筛选和议审工作一般要由营销人员、高层管理人员及专家进行。通常利用产品构思评价表,就产品构思在销售前景、竞争能力、开发能力、资源保证、生产能力、对现有产品的冲击等方面进行加权计算,评定出构思的优劣,选出最佳产品构思。

(三) 产品概念的发展和测试

一个有吸引力的产品构思需要发展成产品概念。产品构思并不是一种具体产品,只是经营者希望给市场的一个可能产品的设想,而产品概念是用有意义的消费者术语表达和描述出来的构思。一个构思可能形成几个产品概念。如某地要开发水上旅游,这是一个产品构思,它可以转化为漂流、水上泛舟、滑水、赛船、垂钓等几种产品概念。

概念测试就是和合适的目标消费者一起测试这些产品概念。新产品概念可以用文字、图片、模型或虚拟现实软件等形式提供给消费者,然后通过让消费者回答一系列问题的方法(如调查问卷),使经营者从中了解消费者的购买意图,以便确定对目标市场吸引力最大的产品概念。

(四) 产品商业分析

这是测试一种产品概念在市场中的适应性及发展能力的阶段。所谓商业分析,就是要测试一种产品概念的销售量、成本、利润额及收益率,预测开发和投入新产品的资金风险和机会成本,预测环境及竞争形势的变化对产品发展潜力的影响,预测市场规模,分析消费者购买行为。在这一阶段,还必须做出关于营销战略的初步决策,如目标市场定位、营销目标、主要的促销决策等。这项工作要比筛选工作更为复杂,要求的精确度更高。

例如,建一座温泉饭店,应当分析市场对何种等级饭店的需求已达到饱和状态,目标市场规模的大小,何时能收回投资,经营风险如何等。在我国,由于饭店业缺乏充分的商业分析,各地纷纷盲目建设高档饭店,致使其供求出现不平衡状况。同样,开发旅游景点,也必须进行商业分析,以避免近距离的重复建设。

旅游企业对产品开发的商业分析可采用两种方式:一种方式是由企业内部的营销人员和专家负责进行分析,世界性的饭店集团常常采用这种方法;另一种方式是利用企业外部的专家或外界的专门研究机构来进行商业分析。对出于经济目的的旅游新产品的开发,如果经过商业分析发现,某种新产品开发方案无法达到预计的最低利润额,那么就应该放弃这个方案。

(五) 产品的研制和开发

如果产品概念通过了商业测试,就可以进入产品的研制和开发阶段。在进行产品的设计与开发时,要考虑产品的功能和质量两方面的决策。其中,功能决策包括产品的使用功能、外观功能及地位功能的决策;质量决策需要注重产品的适用性及经济性。例如,建一座温泉饭店,要考虑其地理位置、交通条件、饭店的设计与建筑、设施设备的布局、职工的招募等多方面因素。同时,饭店并非修建得越豪华,利润越多。从目标市场的需求出发,使可能的总收入与总成本的差额达到最大值的投资,才是最为经济的。

温泉度假地产品在研制开发过程中需要进行反复测试。温泉度假地组织可邀请国内外旅游专家、经销商和旅游记者以及少量游客进行试验性旅游,并请他们提供意见,以便修改新产品使其更加完善。

(六)试销与反馈

试销是把开发出来的产品投放到经过挑选的具有代表性的市场范围内进行试验性营销,了解温泉旅游者的反馈,从而使产品失败的风险达到最小化。试销的主要目的在于以下几个方面。

(1)了解产品在正常市场营销环境下可能的销售量和利润额。

(2)了解产品及整体营销计划的优势及不足,及时加以改进。

(3)确定产品的主要市场所在及其构成。

(4)估计产品的开发效果。

温泉度假地产品试销可在几个细分市场上让产品与旅游者见面,以此确定重点目标市场,同时根据收集到的市场反馈信息,不断改进产品的内容和形式,以更好地适应市场的需要。旅游产品有其自身的特殊性,如温泉饭店不可能先建好让旅游者试住一段时间,发现问题再重建或重新选址或拓宽客房等设施的面积,即便可能也存在相当大的难度。所以只有事先做到充分的市场调研,根据市场需求去进行饭店的选址、设计、建造和布局,试营业后在服务项目、服务内容和方式、服务质量等"软件"上不断改进,才能确保新产品成功地全面投入市场及未来的顺利发展。

无论是一条旅游线路或是一个单项旅游产品,都要经过试销后根据各方意见和建议改进服务的内容,不断适应市场的需要。另外,在试销阶段也需要对初步确定的营销组合进行适当调整。

(七)产品商品化定位

温泉度假地产品通过试销取得成功后,就可全面投入市场,产品即进入生命周期的投入期阶段。在这一阶段,温泉经营者应注意投入产品的时间、目标市场、销售渠道等方面的决策,即何时、何地、用什么方法投入什么市场的问题。温泉经营者需要制订一个把产品引入市场的实施计划,在营销组合要素中分配营销预算,同时正式确定产品的各种规格和质量标准、产品的价格构成、产品的促销和销售渠道。温泉度假地产品投放到市场后,还要对其进行最终评价。温泉经营者要收集旅游者的反馈,掌握市场动态,检查产品的使用效果,为进一步改进产品和市场营销策略提供依据。

当然,并不是所有的温泉度假地产品的开发都要机械地经过以上几个步骤。不同的温泉经营者可根据所开发新产品的特点及市场的特点,选择合适的开发程序。

第三节 温泉度假地产品创新

案例引导　温泉创新模式

文化体验模式

体验经济时代,产品和服务的竞争将转化为品牌和文化的竞争。温泉文化体验将成为温泉旅游企业发展的新机遇。

中国温泉旅游产业的开创者御温泉将温泉视为养生、休闲、度假、旅游的载体,突破温泉疗养的传统局限,以温泉文化为核心,创新设计温泉文化体验,给企业带来了丰厚的回报,同时也将中国温泉旅游带入了一个全新的领域。因此,在进行温泉旅游开发建设过程中,除了花费大量投资改造产品、重新建设进行创新外,必须重视对温泉文化的挖掘、创新和注入。温泉旅游企业要解放思维,视温泉为载体,把各种时尚休闲概念融入温泉旅游之中,通过对温泉文化挖掘、创新,赋予温泉旅游产品更多的内涵和价值,从而提升温泉旅游吸引力,带给消费者更多的文化体验、更多的选择。这样,消费者才能慷慨解囊,给企业以丰厚的经济回报。

绿色庄园模式

绿色庄园原本是一种以生态旅游、绿色农业为目标的拟态环境塑造,其最大特点就是赋予农业庄园形态以生态旅游的主题,创造出一个都市人的非日常的户外游乐环境。可见其本来是一种生态旅游、农业旅游的概念,这里讲的绿色庄园模式,就是将生态、农业与温泉融为一体,创建一种新的温泉旅游经营模式。

温泉结合生态、农业的开发经营模式实际上也是生态可持续的能源循环利用型经营模式,具有既利用了地热资源作为温泉洗浴的康体休闲度假功能,同时又利用水资源等实现种植、养殖等生态农业产业效益的优点。生态农业有效地改善了温泉度假区的生态环境,充实了温泉休闲娱乐项目,通过这两种盈利途径达到经营风险最小化。此类项目充分利用了地热资源,但是其特色往往不是温泉本身,而是以生态农业形成的环境或是娱乐项目,如北京的蟹岛温泉旅游度假村、地热博物馆等。

"温泉+会议"模式

这里的会议包括大型和中小规模两种类型。

对于温泉与大型会议旅游度假地结合的经营模式,其核心在于开展大型会议旅游活动,各项设施的建设也以此为目标进行规划建设。通过不同档次的会议设施和配套的休闲娱乐项目增强会议度假地的综合功能,而温泉是该经营模式的配套产品。

此种经营的盈利方式是通过关系营销拥有充足的客源维持项目的经营并获

利,其利润空间也包括房地产的开发和资产运作。如天津的珠江帝景,其就是以温泉为主题的复合型旅游地产,通过城市运营的方式进行旅游地产的开发,企业利润的来源就至少包括会议、温泉洗浴和房地产。对于温泉与中小规模会议市场结合的经营模式,这是目前较多温泉投资经营的模式之一,通过以温泉的康体疗养为主要品牌吸引中小规模会议市场的进入。由于其属于中等规模的温泉开发,在温泉资源、土地资源、投资等方面的要求相对不高,但是对于产品的特色、经营理念以及对旅行社等的营销能力要求相对较高,属于重点通过中小型团队游客获得盈利的经营模式。

"温泉+大型主题休闲游乐"模式

随着市场经济制度的不断完善,温泉消费市场竞争越来越激烈,温泉消费者越来越成熟,温泉旅游企业要想吸引更多顾客,获得预期的收益目标,就需要具有规模优势和提供差异化温泉服务产品的能力。"温泉+大型主题休闲游乐"模式,其中"大型"是针对规模优势提出的,"主题"是针对提供差异化产品这个要求提出的,"休闲游乐"是针对温泉开发经营模式演变的经验和需要开发越来越多温泉附加产品的要求提出的。这种温泉经营模式以度假功能为主,观光功能为辅,以大型或超大型温泉主题休闲区为开发形式,将温泉资源与周边的资源充分结合,以主题休闲游乐设计为核心,融观光、度假、休闲、娱乐、保健为一体,带给游客全方位的体验。

品牌输出模式

品牌是企业竞争力的核心,是诚信的载体,是最有价值的资产。旅游作为一种异地消费、不可储存的无形产品,决定了它更需要通过品牌形象来向消费者传达一种实实在在的感受。

目前,我国的温泉旅游已渐渐进入品牌竞争的时代。随着我国温泉旅游业的蓬勃发展,温泉旅游企业越来越重视品牌的塑造和培养,已不断涌现出了一批知名品牌。但如果企业仅仅停留在品牌的塑造、包装上是远远不够的,当品牌的文化内涵不断丰富,在市场上的号召力、影响力达到一定程度后,企业必须要进行品牌的输出,扩大品牌的知名度、美誉度,利用品牌为企业带来更大的利润空间。目前品牌输出已经被证明是一种行之有效的经营模式、盈利方式,能为企业带来巨大的效益。

思考:案例中温泉规划布局中存在一系列的问题,旧的温泉模式发展遇到瓶颈。经过创新发展,温泉发展有了新的模式。请仔细阅读案例中的几种新模式,思考产品创新的必要性与创新策略。

我国的温泉旅游经历了由自然"汤治"到疗养、保健,进而发展到观光与娱乐并存的阶段,但是温泉旅游开发模式和活动项目的雷同化现象严重,洗浴加会议、康乐健身、休闲、度假等思维雷同,建设项目也大同小异,造成温泉旅游者体验不佳,整个温泉旅游市场急需产品的创新。

一、温泉度假地产品创新的必要性

(一)科技进步时代的需要

创新,不是赶时髦,不是人为地制造亮点和热点。创新是时代的要求,是为更好地满足顾客的需求和期望,与企业生死攸关。管理大师彼得·德鲁克说过"企业的基本职能是营销和创新"。只有靠有创意的新产品才能激起旅游者的购买欲望,引导消费新潮流。知识经济时代,创新是永恒的主题,所谓新的旅游产品绝大多数都是知识含量高的产品,其中包括设计和策划过程。当今时代,科技不断进步,电脑技术及互联网发展也为创新提供了坚强的后盾。

(二)温泉旅游度假地市场竞争的需要

温泉产业作为一种新兴的产业方式,正在迅速发展,然而伴随着开发热潮而来的是温泉旅游开发模式和产品雷同化现象的日趋严重,同类型温泉旅游产品的竞争十分激烈,导致温泉旅游企业经济效益低下,生命周期短暂,资源浪费严重。开发商盲目开发,设计理念老化、陈旧,没有高品位的设计,造成温泉酒店软硬件不到位,让客人感受不到温泉带来的欢愉。某些开发商开发温泉心切,没有做好足够的准备工作,盲目照搬,大兴土木,结果往往是消耗大量的资金开发出一些只有其形而无其质,无内涵可言的产品。

温泉旅游文化特色是决定温泉旅游产品创新,增强产品竞争力的关键因素。只有差异化产品和服务创新,赋予产品不同的个性,不断满足市场对温泉旅游产业的需求,才能创造出别人无法复制的产品价值。

(三)温泉旅游者需求变化的需要

旅游企业要使自己的产品满足大多数顾客的需求,这就要求旅游企业不但要提供物质方面的满足,而且要提供精神方面的满足。同时,旅游消费者需求结构的变化对企业创新提出了迫切要求,固定不变的温泉旅游产品很难引起顾客的兴趣,企业只有在产品质量、功能、销售服务、形象策划等方面创新,才能及时满足广大消费者不断增长的物质文化生活需要。

(四)延长温泉旅游度假地产品生命周期的需要

创新是温泉企业求生存、求发展,延长其生命周期的灵魂。随着科技的进步,市场竞争的加剧,以及人们需求的不断变化,任何一项产品都很难在市场上经久不衰,服务的生命周期在不断缩短。在这种情况下,温泉经营企业如果不能主动地在产品上有所创新,只限于做过去已做过的事情,即使外部条件和内部资源都得到充分利用,也无法在激烈竞争中保持已取得的优势。因此,要快速吸收新材料、新技术、新的服务理念和方法,对现有服务进行不断的修正创新,保持现有服务活力,从而延长服务产品的生命周期。

二、温泉度假地产品创新策略

中国温泉旅游第一人朱跃东先生给温泉旅游下的定义是:旅游者以体验温泉、感悟温泉文化为主题,达到温泉养生、休闲、度假目的的旅游。因此,企业在进行温泉旅游产品创新时,要紧抓温泉文化这一主题。

海南温泉协会会长、三亚珠江南田度假区总经理张永康也提到,中国温泉目前产品没有突出特色,产品大同小异。同质化现象严重,成为中国温泉旅游发展的一大障碍。张永康用"忽视文化、缺乏内涵"八个字概括了中国温泉度假地的文化现状,他认为温泉旅游文化特色成为决定温泉旅游竞争力的关键因素。

（一）基于温泉的健康文化进行创新

可以开辟温泉中医养生区,结合我国丰富的中医药文化,加配多种本草中药和营养材料,对天然温泉进行延伸开发利用。同时配备专人提供个性化健康辅导,传播传统养生理念,帮助游客选择合适产品。温泉养生产品要系列化、套餐化,并随时跟踪客人需求,不断调整产品组合。市场需求大的项目,常规推出;市场需求少的项目,不定期推出。

在结合温泉健康文化的前提下,尝试技术开发。目前,以休闲、养生、度假、旅游为时尚温泉产品的开发越来越富有特色,温泉产品的科技含金量越来越高,如法国中部的薇姿温泉小镇,在当地被誉为纯净、丰富、充满活力的温泉水与经大量试验研制出的高科技健康活性分子结合,合成可抗毛囊纤维化、防止脱发、抚平深皱纹的新型矿泉水,赋予温泉水以积极的意义。

我国已开发的有特色的温泉也很多,如峨眉山温泉,因其具有5000年矿化龄,而被誉为"华夏同龄水",目前已开发成中国规模最大的氡温泉浴场。贵州石阡温泉有"冬浴之则身暖而寒退,夏浴后则体轻而凉生。夜浴则睡眠安稳,疲浴则精神复振,衰老者则浴之人方惊其呻吟,而被心正感舒适"的神奇疗效,这一特色深受游客青睐。还有珠海御温泉,利用传统中医药理论,研制、开发了多种有益于人体健康、富含中草药成分的温泉浴池,开创了温泉沐浴新概念,创造了体现中国传统沐浴文化特色的"御式温泉文化",成功地将温泉单一疗养的物化享受提升到符合现代消费的文化、精神层面。

（二）基于温泉的历史文化进行创新

在与人文资源结合方面实现创新,发掘人文资源,并与温泉文化建设及经营紧密结合,形成自己独特的优势。

温泉文化是与温泉有关的文化,如温泉的特色、价值功效、产生原因、形成机理,沐浴的时间、方式、注意事项,以及与温泉有关的故事。每个温泉地都有自己的故事,温泉的发现过程就是故事发生的过程,应该及时整理,通过文字、照相和摄像等手段记录下来。例如,全国重点旅游城市连云港,拥有丰富的人文资源,特别是孙悟空的故乡花果山也使连云港家喻户晓。连云港温泉旅游的开发完全可以结合当地的特色文化,开发出别具一格的新型温泉度假旅游产品。

关于温泉的文学作品也是目前最好的温泉故事。温泉度假地可以将与温泉有关的地方典故、民间传说、文学、名人等各种历史文化元素融入温泉旅游活动中。将文化元素提炼成标识图案,体现于景观、建筑、室内装饰的各个细节中,追求古朴和个性。同时,文化展示方式要多元、温馨、唯美,可以借助灯光、雾气等具朦胧感的媒介达到特殊效果,提炼出融合温泉文化和地方文化的特色项目。

（三）基于温泉的时尚文化进行创新

温泉与运动游乐的结合,也是温泉旅游较常见的开发模式之一。其核心是在温泉泡浴

的基础上,通过发展满足旅游者体验性、参与性需求的运动游乐项目,有力提升温泉度假村的整体吸引力,延长游客停留时间甚至改善温泉度假村的淡季经营问题,提高人均消费水平,从而实现整体开发经营的突破。比较典型的创新模式有"温泉+水游乐",就是把夏季最受家庭市场欢迎的水游乐项目引进温泉旅游度假村,弥补夏季这一淡季产品开发不足的缺陷,对于提升温泉度假村的整体经营,具有非常突出的效果。以北京温都水城的水空间、被称为"中国动感第一泉"的广东恩平锦江温泉、华东最大的温泉——浙江武义清水湾·沁温泉等为代表,都是通过温泉造浪池、温泉漂流、温泉游泳池、水上滑梯等一系列时尚、动感、刺激的水游乐项目的引入,实现了温泉度假村夏季经营的火爆。此模式已经被证明是较成功的开发模式,但未来竞争的关键在于水游乐项目的持续创新上,这就对水游乐的投资规模和设备更新提出了更高的要求。

还有"温泉+滑雪场"模式。以青岛即墨天泰温泉滑雪场、辽阳弓长岭温泉滑雪场为代表。温泉结合冬季最时尚、最具挑战性的滑雪项目,是养生与运动的美妙结合,将形成强大的吸引力与竞争力,"活力冬季"的概念也应运而生,从而有力推动冬季旅游的突破。此种模式已成为北方地区温泉度假村开发的重要模式。

(四)基于温泉的品质文化进行创新

营造温泉产品的休闲养生氛围,推出文化养生旅游产品。泡温泉本身是休闲行为,温泉地的项目设置、基础设施建设都要充分考虑到游客的休闲需要,让游客体验轻松自由的感觉。温泉旅游还是一种修身养性的过程,有助于增加对生命的理解。

温泉旅游产品可以在泡浴模式方面实现创新。泡温泉的方式越来越多样化、综合化、艺术化,很多以休闲与游乐相结合、与文化形态结合的模式,如与文化结合形成禅宗的温泉、道家的温泉等。还有与泥疗、盐疗、医药、美容、康疗、水上运动、水上娱乐相结合,与自然环境相结合的模式,如温泉热带环境下的温泉、山体环境下的温泉、在溪沟里自然的溪流与环境结合的温泉等。比较有特色的还有奥地利的音乐温泉,整个温泉和音乐的身心疗养相结合,优美的背景音乐有助于唤起游客内心的浪漫情结和愉快情感,使之放松心情。温泉泡浴模式的发展,形成了旅游与温泉广泛结合的休闲结构,由此带来收益模式的变化。

本章小结

温泉度假产品是温泉旅游企业依托温泉资源,出售的能够满足消费者需要的有形产品和无形服务的总和。是温泉旅游企业开发的核心旅游产品,是温泉旅游企业赖以生存和发展的基础。本章节学习内容旨在了解温泉度假地产品的结构、特点、设计理念、设计内容、开发程序以及温泉度假地产品创新的必要性和创新策略。

通过对以上内容的研究学习,学生将会对温泉度假地产品有更加深入的了解,也为将来成为一名优秀的温泉度假地管理者打下坚实的基础。

关键概念

温泉度假地产品　温泉度假地的产品结构　温泉度假地产品设计　温泉度假地产品开发程序　温泉度假地产品创新

 复习思考

□复习题
1. 简述温泉度假地产品的特点。
2. 简述温泉度假地产品的设计理念。
3. 简述温泉度假地产品的开发程序。
4. 简述温泉度假地产品创新的必要性。
5. 简述温泉度假地产品的创新策略。

□思考题
1. 假如你是郴州市汝城温泉的负责人,请你针对汝城温泉的特点,对汝城的温泉进行产品设计。
2. 请针对郴州市汝城温泉的发展现状,结合温泉度假地产品创新的内容,对汝城温泉产品进行创新。

 案例分析

给您一个不一样的年会 —— 汝城温泉·福泉山庄

福泉山庄旅游度假区,坐落在由住建部颁布的中国首批特色小镇的热水镇,享有"华南养生第一泉"的美称,是国家 AAAA 级旅游景区,位于湘粤赣三省交界处。

度假区群山环抱,依热水河而建,昼夜温差大,是华南著名的避暑胜地,其毗邻九龙江国家森林公园,负离子含量可达 15 万,是集温泉疗养、餐饮、商务会议、住宿、休闲拓展于一体的大型旅游度假区。

在福泉开会无法拒绝的三大理由。
(1) 空气好。负氧离子含量、区域空气达到国家一级水准。
(2) 环境好。山地面积占总面积的 80%,森林覆盖率 68.64%,气候湿润,物种丰富,自然生态优良。
(3) 气温好。全年平均气温、降水量、日照时数均正常。冬季阴沉,春季暖和,夏无酷暑,秋高气爽。

在福泉开会有以下特点。

(1) 远离城市,亲近自然。

(2) AAAA级旅游景区,空气清新、环境优美。

(3) 吃、住、行完美全包,旅游会议两不误,美景、美食双重享受。

(4) 集会议、住宿、餐饮、娱乐于一体,场地宽阔,产品多元化,服务好到家。

(5) 套餐内享受诸多免费增值体验:蔬果采摘、三省美食、多功能会议厅、夜泡氡泉、营养早餐、泉水煮蛋、红色旅游。

(1) 出发福泉。

高速直达:早上乘车出发前往国家AAAA级旅游景区——汝城温泉(福泉山庄)。

(2) 入住客房。

五星客房:给您五星级的享受,家一般的舒适,可选择单车骑行放松心情。

(3) 田园骑行。

单车骑行:会议之余可投身大自然的怀抱,在田园间骑行,陶醉在美丽的自然风景中,为那些鬼斧神工的山色所折服。

(4) 冬日蔬果采摘。

蔬果采摘:福泉有机生态种植园,果蔬种类丰富,果园里,满山遍野都是翠绿翠绿的橙子树,挂满了金灿灿的橙子,娇艳惹人,让人垂涎欲滴。

(5) 特色中餐/晚餐。

三省美食:福泉美食汇聚湘粤赣三省地道菜肴,更有精湛大厨为您烹饪特色美味美食。

(6) 会议中心开会。

多功能会议厅:福泉会议中心是多功能会议厅,场地规模多样,可选择性强,可提供公司培训、同学聚会、视频会议、报告会议、学术讨论、会议营销,最多可同时容纳200余人。

(7) 夜泡氡泉。

夜泡氡泉:汝城早晚温差大,到竹海温泉区尽情体验温泉,品味各类特色晚间氡泉浴,如牛奶浴、中药浴、花瓣浴、动感泡泡、氡泉游泳池、温泉水儿童乐园等,同时可享受亲亲鱼疗带来的快乐鱼趣。

(8) 营养早餐。

营养早餐:福泉美食特奉上精心搭配的营养早餐,早餐吃好了一天都将活力满满!

(9) 泉水煮蛋。

泉水煮蛋:温泉文化园体验98℃真温泉煮蛋。泉水煮蛋只需10分钟,鸡蛋吸收泉水的精华,不但营养丰富、口味极佳,而且滋补作用明显,鸭蛋滋阴,鸡蛋壮阳,是滋补上乘佳品。

(10) 探访红军池。
红色旅游:红军长征时,曾在此处清理伤口。
(11) 返回幸福港湾。
中餐后结束愉快的旅程返回温馨的家园。
(12) 会议套餐。
平日(周日至周四)
以100人为例,价格380元/人。
内含超值服务:
①标准间1晚。
②3正1早用餐。
③纯天然田园氡温泉门票——文化园门票+水果采摘门票。
④多功能会议室;含会议饮料、糕点、果盘,音响LED设备。
(资料来源:http://mp.weixin.qq.com/s/MRpr6bsed9u07GT5B2TJ2A.)

思考:案例中的福泉山庄在发展中采用了什么发展模式?请为你最熟悉的温泉结合不同季节或者节事活动设计一种温泉发展模式。

相关链接

进一步阅读推荐:

1. 邵其会.四川温泉度假旅游产品的开发研究[J].中国商贸,2012(2).

2. 季学芬.RMP视角下的步云山温泉旅游产品优化研究[D].沈阳:沈阳师范大学,2017.

3. 干永和.基于消费者偏好的中医药康养旅游产品开发策略研究[D].北京:北京中医药大学,2017.

4. 李萌.基于产业链延伸的宜春温泉旅游产品创新研究[D].南昌:江西财经大学,2016.

5. 龚小龙.温泉地旅游产品开发的若干思考[J].湖北函授大学学报,2015(7).

6. 严宽荣,关振中.基于养生需求的温泉酒店产品创新实践分析——以厦门R温泉度假酒店为例[J].绿色科技,2013(4).

7. 谢慧颖.武义夏季温泉旅游产品设计研究[J].城市旅游规划,2013(5).

8. 杨洪,孙跃,陈志军."低碳旅游"视野下的湖南省旅游产品开发研究[J].中南林业科技大学学报(社会科学版),2012(1).

第五章

温泉度假地文化建设

学习目标

了解温泉文化的由来及特点;掌握温泉文化深度开发策略;理解温泉文化和民俗间的关系;掌握温泉文化内涵挖掘与设计;了解中西方温泉文化发展的过程和基本状况。

第一节 温泉文化的特点和构建

案例引导　　陕西温泉的辉煌

我们的国家幅员辽阔,地理条件复杂,地热资源丰富。而地处祖国腹地的陕西仅在秦岭北麓的温泉分布就有210处,是我国地热资源较为富集的省份之一,温泉资源整体分布带达450公里,面积约15000平方公里,可利用的储藏量近44.2亿立方米;陕西温泉不仅拥有品质的多样性,而且储藏稳定,非常便于开发利用;陕西温泉在我国历史最为悠久,并且孕育出了璀璨的温泉文化。

我国发现最早的第一眼温泉井就在陕西境内,是中国温泉开发利用的博物馆和起源地,被公认为世界温泉文化的发祥地之一,其历史文化可追溯至五千年前的"浮丘与轩帝"时代。上古的夏、商、周时期,骊山温泉就已经被人们发现,到了汉魏六朝时期,温泉沐浴得到了进一步发展,较大规模地被利用;盛唐时期负有盛名的"三大汤"临潼骊山汤、蓝田石门汤和宝鸡凤仙汤都在关中地区,自古清流不断,饮誉中外,向世界彰显着陕西温泉悠久的历史和厚重的文化。白居易的"春寒赐浴华清池,温泉水滑洗凝脂",使骊山温泉成为中国乃至世界上著名的温泉,至今仍享有盛名;正是这样的文化情怀,催生了源远流长、光照古今的中国温泉文化。

在古代，温泉一直是皇家贵族的专享。新中国成立后，陕西境内建起各种温泉疗养院和温泉干休所23家，温泉洗浴30余处，普通百姓均可享用，为温泉向大众化普及奠定了社会基础。

近十年来，陕西温泉产业发展逐渐从传统的疗养院、干休所模式发展为面向大众的休闲、度假、养生、旅游场所，并形成了以临潼华清宫旅游景区、汤峪温泉休闲旅游景区、太白山旅游景区、合阳洽川风景区、咸阳地热城为代表的温泉旅游经济区。随着两届中国国际温泉产业高峰论坛在陕西的成功举办，极大地促进了陕西温泉旅游产业的发展；同时，陕西温泉企业借力于"移动互联网+"时代的来临，通过搭建陕西温泉一卡通电商平台，为陕西温泉旅游业的发展提速起到了决定性的促进作用。

今天，随着陕西温泉产业的不断发展，温泉休闲度假旅游已经成为陕西旅游的一张新名片，陕西温泉即将强势崛起，重新引领世界温泉文化的发展，其蕴藏着的巨大经济潜力为世人所惊叹。

分析提示：陕西温泉的独特之处在哪里？

一、温泉文化的来源

中国温泉文化源远流长，远古时代，我国劳动人民就把壬夫和丁芊作为"温泉之神"加以崇拜。相传商周时代，有一种专供沐浴的盘，叫"汤盘"，盘上刻有铭文"苟日新，又日新，日日新"等语，可惜汤盘早已失传，只给后人留下"汤盘孔鼎有述作，今无其器存其辞"（李商隐《韩碑》）的感叹。

我国民间有许多祭祀"汤神"的习俗，哈尼族人婴儿出生3天用温泉"洗三"；湖北省京山县人替未满月婴儿洗温泉浴；山东临沂温泉附近的群众，世世代代逢清明节举行3天"汤头大集会"，人山人海，四乡人流汇集，相传这天，汤神显灵，在五更前饮汤泉水能"祛病消灾"；在云南怒江傈僳族自治州，人们在春节后的第3天，都聚集到登埂温泉，载歌载舞举行盛大的温泉歌会，男男女女、老老少少泡澡堂会。

日本也有其独特的温泉文化，相传远古时代，日本的医疗之神少彦名神就发现了道后温泉，可见日本人很早就会利用温泉。但是，日本温泉文化的形成，客观上是受中国温泉文化的影响，加以日本式创造的结果。日本人称温泉为"汤"，"汤"是热水、开水的意思，词源来自中国。

二、我国温泉文化的特点

（一）温泉文化源远流长，从未断裂

我国是世界上温泉较多的国家之一，又是温泉利用较早的国家之一，温泉文化源远流长，五千多年的温泉文化史从未断裂过，这是中国温泉文化有别于外国温泉文化最为重要的特点。中国温泉文化的起源，远可追溯到五千年前"浮丘与轩帝"的时代。北宋元符进士夏津县令凌唐佐所写的《黄山汤泉》诗，诗中记述的轩辕黄帝曾在黄山汤泉浸泉七日，皱纹消

除、返老还童的传说,结合《周易》所说中国人文之祖轩辕帝当时"观乎天文,以察时变,观乎人文,以化成天下"、"通其变,使民不倦,神而化之,使民宜之"的记载,轩辕黄帝时代已开始利用温泉,使民众在劳作后恢复体力,是极有可能的。

从正史来看,中国温泉利用史可追溯到五千年前的"神农"时代:公元四千多年前"神农氏尝百草之滋味,知水泉之甘苦,令民之所避就。"(见西汉司马迁《史记》)

其间我国历经朝代变换,但是温泉文化却从未间断,每个朝代均有一定数量关于温泉文化的记载。

(二)温泉精英文化与通俗文化并存

我国温泉文化的另一个特点是精英文化与通俗文化并存,互相辉映,文学艺术形式多姿多彩。中国是诗歌大国,关于温泉诗歌数量庞大,如唐玄宗李隆基是个精通音律、多才多艺的皇帝,同时是一位温泉文化的大力倡导者,唐开元年间,他写了一首表达自己温泉理想的诗。

> 温泉言志
> 桂殿与山连,兰汤涌自然。
> 阴崖含秀色,温谷吐潺湲。
> 绩为蠲邪著,功因养正宣。
> 愿言将亿兆,同此共昌延。

北宋大诗人苏东坡游览庐山行至温泉,诗兴大发,索笔和诗一首,一时传为温泉文化中的佳话。

> 余过温泉壁上有诗云直待众生总无垢我方清冷
> 石龙有口口无根,自在流泉谁吐吞。
> 若信众生本无垢,此泉何处觅寒温。

地方志又是我国独特的文化遗产,《福州志》中载的南宋名相李纲的温泉诗"玉池金屋浴兰芳,千古华清第一汤,何似此泉浇病叟,不妨更入荔枝乡",《天水县志》记载甘肃省武山温泉是国内外极其珍贵的氡泉。

浩如烟海的温泉诗和地方志辑录的温泉珍闻,是我国温泉文化的双璧,是世界其他国家所缺乏的。

(三)温泉文化生活化

唐代王建的《华清宫》就有"酒幔高楼一百家,宫前杨柳寺前花。内园分得温汤水,二月中旬已进瓜",我国劳动人民在唐代就懂得利用温泉栽瓜果;有些县还利用温泉水浇灌,使水稻一年三熟;湖南宁乡人利用灰汤温泉水养出味道鲜美的鸭子;湖南汝城人用温泉水煮鸡蛋、花生、玉米等,味道别具一格;辽宁人用兴城的五股泉给妇女喝,喝了能通经生乳,活血缓痛;唐代画家韩晃的女儿患了恶疾,用南京汤山温泉水沐浴治愈,为了感谢"神泉",韩晃把为女儿准备的嫁妆钱也捐出来建"圣汤延祥寿寺",可见中国人对温泉的情结是何等深厚!

三、我国温泉文化的构建

(一)挖掘、继承中华传统温泉文化

中华温泉汪洋浩瀚,源远流长,分布广泛,类型齐全,几乎包括世界所有类型的温泉。中

华温泉文化传统中确实有许多永恒的东西,无论在什么条件下都具有现实的价值。

(二)吸收、借鉴世界特色温泉文化

吸收和借鉴的目的是发展我们自己的文化,随着人民对生活质量的要求越来越高,以休闲、养生、度假、旅游为时尚温泉产品的开发越来越多,建设有中国特色的社会主义温泉文化,要在肯定中华温泉文化历史悠久、源远流长、博大精深的同时,看到世界各大温泉流派之长,以"海纳百川,有容乃大"的广阔胸怀,坚持以我为主,为我所用,有步骤、有选择地扩大对外开放,加强对外温泉文化交流,探索建立吸收国外优秀温泉文化和先进技术及经验,如欧美、印尼、泰国风行的SPA文化,日本独特的"钱汤文化",韩国的个性化服务,美国的减肥与美容温泉文化,法国的新型矿泉水。吸收它们的特色文化和利用高科技开发温泉及管理的先进经验,为我所用,就很有必要。

(三)创新、弘扬中华独特温泉文化

文化是人类的生存方式,创新是文化的本质特征,当今世界的快速发展和巨大变化,使文化创新在社会生活中的意义再次凸显,中国优秀温泉文化传统是中华民族祖先的积累和结晶,不断创新是这一传统得以延续和发展的决定性因素,当代中国温泉文化的创新更是传统文化向现代化的转化和重塑。

1. 认识的深化和观念的突破

对"温泉文化的内涵"、"温泉水流向何处"、"温泉文化的特点"、"温泉文化的建设内容"等都有待专业人士和温泉经营者们对此展开深入的探讨和不断向历史学习,向世界学习,从而达到对温泉文化认识的深化及观念的突破。如被誉为"中国温泉故里"的重庆北碚温泉比联合国教科文组织录入世界文化遗产的日本温泉早468年,为了弘扬中华优秀温泉文化遗产,正考虑申报吉尼斯世界纪录。不管申报结果如何,北碚温泉珍视自己的文化遗产的意识是十分难能可贵的,同另一个民族区别开来的不是地理或自然资源遗产,而是文化。

2. 中华文化与温泉属性结合

中国温泉文化开展创新有着得天独厚的优势,这就是中国传统文化无论从内涵到形式,都十分契合温泉文化的属性,也就是说,温泉文化非常适合表现和传递中国传统文化的气质和信息,如中医学的中草药和经络气血施治原理,养生学的平衡阴阳调理身心的健康观念,传统哲学的天人合一、闲适恬淡的人生态度,诗歌的高雅与博大精神;礼仪文化的尊重他人、善待自己,园林的意境等都可以成为温泉文化创新的很好素材。

3. 突出特色,丰富温泉养生内涵

多年来,养生这一传统的温泉使用功能依然被重视和关注,有些企业开始做温泉养生,温泉养生逐渐成为温泉发展的新宠:打出温泉养生旗号的企业不少,但真正做温泉养生的不多,五花八门,缺乏科学指导性,而做得好的就更少。温泉度假地应根据游客需要按不同的温度、不同的成分、不同的水质建立理疗档案,提供适合不同体质的温泉浴,且在入口处设有诊所,让人们在泡汤前接受简单的体检,以体现养生温泉的宗旨。根据体检结果,可在保健医师的指导下选择适合自己的温泉。另外,还有诸如消除疲劳、减肥美容之类的水疗方案可供人们选择,多种多样的设施保证游客一年四季都可尽情享受。

第二节 温泉文化与民俗

案例引导　　广州从化碧泉空中温泉

碧泉空中温泉始于1992年碧泉国际,位于被誉为"岭南第一泉"的从化温泉镇温泉风景区内,地处"从化80公里绿色旅游走廊"中心,总占地260余亩(1亩≈666.67平方米),四周层峦叠嶂,绿树葱茏,碧水环绕,是一家按照五星级标准建造的,以空中温泉为特色,以第一健康体检、扶元堂中医理疗、悦椿SPA、健康能量场等为依托,经营大健康、大养生产业的温泉度假村,旨在打造中国最好的健康综合体,是家门口的五星级温泉。

独特空中泉有高度之泉,以其独具匠心的温泉设计、绝无仅有的空中温泉,无处不彰显着尊贵气息,以独树一帜的高度,突显不凡的魅力;置身于根据五行八卦划分的禅园、境园、趣园、乐园、仙园、康园六大区域共52个泉池之中,领略一番岭南山水,感受一览众山小的气度;四味养生池通过不同滋养功能的中药,满足人体的各种需求。

土耳其鱼疗&印尼鱼疗,通过小鱼群与人体皮肤的表层接触,可刺激肌肤的新陈代谢;冰火池双重体验,冰火两池交替浸一池泡汤,可有效地刺激皮肤、血管和淋巴系统;会议观景池不仅可饱览流溪风光和荔枝园景,还可泡在温泉池里召开会议、商务洽谈。该池可提供包池服务;酒温泉的温泉水促使皮肤毛孔张开,米酒中丰富的葡萄糖、维生素、氨基酸等营养成分进入肌肤里层,改善人体的血液循环,具有活气养血、活络通经、补血生血以及润肺之功效。

(资料来源:由《广州从化都喜泰丽温泉度假酒店》一文收集整理。)

以体验文化为目的的温泉旅游是随着21世纪体验经济时代的到来,在我国出现的更高层次的温泉旅游。它以温泉为载体,将各种时尚休闲的理念融入旅游中,通过对温泉旅游文化内涵的深度挖掘,赋予温泉旅游产品、服务更多的内涵和价值,使游客在享受服务的同时,能更多地享受精神的愉悦和文化的熏陶。

一、温泉文化内涵

新一代温泉旅游是指旅游者以体验温泉文化、感悟温泉精神,以享受温泉保健养生、休闲、度假为目的的旅游。它将休闲度假旅游与温泉养生功能完美融合,被誉为"朝阳产业中的朝阳"。温泉旅游的魅力不仅仅是温泉沐浴,更重要的是通过营造一种休闲、健康的外部环境,使游客身心融入其中,感悟温泉旅游所蕴含的多种多样的文化。

温泉文化涉及温泉内涵、精神及在漫长发展过程中的文化积累与沉淀。挖掘温泉旅游文化内涵的过程，实际上也是一个"把简单的事情复杂化"的过程，把泡温泉这一看似简单的旅游活动赋予文化的内涵。

温泉文化是旅游文化的一个分支，是温泉旅游与文化的深层次结合的产物。它是指人们在认识、利用、开发和保护温泉资源过程中所创造的一切文化的综合体，是以温泉为物质载体或依托形成的各种文化形态与文化现象及其"物化"体现。

（一）温泉景观文化

温泉地营造自然、轻松、自在的休闲氛围，让旅游者尽情享受远离躁动、亲近自然的舒适，是温泉旅游地开发必然追求的目标。从人的感知出发，景观元素作用不容小觑。世界著名的温泉地的自然环境一般都幽静、秀美，植被覆盖率高，营造自然之境，达到"天人合一"的意境。从众多的景观元素中可以选择水体、山体、植被及风格一致的建筑作为要素进行布局设计，从整体上追求哲学中散发出的虚与静，使得游客得以回归自然。

（二）温泉健康养生文化

自古以来，温泉是作为一种对人体健康具有特殊疗效的神奇之水而备受青睐的，许多医学古籍和文学作品中对此多有记载和赞美。健康养生文化是中国温泉旅游文化的核心。虽然温泉旅游已经跨过了传统温泉疗养的阶段，其内涵日渐丰富，但在中国悠久的温泉历史中，温泉养生这一文化核心是绝对不能抛弃的。目前，温泉旅游项目的主要产品仍然要抓住健康养生，在此基础上将健康养生文化融入温泉旅游产品和服务中，力求带给旅游者独特的以温泉为载体的养生文化感悟。

（三）温泉休闲文化

想让旅游者在温泉地逗留较长时间，必须考虑旅游者浸泡温泉以外的需求，体育健身、文化娱乐等设施建设及其他活动设计应与泡温泉齐头并进。国外在温泉休闲文化方面的建设经验丰富，如西欧的温泉地往往设有赛马场、体育场、剧院和大型音乐厅等；日本的温泉地周围常建有美术馆、动植物园、博物馆、高尔夫球场和滑雪场等。此外，旅游者在浸泡温泉后，往往体力消耗较大，可以在用餐方式、休闲服务上进一步体现人性化。

（四）温泉沐浴文化

在不同的温泉地，不同的洗浴形式、洗浴内容本身反映不同的洗浴文化。开发者根据不同温泉地所负载的地域文化，可以着力营造出各具特色的洗浴文化氛围，设计出不同的沐浴方式和具有文化意味的各类沐浴程式。如广东省的御温泉独创了一种温泉沐浴的艺术及文化"御泉道"，即将传统的温泉沐浴程序加以科学化、丰富化、完善化，融合御温泉特点的御文化而形成的尊贵独有温泉沐浴仪式，赋予了温泉沐浴文化新的内涵，让旅游者感受到沐浴也是有讲究的。

（五）温泉地宗教与民俗文化

古代很多寺庙建在有温泉的地方，尤以佛教汤院为多。如黄山天都峰下的大中祥符禅院，在唐天佑九年刺史陶雅建寺，号"汤院"，南唐保大二年改"灵泉院"。温泉与寺院的结合，使我国不少有着浓郁宗教氛围的温泉地，可以对此进一步发掘。另外，我国幅员辽阔，不同

的地区有不一样的民俗风情,温泉被自然的野趣和周围浓郁的民俗文化包围,受其熏陶与浸染可以形成别具一格的温泉风情文化。

（六）温泉文学与艺术

温泉地山水之美、温泉之奇、泡泉之妙,常常激发文人骚客的创作灵感。不少著名温泉地,如北京小汤山、南京汤山、西安华清池、鞍山汤冈子等,因有不少文人墨客的沐浴观览而留下名篇佳作。这些都应成为温泉地值得开发利用的宝贵资源。如唐代白居易的《长恨歌》中有描写杨贵妃在华清池浴温泉的诗句："春寒赐浴华清池,温泉水滑洗凝脂。"在温泉旅游产品的开发中,寻找各温泉地文学与艺术文化资源,可提升温泉旅游者的审美情趣。

二、温泉文化深度开发

文化是旅游者的出发点和归结点,是旅游景观吸引的渊薮,是旅游业的灵魂。旅游经济是特色经济,特色是灵魂,文化是特色的基础。文化决定温泉产品的生存,关系到温泉旅游业的可持续健康发展。温泉旅游应该以文化为灵魂,充分挖掘和利用各种温泉旅游文化,实现从物化到文化化、精神化的转变。

（一）以文化为主题,加大温泉旅游关联度

温泉旅游开发不只是"挖坑、放水、盖房"那样简单,温泉资源是存在于一定的自然和社会环境之中的,要更多地与周边的环境相协调、相呼应,还要满足游客追求独特的身心综合感受的需求。同时,温泉旅游深层次的文化内涵也需要具体的符号来表达和体现,温泉旅游产品也要依托相应的设备设施才能完整地展现其独特性。因此,有个性并且切合温泉主题的用地和景观设计、建筑设计、室内设计、区域的标志和图案等元素都是表达文化的重要形式。总而言之,主题文化提炼后,在此基础上要整合项目、内容,加大温泉旅游资源的关联度,使温泉旅游产品自然融合,浑然一体。

华清池利用唐玄宗和杨贵妃的传说使得骊山华清池声名远播,紧扣"唐韵",通过各式建筑使温泉的"神"和"形"完美结合,从而成为传承盛唐文化的温泉典范。华清池以大唐文化为主题,分为九龙湖、唐御汤遗址、五间厅、梨园等多个景区,从不同侧面再现了盛极一时的大唐雄风。

（二）以文化为线索,加大温泉旅游广度

在开发旅游产品时,可以增加温泉旅游项目,其旅游内容可根据温泉地相关旅游资源的不同而各具特色,形成复合型旅游项目,如温泉＋农家乐项目,在泡汤养生的基础上,让游客沉浸于美丽的田园风光,品味可口的农家菜肴,感受鲜明的乡土气息,融入地方特色的艺术戏种的介绍和表演。如温泉＋观光项目,在泡汤养生的基础上,可利用当地景区景点,领略当地自然风光。

（三）以文化为内涵,加强温泉旅游深度

在具体项目设计中,提倡形式多样化和产品专门化,加强内涵建设。例如,温泉＋休闲项目,大多包括水疗、按摩、草药蒸汽、脚部护理、美容美体等步骤,旅游者可以在较短的时间内放松身心且强身美体。但是,这些步骤仅仅是对旅游项目的简单叠加,形式的改变并不意味着内涵深度的提高。要将文化与温泉结合,就必须在开发的过程中充分挖掘当地的地方特色和文化积淀,将特色文化融入温泉旅游产品中。如咸宁是著名的桂花之乡、楠竹之乡和茶叶之乡,要想让游客在温泉养生的过程中,对此有强烈的认知和感受,可以在温泉项目的景观设计中加入桂花、楠竹等植物,形成视觉和嗅觉上的冲击;利用假山石体等刻制有关特色植物的介绍,让游客在泡温泉的过程中了解咸宁的特产,了解咸宁。另外,在温泉+养生项目中,可以将"品茗咸宁茶"融入其中,游客在休闲放松的氛围中领略咸宁的茶文化。游客在品茗的过程中静心、静神,有助于陶冶情操、去除杂念,这与提倡"清静、恬淡"的东方哲学思想具有异曲同工之妙,也符合佛道儒的"内省修行"思想。

现代温泉旅游应该从"疗养"、"大澡池"的印象中抽离出来,成为游客休闲、度假的胜地,成为放松心情、康体养生的旅游目的地,更成为传承中国传统文化的载体。对特色旅游资源的整合、对文化内涵的挖掘将成为温泉旅游发展的新机遇,将促进温泉旅游业发展的新格局。

三、温泉文化民俗发展

民俗既是社会意识形态之一,又是一种历史悠久的文化遗产。早在《汉书·王吉传》一书中就有"百里不同风,千里不同俗"的记载。《礼记·王制》云:"岁二月,东巡守。至于岱宗,柴而望祀山川。觐诸侯,问百年者就见之。命太师陈诗,以观民风。"这里说的王者巡守之礼,就是国君深入民间,对乡村社会的民情风俗进行一番调查研究。太师是掌管音乐及负责收集民间歌谣的官吏,他把民间传承的民歌(国风)呈递给国君。国君通过这些民歌,"观风俗,知得失",制定或调整国家的方针政策。我国古代诗歌总集《诗经》中的《风》,就是古代各民族之间流传的民歌。这些民歌,反映了古代人民的风俗习惯,包含着大量的古代民俗事象,对研究我国古民俗具有重大价值。

(一)温泉文化民俗泡浴

温泉养生是中国养生文化的重要组成部分,是建立在矿物医学及中医传统医学理论之上,结合现代温泉发展趋向和态势,融合了温泉、膳食、调理、睡眠、健身、娱乐等内容所形成的综合立体温泉养生体系,以下是泡温泉九步法。

沐汤第一步:澡身。

充分释放自我,使自己真正投入自然的怀抱,泡汤前应清洁全身,代表放下一切负担,以干净的身体、纯净的心灵享受大自然的馈赠。洁净身体,也是对自然馈赠的尊重。同时清洁的皮肤能充分吸收温泉中的有效成分,有良好的养生效果。

沐汤第二步:爽神。

在进入温泉区前,用这充满生命力的温泉水,淋身三遍,代表除尘、除垢、除秽,可使精神爽洁,同时使身体适应温泉的温度。

沐汤第三步:探泉。

诗云:"临池先辨水温寒。裸裎我侧谁能浼,人前各尽欢。"在入汤前,要先试水温,再选适合自身的汤池,以免带来相反效果。

沐汤第四步:沐汤。

进入温泉池后,用手或腿轻轻拨动温泉水,仔细感觉富含矿物质的泉水滑过皮肤的奇妙感受,亦可用手缓缓按摩皮肤,加快皮肤的新陈代谢,促进温泉矿物质的吸收,享受温泉对身

心的全面调节。

沐汤第五步：拭肤。

沐浴出水后，要用干净的毛巾擦拭身子，以俟身燥，其间还要喝一些饮料，以止口渴。

沐汤第六步：养体。

养生中注重内外兼修，内为内丹的温养，外则为养体，其中干浴为非常重要的养体方法，干浴脱胎于古医学的按摩术，分为浴手、浴臂、浴头、浴胸、浴腿、浴膝等，其核心是强调一个"动"字，主张用导引、按摩等运动方式来祛病延年。

沐汤第七步：执兰。

中国自古就有"五月五蓄兰，为沐浴"的习俗，更有"浴兰汤兮沐芳"的美妙诗句，《神农百草经》中记载，佩兰可以"杀蛊毒，辟不祥"，其后发展到沐浴后佩香囊以辟邪侵的礼仪。

沐汤第八步：思静。

养生理论向来十分重视"静而养精"的养生作用。《黄帝内经》就提出"夫精者，身之本也，故藏于精者，春不病温"。

沐汤第九步：感恩。

温泉是大自然对人类的馈赠，在充分享受了这一馈赠后，应对自然报以感恩之心。

沐浴法：①全身沐浴法，全身浸泡在温泉水中，时间视水温高低而定，一般15～20分钟为宜，休息一下再继续入浴，反复2～3次为佳；②局部沐浴法，身体的局部区域进行浴疗，包括手臂浴、坐浴、足浴等，通过浸泡、按摩等方式进行治疗。

（二）温泉民俗——世界洗浴习俗

1. 芬兰浴

在中国的许多地方，甚至一些小的县城，都能看到桑拿的招牌。尽管许多人都喜欢到里面享受一番，但知道"桑拿浴"来自哪里的却不多。据报道，"桑拿浴"来自芬兰，芬兰人称其为芬兰浴，而不叫"桑拿浴"。英文翻译成了SAUNA，中文根据英文也就译成了"桑拿"。桑拿是蒸气浴，以前芬兰人选用桦树的小树枝鞭打自己，抽得满身都是血痕，以此达到清洁效果。

2. 法国香水浴

其实，世界上很多地方都有独特的洗浴习俗。法国最具特色的洗浴方式是香水浴。有报道说，法国巴黎的香水之所以驰名世界，是因为历史上法国女人不太喜欢洗澡，在巴黎的出租公寓里也很少有浴室，为掩盖身体的异味，女士们就在身上多喷几滴香水。历史上，西欧许多国家都曾被罗马帝国统治过。罗马人很爱洗澡，他们的公共澡堂都是用大理石砌成的，而且修建得很华丽，现在的罗马城还有公共浴室的遗迹。历史上法国曾被称为高卢，当时的高卢也曾被古罗马恺撒大帝征服过，恺撒还为此写过一本《高卢战记》。但罗马人爱洗澡的传统并没有影响到法国人，身着整齐洁白浴袍的恺撒大帝，对不爱洗澡的高卢人也无可奈何。

3. 日本温泉浴

日本的温泉浴是很有名的。日本人喜欢洗温泉，是因为日本本土境内多火山，温泉很多。东京北部的仙台市近郊有一个著名的"作并温泉"，每逢周末或假日，日本人就成群结队到那里,一边品尝热辣的仙台美酒,一边享受陪浴女郎的殷勤侍奉。据说,那里的温泉中含有复杂的成分,会对人体产生不同的功效。通过沐浴,透过皮肤和内脏的吸收,可以起到治疗疾病和保养身体的效果。

日本人洗温泉很讲究,普通办法是将全身浸在40℃的泉水中;有的是做一些水管,从高处将温泉引下来,人站在下面淋,让热水拍打在身上起按摩作用,清除酸痛;也有的将温泉冒出的热气或蒸气引到房间里,人进入房间蒸一蒸;还有的用温泉水和些泥巴,把身子放进泥中进行"泥浴";还有一些温泉地,不仅水是热的,沙子也是热的,日本人就挖一个洞,把身子埋进去蒸几分钟,冒了汗再爬出来,这叫"沙浴"。现在,在海湾的阿联酋等国也有沙浴。日本海边也有些温泉,涨潮时淹没,退潮时就显现出来,日本人就在海边挖个池子贮存温泉,年轻人特别喜欢这种海边温泉。另外,日本人的公共浴室很大,就是一个大池子,男女的分界线只拉着一条线,大多裸体相对。

4. 罗马洗泥浆澡

随着时代的发展,一切事物都在变化,洗澡也有新的方法。位于东欧的罗马尼亚人特别爱洗泥浆澡。所谓泥浆澡是指从河或湖里挖出泥巴抹遍全身,然后跑到太阳下晒干,让皮肤有收缩的感觉。美国得克萨斯州一家澡堂的老板,用挖土机从池塘里挖出大堆泥巴,送到浴室的大浴桶里,然后在底部加热,沐浴者在里头躺上个把小时,据说能收缩皮肤,美容养颜。在加州也曾有一段时间流行过热桶浴,用大木桶烧水,男女共浴,一时蔚然成风。

5. 泰国浴

泰国浴也是出了名的,大多数随旅游团到泰国的游客,都会被导游带去洗泰国浴。泰国浴的方式就是浴娘全身抹上肥皂,再用她身上的肥皂帮你搓澡,使客人享受异国情调。

6. 台湾茶浴

在中国的宝岛台湾,有一种洗浴方式叫茶浴。据说这种茶浴专做日本观光客的生意。茶浴用的茶叶是制茶时碾碎的叶柄和叶片。客人享受茶浴的时候,先用半斤茶叶渣将热水泡出茶的颜色,等冲出茶叶味后,再由美女为泡在茶水浴缸里的人洗澡,这种茶浴虽然成本很低,但收费很高。

第三节 地域文化与温泉度假地

案例引导 中国特色小镇——汤河镇

悠悠汤河千年流淌,冷热双泉氤氲古今! 美丽的汤河镇就坐落在温泉之城弓长岭区南部,三面青山环绕,一面碧水浩渺。城镇森林覆盖率及绿化覆盖率分别达51.9%、42.5%。近年来,弓长岭区汤河镇以温泉旅游业为龙头,创造了"温泉+红色文化旅游"等多种"温泉+"的组合开发模式,跻身国家住建部公布的首批中国特

色小镇。

近年来,弓长岭区紧紧围绕自身特色,按照产业为根、文化为魂、旅游为桥的发展模式,以项目建设为基础,突出温泉特色,强力推进以温泉旅游为主导的现代服务业提质提速发展,深入挖掘历史文化内涵,完善特色小镇文化、旅游和社区功能,打造集产业、文化、旅游"三位一体",生产、生活、生态"三生融合",城镇化、信息化、智慧化"三化驱动",基础设施完备、产业特色鲜明、生态环境一流、文化风韵独特的国内知名、省内领先的温泉旅游特色小镇。3年来,弓长岭区累计实施了辽宁碧湖温泉度假村、假日水上乐园等重点项目25个,实现固定资产投资82.1亿元。汤河镇已成为辽宁省特色旅游乡镇、辽宁省首家温泉旅游度假区、辽宁省首批温泉旅游集聚区、辽宁省首批示范现代服务业集聚区,2015年更是被中国温泉旅游协会评选为首批中国最佳温泉旅游目的地。

历史悠久的汤河镇,文化底蕴同样深厚。汤河镇区域内拥有穆家坟、四方台等文化遗产21处,全部修筑文物保护标识,拥有八宝琉璃井的传说、菊花老窖酒酿造技艺等非物质文化遗产4处,分别收录进市、区非物质文化遗产保护名录。汤河镇温泉文化已有1300多年的悠久历史,拥有隋文帝梦游"柳河汤"、唐王李世民东征筑八宝琉璃井沐浴、宋初华山道士陈抟坐汤修道成仙等历史典故和传说。这里也是雷锋的第二故乡,伟大的共产主义战士雷锋从这里走向军营,雷锋精神深入人心。在重视汤河历史文化保护的同时,弓长岭区更加注重文化的传承和发扬。该区修建了全国第一家也是目前全国最大的中国温泉文化博物馆,举办了首届全国温泉文化旅游论坛,并成为中国世界温泉旅游联盟永久会址。雷锋纪念馆已经成为全国爱国主义教育示范基地,大力开展雷锋精神进校园、进家庭、进村屯等活动,推动学雷锋活动常态化、全民化。

思考:试分析汤河镇是怎样通过构建特色的温泉文化使其成为中国特色小镇的?

(资料来源:http://www.ln.xinhuanet.com/lh/lvyou/20161111/3525497_m.html。)

一、地域文化的概念

地域文化是特定区域源远流长、独具特色,传承至今仍发挥作用的文化传统,它在一定的地域范围内与环境相融合,因而具有地域的烙印。如特定区域的生态文化、农耕文化、礼仪文化、宗教信仰、宗族文化、乡约制度、饮食文化、民间艺术、民族风情等,这些都是不可复制的旅游资源。旅游目的地的吸引力是由于地域文化差异性而形成的。

李特尔指出人类文化与自然环境之间是一种相互影响的关系。随后拉采尔通过历史遗迹景观的研究,得出地域性文化是一个独立的团体,从而提倡人们对地域性文化的研究。卡布瑞尼在欧洲遗产城市论坛上发表的报告分析了世界旅游的发展趋势,在过去的几年里,有20%的欧洲游客是出于文化旅游的动机出游的,有60%的欧洲游客对旅游期间的文化景观感兴趣。在实践中,受世界文化遗产保护的风潮,国外很多旅游目的地的建设使用或者保留了当地浓郁的地域文化特色,如意大利的古罗马斗兽场、希腊的奥林匹克、美国的迪士尼乐园等是将地域文化运用到旅游目的地建设中的成果。

国内最早由学者陈传康指出,当今旅游开发的本质就是旅游文化开发。如今旅游文化发展已经成为旅游新的增长点,旅游文化的开发层次及主题定位的准确与否是旅游资源转化为高效率旅游产品的关键。我国旅游目的地的规划建设不应该仅仅着眼于旅游目的地的科学性与合理性,还应具有地域文化内涵。

国内许多旅游目的地意识到地域文化对旅游的重要性,近些年不少旅游目的地都在积极地挖掘和呈现地域文化,如山东曲阜的孔府、孔庙、孔林是对儒家文化的阐述,韶山毛泽东故居是对红色革命文化的表达等。然而更多的旅游目的地建设同质化严重,究其原因就是在旅游开发中,没有将地域文化融入进来。

二、地域文化的构成要素

(一) 自然要素

自然要素是旅游目的地存在的基础,在自然要素条件下共同构成了人类活动空间的主要载体,其主要包括天文影响、气候因素、地质构造、地形地貌、水体资源、植物、动物、材料等。自然景观是由自然地理环境要素构成的。地球中地核是一团沸腾的熔岩,地壳褶皱凹陷形成盆地和峡谷,隆起则构成丘陵、山脉和高峰,地球的大部分都被水覆盖。自然景观是自然地域性的综合体现,不同地理类型使之呈现出不同的形态特点,也体现出不同的审美特征——雄伟、奇巧、秀丽、优雅、辽阔等。例如,我国四川省九寨沟自然保护区那高大的云杉直插云霄,山顶的积雪长年不化,一潭潭翠绿和宝石蓝的湖水令人目不暇接,由融化的积雪汇积流淌形成的瀑布在悬岩、深谷间激荡,体现出大自然完整、和谐的景观风貌。而干旱的沙漠、戈壁则有着另一番特征,同样能引起观者强烈的感情冲动。

(二) 人文要素

人文要素是旅游目的地建设的根源所在,包括有形的和无形的人文景观,构成形式和表现形式都是多种多样的,并有一定的变化性,这些人文要素之间相互作用相互影响,形成了一个综合性的人文景观复合体。人类创造的物质文明和精神文明都会在目的地建设中充分展现出来,精神层面指导着地域性文化的建设,使目的地充满了独特的吸引力。人文要素是来源于生活的艺术结晶,将人类社会发展的历程和居住环境的演变表现出来,是不可替代的目的地建设设计要素。

人文要素主要包含两个方面:一是使用群体,二是地域文化。首先旅游目的地建设的优劣在于是否能够满足游客的各种需求,包括物质需求和精神需求。对于使用群体的考虑是目的地建设人性化设计的重要体现,由于使用群体的心理需求既存在普遍性,又有诸多差异性,因此在建设中应尽量考虑群体需求中的个体差异,满足不同的需求,使旅游目的地具有较强的适应性。其次地域文化是对自然要素的外延,是当地居民利用自然、改造自然的结果,同时也是自然作用于人类后而表现出来的各种物质形态以及意识形态。表5-1所示为地域性文化旅游目的地构成要素。

表 5-1　地域性文化旅游目的地构成要素

类型	物质形态	非物质形态
自然要素	地质构造、地形地貌、水体资源、植物生境、动物、土壤、材料	气候因素、光照、风向、天文、自然肌理
人文要素	历史遗迹、传统聚落、地域建筑、特色农业、民族服饰、地方饮食、民间工艺品	传统艺术、现代艺术、社会结构、历史文化、生活方式、经济形态、城市肌理

三、地域文化在温泉度假地文化建设中的运用

温泉度假地的文化包括地域特色文化、建筑文化、沐浴文化和服务文化等,以鲜明的地方特色文化彰显温泉度假地。

地域文化在温泉度假地文化建设中的作用主要体现在以下几个方面。

(一)提高温泉度假地的文化含金量

温泉景区的文化含金量取决于景区文化的吸引力和独特魅力,而地域文化在提升景区吸引力方面具有不可替代的作用。我国历史文化悠久,源远流长。但由于幅员辽阔,各地文化既基本统一,又丰富多彩。多地域、不平衡发展的原因有地理、气候等自然因素,又有人文传统延续等社会因素。中华民族形成,经历了几千年的历史,各地的文化形态也在几千年演化中形成各自的特点。如果在温泉文化包装中以中华文化、汉文化的宽泛思路来定位,必然是风格、品味雷同,形散而神也散,缺乏独特的魅力。须知越是民族的就越是世界的,同理,越是地域的就越是全国的。因此,必须采取聚焦策略,"弱水三千,我只取一瓢饮"。将定位的思路聚焦在地域文化的挖掘上来。

(二)体现温泉度假地文化的差异性

差异就是卖点、亮点,文化就是特色,就是差异。只有提供差异性的温泉文化才能最大限度地提高景区的吸引力。打造差异化非对地域文化的挖掘和梳理,而后进行选择性的植入莫属。国内一些温泉仅仅停留在单一温泉的资源利用,过分依赖温泉资源,而没有将深含文化内容的地域文化作为重要的挖掘内容;缺少当地文化的"物化"建设,缺乏与当地文化的融合,使温泉旅游产品的特色、亮点未能得到充分体现,使丰富的温泉旅游文化内涵没有得到充分展示。只有通过地域文化的深度开发和挖掘,才能把自己和其他温泉区隔开,形成自身鲜明的个性,从众多温泉中脱颖而出。

(三)建设温泉度假地品牌文化

品牌就是文化,没有文化的品牌是没有生命力的。温泉旅游地的地域文化挖掘对于建设景区品牌文化则具有不可估量的作用。首先,品牌文化应具有唯一性、专一性、排他性。在对地域文化挖掘的基础上进行创意、策划不失为一种捷径。温泉旅游地若以游客为中心的市场导向,则必须巧妙挖掘当地的文化,并把文化符号恰到好处地表达在品牌、主题、产品项目、服务设施、建筑设计、景观设计、营销、管理等方方面面。有效的文化表达,处理好规划设计的地域性特征,不但能解决主题雷同、文化内涵稀缺的问题,也利于度假旅游地品牌的塑造,同时有利于市场营销的开展。

本章小结

中国温泉文化源远流长,并形成了鲜明的特点,目前温泉度假地在世界许多国家都形成了其独特文化。在国内国际竞争激烈的当下,怎样构建具有当地文化特色的温泉度假地文化成为温泉企业的首要任务,要开发和发展有特色的温泉文化,势必要与当地的自然、人文等旅游资源相结合,与当地的特色旅游产品相结合,加深温泉产品的文化内涵,增加对旅游者的吸引力,满足旅游者身心各方面的旅游需求。

关键概念

温泉文化　地域文化　温泉旅游文化　温泉文化深度开发

复习思考

□复习题
1. 中国温泉文化的特点有哪些?
2. 怎样构建温泉文化?
3. 温泉旅游文化的定义是什么?
4. 怎样挖掘温泉旅游文化的内涵?

□思考题
1. 如何进行温泉文化的深度开发?
2. 简述中国温泉文化的发展历程。

案例分析

庐山温泉位于庐山山南,不踞山巅,而独居山脚,大概是"水往低处流"的缘故。由于温泉地属今江西省星子县,故时人多称"星子温泉","庐山温泉"一名却鲜有人称。从现在的地理位置看,温泉处两山之间,北为庐山,南为黄龙山,泉眼在今庐山天沐温泉度假村内。庐山温泉距黄龙山最近,且宋代曾一度名为"黄龙灵汤院",因此也被称为"黄龙温泉"。乃为庐山一奇,古代典籍,庐山方志都有记载。宋人陈舜俞说:"黄龙山在灵阳之南,亦庐山之别峰也"(《庐山记》),更重要的是,庐山温泉水源,发于庐山牯岭,庐山温泉是庐山的血液,庐山的精髓。

庐山温泉,晋以前多属传闻,晋时起渐趋详明。最早记述温泉的史料见于南北朝。《古今图书集成》载,《晋记》:"瞻举秀才陆机策之曰:'阴阳不调,则大数不得不否,一气偏废,则万物不得独成。今有温泉而无寒火,然今汤泉往往有方,如尉氏、骆谷、汝水、黄山、佛迹岩、匡庐、闽中等处,皆表表在人目耳'。"匡庐温泉只一处,无疑是指现在庐山的天沐温泉。南朝宋人雷次宗说:"辅山(庐山别名)下有二泉,其一常温",又云,"温泉在县西黄龙山之麓,其泉有二,四时温暖"(《豫章古今记》)。隋代这里兴起了一所寺庙,寺为何名,何人所建,无从考查。这座寺庙在唐时犹存,大历贞元年间(公元776—805年),诗人于鹄游历庐山,观赏温泉,写有《温泉僧房》一诗,云:"云里前朝寺,修行独几年。山村无施食,盥漱亦安禅。古塔巢溪鸟,深房闭谷泉。自言僧人室,知处梵王天。"庐山温泉吸引了不少的文人墨客。他们来庐山游历,或造室隐居,留下了不少流连咏殇的诗赋文章。唐时李白、李勃、符载、扬衡、催群、宋济、白居易等人都来过庐山。

庐山温泉水质清澈,可饮用亦可沐浴,水温58～98 ℃,pH值为6～9,碳酸根离子约455ppm,钠离子约328ppm,属于中性碳酸氢钠泉。自晋代起,庐山温泉即负盛名,古称"黄龙灵汤院"。南宋哲学家、教育家朱熹赋诗赞曰:"谁然(燃)丹黄焰,爨此玉池水。客来争解带,万劫付一洗。"此诗既生动有趣,又妙语双关。"万劫"语意双关,可解为:浴温泉,能疗好百病,使沉疴霍然而愈,如肌肤尘,一洗而佳。也可解为:浴于温泉,肌体舒畅,心旷神怡,千载忧愁,万劫烦恼,一洗而空。可见温泉之奇妙功用。明代医学家李时珍在《本草纲目》中载有:"庐山温泉有四孔,四季皆温暖,可以熟鸡蛋。"当时李时珍看到的庐山温泉仅有四孔,如今则是七孔并涌。溢出后常年水温平均为62 ℃,出露口的温度高达72 ℃,水温的昼夜变化很小,仅在1 ℃以内。

庐山温泉不仅可以浴疗,还可作短期饮疗,适宜风湿性关节炎、风湿痛、坐骨神经病、慢性胃炎、胃溃疡、十二指肠溃疡、神经衰弱、慢性支气管炎和外伤后遗症等各种疾病的疗养,均有很高的疗效纪录。当年李时珍考察了庐山温泉后在《本草纲目》中这样记载:"主治风湿、筋骨挛缩及肌皮顽痹,无眉疥癣渚疾。""患有疥癣、风癫、杨梅疮者饱食入池,久浴后出汗,以旬日自愈也。"

问题:庐山温泉在未来的开发中要如何发掘其温泉文化?
分析提示:
1. 庐山温泉的历史文化。
2. 庐山温泉以文化为线索,加大温泉旅游广度。

相关链接

进一步阅读推荐:

1. 黄芙蓉.我国温泉旅游文化的建设[J].中国市场,2011(9).

2. 朱玉华.温泉旅游发展趋势及对策浅探[J].长江大学学报(社会科学版),2012(11).

3. 周玲强,祝勤玫.温泉旅游开发模式探讨[J].经济论坛,2010(11).

4. 张春丽,王昆欣.基于休闲经济背景下的我国温泉旅游发展分析[J].生态经济(学术版),2008(2).

5. 张跃西.养生旅游的概念及开发[N].中国旅游报,2010-01-08.

6. 杨湖月.基于地域文化的特色旅游文创产品设计研究[J].湖北工业大学学报,2016(6).

7. 陈海燕.历史文化名城开展度假旅游可行性研讨[D].上海:同济大学,2007.

8. 徐荣珍.温泉文化旅游节对咸宁旅游业的影响和思考[J].咸宁学院学报,2012(3).

第六章

温泉休闲养生旅游

学习目标

了解休闲养生旅游的含义、作用、特点;熟记休闲养生旅游产品的分类;了解温泉休闲养生的含义、产生、发展和分类;了解温泉与养生文化的概念、发展、方法;了解并分析武义温泉养生旅游发展现状及创新学习模式。

第一节 休闲养生旅游的概述

案例引导 日本草津温泉

草津温泉别名"药出汤",以自然环境优美,疗效极高而著称,自古便作为治病健体的著名温泉而远近闻名。

草津温泉的起源至今已有1000年以上的历史。在19世纪的后半期,当时在日本的某所大学任教的德国医生别鲁兹博士向世界介绍了这处温泉疗养胜地。草津的温泉是pH值为1.7至2.1的强酸性硫黄泉,因此,如果细菌和有害微生物等遇到这泉水,在几秒钟后就会全部死掉。有大小100多处的天然涌泉,涌出25 ℃至96 ℃的温泉。在草津,为了保持温泉功效,不用水稀释,而是用自然冷却的方式把高温的温泉冷却。

草津温泉以最适合于美容而著名,通过促进全身的新陈代谢,达到发挥保健和美容的功效。进入浴池浸泡前,先用泉水淋在身上,等身体适应了温度后,再慢慢地进入浴池,这样的效果会更好。草津温泉富含硫黄、铝、硫酸盐、氯化物。对神经痛、肌肉酸痛、关节疼痛、皮肤病、肩膀酸痛、跌打损伤、扭伤、慢性妇女病、糖尿病、高血压、动脉硬化等具有疗效,而且还有助于病后恢复,消除疲劳,增进健康。

草津独特的泡温泉方法:①混合浴,从低温池开始按顺序进入温度各不相同的5个浴池,使身体渐渐习惯较热温度的温泉的沐浴方法;②时间浴,充分利用草津温泉高温以及酸性的特性,由明治时代流传至今的温泉疗法,将数十勺的热水浇在头上促进血液循环,然后浸泡在46~48 ℃的浴池,一天4次,每间隔3分钟进行一次。在时间浴之前,必须要做高温浴的准备运动以及调节水温的"揉泉水"。

滚滚涌出的泉水通过七根导水管自然冷却,送往各家旅馆。周围是一间接一间的土特产礼品商店和饮食店,总是人客不断,热闹非常。汤泷"汤瀑布"是最受欢迎的地方,在这里,涌出的泉水通过那根导水管后,如瀑布那样落下。在蓝绿色的泉水池里,泉水闪闪发光。当在泉水与外界温度温差大的冬季,温泉的蒸汽弥漫,恍如一个幻想的世界。

休闲养生旅游作为大众旅游消费的一种重要形式,已经受到越来越多旅游者的青睐。而随着旅游休闲化升级步伐的加快,旅游产品也经历着从"观光"到"休闲",从"走马观花"的简单模式到"休闲度假"的体验模式,从传统旅游模式到现代旅游模式的转变。从社会的角度来看,度假是一种关爱;从文化的角度来看,度假是一种精神追求,一种高层次的生活内容,一种难得的享受,一种洒脱,一种对人本意义的超越和对人体目标的浪漫审视;从经济的角度来看,度假是一种社会发达程度的标志;休闲养生成为越来越多人温泉度假的选择。

一、休闲养生旅游的含义

在希腊语中"休闲"为"Skole",意为休闲和教育,认为发展娱乐,从中得益,并与文化水平的提高相辅相成。英文中"Leisure"休息的成分很少,消遣的成分也不大,主要是指必要劳动之余的自我发展。这表明了"休闲"一词所具有的独特文化精神底蕴。在马克思眼中,"休闲"一是指"用于娱乐和休息的余暇时间";二是指"发展智力,在精神上掌握自由的时间";是"非劳动时间"和"不被生产劳动所吸收的时间",它包括"个人受教育的时间、发展智力的时间、履行社会职能的时间、进行社交活动的时间、自由运用体力和智力的时间。"

休闲养生旅游,顾名思义,就是通过以休闲的旅游方式达到养生的目的,又称为情趣养生旅游,是一种以休闲来调节身心健康、陶冶情操,从而达到益寿延年的养生旅游方法。国内目前主要分为温泉养生、森林养生和海滨养生三大类。

二、休闲养生旅游的作用

从某种意义上说,养生休闲是一种旅游活动,它是以养生为目的来选择地点,安排内容和进展,考虑节奏快慢,强调饮食、健身、娱乐等诸多方面,促使休闲参与者尽量保持身体各机能的平衡,以确保心理和生理的健康。养生休闲旅游活动适合各种年龄层次的人参加,而不仅仅是局限于中老年参与的一种旅游活动。

休闲养生既是一种休闲类型,又可以融合到其他各种休闲活动中去,关键看这种休闲的动机是否回归到自己的身心内部,休闲活动中有没有融入养生学方面的内容,是否对身体

产生有益的作用。

三、休闲养生旅游的特点

与传统的观光旅游和养生旅游相比,现代休闲养生旅游具有以下特点。

（一）普遍性

传统观念认为养生旅游主要针对的是亚健康人群或老年人群。但实际上,休闲养生涵盖所有追求健康快乐生活的人群,他们不是"病人",又不同于普通的游客,具有较强的养生目的性。因此,对其进行的康复保养不宜在医院或养老院进行,应根据不同的心理需要进行目的地的选择。

（二）游乐体验性

休闲养生形式丰富多样,包括了人们生活中的方方面面,更易于使游客产生亲切感和归属感,其游憩方式更易于大众接受,与其本身的生活方式、习惯相一致的游乐体验性互动。

（三）综合性

休闲养生是将我国传统的养生方法、理论同现代生活中有益于人体健康的多种休闲方式结合起来而形成的,既注重养生的功能,也注重养生过程的休闲性和体验性,它是将养生这一康复过程娱乐化、生活化,是传统与现代的结合,旅游、休闲与养生相结合,以及多学科的综合介入、指导形成了多种多样的康复、休闲旅游活动。

四、养生休闲旅游产品的分类

从资源特点来看,在我国适宜开展养生休闲旅游的形式很多,如气象气候养生、园林花卉养生、滨水养生、山岳森林养生、草原沙漠养生、温泉养生、农业养生、宗教民俗养生等。由于养生休闲旅游诉求的多样性,其产品的类型也呈现多元化。根据不同资源,结合市场需求特点,可开发的养生休闲旅游产品大致有如下几类。

（一）居住养生

居住养生是以旅游房地产开发为主导而形成的旅游产品,它是以经营土地、经营城市的手法来围绕养生休闲进行开发的。这种养生居住社区向人们提供没有污染、没有公害的新鲜空气、有机食物和住宅条件。它的特点是不设置任何具有刺激性的或需剧烈运动的体育、游乐活动设施,而提倡人们去冥想静思,在恬静的气氛中修身养性。

（二）游乐养生

游乐养生是根据旅游资源的不同,设置适宜当地地脉、文脉,参与性、趣味性较强的养生休闲旅游活动,通过一定的技术手段和创意,把一些生硬的、静态的东西进行情景化和趣味化处理,使之让游客主动参与到养生休闲活动中去,并获得一定程度的身心放松和教育。

（三）文化养生

通过对历史文化中积淀下来的各种与养生有关的理论进行深入挖掘,应用到养生旅游活动之中,以此提高养生休闲活动本身的品位和档次,同时丰富休闲活动的内在要素,使养生休闲不仅具有身体养生的功能,同时还具有心理养生的益处。传统文化中与养生有关的理论著作主要有《黄帝内经》《道德经》《阴阳五行学说》《风水学说》以及诸多我国古代中医药理论著作等。

(四) 医疗养生

医疗养生旅游产品主要是依托医学(中医、西医)、营养学、心理学等知识,结合人体生理行为特征进行的,以药物康复、药物治疗为主要手段,配合一定的休闲活动进行的康复养生旅游产品,包括康体检查类产品,它是医疗旅游开发中的重要内容之一。

(五) 美食养生

药食同源,食养是东方养生的一大特色。因此,美食养生可以说是我国国内养生休闲旅游中至关重要的内容。在美食养生休闲旅游产品的开发中,美食餐厅的设计要情调独特,别具一格,室内有山、水及种类各异的植被,就餐者置身其中,如同置身于美丽的南国花园,怡然自得,潇洒惬意。餐厅菜式丰富,营养搭配合理,具有不同风味。

(六) 生理美容养生

生理美容养生是时下游客,尤其是女性游客比较喜爱的一项活动,把生理美容同养生休闲旅游结合起来,可以取到较好的互动作用。它既丰富了旅游活动的内容,又增强了旅游产品的吸引力。此类产品的开发可以将美容会所中的专业护肤、芳香 SPA 水疗、瑜伽养生、抗衰老美容等融入旅游项目之中去,同时可结合花卉产品开发系列美容产品,如花香精油,可外用、内服美容保健品等。

(七) 运动养生

生命在于运动,适宜的运动健身是一种比较科学的养生休闲方式。在进行此类旅游产品的开发时,可充分利用多种运动养生方式,开发成不同的运动养生系列产品,如瑜伽、中华武术、杠铃操、形体训练、棋牌、器械等室内外运动,同时也能提供篮球、网球、羽毛球、垂钓、跑步、骑车健身等纯户外运动,并为游客推荐专业的运动指导。

(八) 生态养生

生态与养生有着天然的联系——养生首先在于环境。绿色生态的环境是养生休闲的理想场所。生态养生旅游不同于一般旅游,需要在观光游乐中开展养生活动,且是以生态为手段的养生方式开发,如森林浴养生法、雾浴养生法、生态温汤浴法、生态阳光浴法等。

第二节 温泉休闲旅游

案例引导 北京龙脉温泉度假村

北京龙脉温泉度假村位于昌平小汤山,地处故宫中轴线上,近邻长城、十三陵、蟒山、银山塔林、雪世界滑雪场等景区,交通极为便利。龙脉温泉度假村总占地280

亩,景色宜人,空气清新,地下蕴藏着国内首屈一指的淡温泉,地热资源丰富,是集住宿、餐饮、娱乐、会议、休闲、度假、房产开发、物业管理为一体的高档旅游度假区。

龙脉温泉度假村景色宜人,空气清新,可容纳2000人同时入住,是一所具有温泉特色的超大型度假村,度假村共有四星级标准间、别墅、总统套房等客房500余套,有会议设施齐全的大小会议室12个,四个风格独特餐厅可享受到纯正的各国精美大餐,极具热带雨林风情的亚洲最大室内温泉游泳馆内,多项惊险刺激的物色温泉水上娱乐项目。温泉行宫内,有隐藏于翠绿竹林之中的温泉汤池80余个,在各具特色的温泉汤池中,更能独享欢乐的私密空间,48个各具特色的亭、台、楼、阁等相连成一座花园式古典庭院,标间、泡池、人鱼共浴贵妃池、百亩玫瑰花园与金碧辉煌的四座行宫交相辉映。会所北侧的阳光马术会,有400米专业跑道,标准马术培训,专业骑师陪练,障碍赛马惊险刺激。

北京龙脉温泉度假村为游客提供全方位的服务,使游客乘兴而来,尽兴而去。

一、温泉休闲旅游的产生与发展

温泉休闲是指在非工作时间内以泡温泉的方式求得身心的调节与放松,达到生命保健、体能恢复、身心愉悦的目的的一种业余生活。科学文明的温泉休闲方式,可以有效地缓解压力,调节体能,从而达到养生的目的。

公元560年,在《论语》一书中用天然温泉进行沐浴的记载称"暮春者,春眠自无成,冠者五六人,童者七八人,浴手沂,风手午云,泳而归"。东汉时期天文学家张衡在《温泉赋》中曾提到:"有病厉兮,温泉泊焉。"据资料记载,历史上温泉的利用起源于秦朝,最为辉煌的时候就是唐代,"唐华清宫"就是唐代沐浴文化的代表。而那时的温泉,多数只是为皇亲国戚、达官贵人所享乐,以求达到长生不老、容颜永柱的目的。有名的"贵妃出浴"就是人人共知的历史。新中国成立以后,随着国家经济、科学的不断发展,温泉医疗更广泛应用于临床,在保健康复及疾病治疗方面起到了重要的作用。在全国范围内已陆续建成规模不等的温泉疗养院400多处,病床10万多张。其中较为著名的有辽宁汤岗子泉、陕西临潼华清池等。与此同时,还成立了一批温泉疗养机构,从事理论研究,并取得很多重要研究成果,从而使我国温泉学实践和理论研究在某些方面达到了国际先进水平。

随着国内大众旅游业的迅速发展,旅游产品与休闲旅游方式已从单一的观光旅游发展为综合性的休闲旅游。在休闲旅游时代,温泉休闲旅游逐渐发展成为新的现代旅游形态。

二、温泉休闲旅游的分类

温泉休闲旅游的类型具有多样性。从活动的空间看,有室内温泉、露天温泉及室内与露天相结合的温泉形式;从开发形式上看,有疗养院、温泉医院、温泉宾馆、温泉度假村及大型温泉休闲区;从功能上看,包括疗养、度假、观光、休闲、娱乐、康体等单一或多种功能。

按照功能划分,温泉旅游可分为以下四种类型。

（一）疗养型温泉旅游

这种类型的温泉延续了传统温泉疗养院的特点，注重温泉养生保健、医疗功能。如珠海御温泉开设了四十余种不同配方、不同功能的温泉浴池及医疗设施。

（二）观光型温泉旅游

结合温泉地所在的整体环境，将更多的自然因素融合进来，开发露天观光温泉公园。如福州闽清黄褚林温泉生态旅游区。

（三）娱乐型温泉旅游

偏重于开发符合市场需求，能够与温泉资源相结合，并具有较强参与性的休闲娱乐旅游，以建设多种现代化娱乐项目设施为主。如福州连江贵安温泉旅游度假区结合开发温泉高尔夫球场和西溪温泉森林公园。

（四）综合型温泉旅游

既注重多种娱乐项目的建设，又注重温泉与周边旅游资源的联合开发，以形成多种旅游功能为目的的温泉旅游类型，如阿尔山温泉旅游。

三、休闲温泉旅游开发类型

（一）观光娱乐、休疗保健与温泉资源相结合类型

该类型温泉旅游地主要集中分布在昆明、玉溪、曲靖周边地区，与大中城市相邻，交通便利，游客消费水平较高，多开发为大型的综合温泉旅游度假区，如安宁温泉、柏联SPA温泉。在产品开发方面，主要针对城市中的潜在客源，突出观光、娱乐、休闲、会议、商务、美容美体等功能；在设施的配置方面，通常拥有多功能健身房、美容美体设备、大型商务会议厅、温泉度假酒店、高尔夫球场等；在氛围的营造方面，通常结合周边良好的自然环境，营造具有浓郁地方特色的露天风情浴池。

（二）民族文化与温泉资源相结合类型

该类型温泉旅游地主要分布在滇西北、滇西南少数民族聚集地区。在温泉旅游开发方面，以良好的温泉资源和独特的民族洗浴文化为依托，通过举办各种民族饮食、民族服饰的展示会，举办各种民族节庆以及独特的民族洗浴习俗表演吸引游客参观游览。如宁蒗的永宁温泉，自然环境优美，距泸沽湖仅十几公里，因湖畔摩梭人独特的民族风情，而吸引了大量的游客。

（三）其他地质景观与温泉资源相结合类型

该类型温泉旅游地主要分布在滇西地区。温泉资源及其他地质景观（如火山景观等）结合较好，以保山市腾冲热海旅游区为代表。腾冲热海旅游区位于腾冲县城南10.5公里处，拥有大滚锅、鼓鸣泉、珍珠泉、眼镜泉、蛤蟆嘴等众多地热景观，加之附近地质公园丰富的火山景观，温泉资源及其他地质景观资源极为丰富，目前开发的热海温泉旅游项目融温泉旅游与科学考察、科普教育于一体，已经成为国内知名的温泉旅游地。

（四）乡村、农业资源与温泉资源相结合类型

该类型温泉旅游地在云南各地广泛分布。云南丰富的农业旅游资源和独具特色的乡村

景观,每年吸引大量的中外游客。通过将温泉与农业旅游资源、乡村景观相结合,开发出独具特色的农业温泉旅游或乡村温泉旅游,对于丰富温泉旅游产品、构建和谐生态体系、发展乡村经济具有重要的意义。

第三节 温泉养生

案例引导 中国温泉之乡——清水县

清水县被国土资源部正式命名为"中国温泉之乡",这也是甘肃省首个被评为"中国温泉之乡"的地区。经鉴定,水中含有放射性元素氡、矿物质及锂、锗、硅、硼、锶等多种人体必需的微量元素,其中被誉为"生命之花"的锌含量居全国第一,具有很高的医疗价值。

泡温泉在秋冬季节备受青睐,是因为泡温泉能给人带来很多益处。据有关的资料介绍,温泉中含有丰富的矿物质,有保健、美容、护肤、疗养之功效。但是,泉水性质不同疗效是不一样的。根据泉水中所含的矿物质,泉水可分为碳酸泉、硫磺泉及氯化物泉等,不同的泉水对身体各有不同的疗效。时常泡温泉尤其对患有肥胖症、运动系统疾病、脑力劳动者、新陈代谢疾病、痛风等的人是非常有益处的。

(资料来源:https://tieba.baidu.com/pl2116391722? red_tag=0275035701.)

一、温泉养生概述

温泉养生文化,推崇身心魂合一。医学从《黄帝内经》开始就把养生防病作为主导思想,讲"上医治未病"。"养生"最早见于《庄子内篇》,所谓"生",生命、生存、生长之意;所谓"养",保养、调养、补养、护养之意。"养生"的内涵,一是如何延长生命的时限,二是如何提高生活的质量。

中医养生文化历史悠久,英国学者李约瑟曾说:"在世界文化当中,唯独中国人的养生学是其他民族所没有的。尤其是温泉养生,更是中国文化所特有的"。我们知道,中华温泉养生文化的精髓则是帝王养生。秦始皇为治疗疮伤而建"骊山汤",由此开了中国温泉养生之先河。汉朝皇帝喜欢将西域进贡的香料煮成香水倒入温泉池中,以沐香汤。隋唐皇家大兴土木,扩建华清池,还设有温泉监一职,专门负责皇家沐汤事务。唐皇于温泉养生十分讲究,温泉养生的器物用品大多采用玉器、桃木等辟邪之物,唐皇沐浴前后的饮食都由随行太医特别调配,并有详细记录在案,甚至连入浴的时间都有要求。时至今日,温泉养生更是得到了前所未有的发展,其中有泡温泉时提倡的森林温泉浴等新一代温泉养生体系。养生是一种文化、一种生活;养生要生活化,要"慢工出细活";养生是一种智慧、是心性的升华。

（一）狭义的温泉养生

从方法上讲，温泉养生属于中医的沐浴养生法。实际就是指温泉疗养与保健，即充分运用温泉的物理特性、温度及冲击，来达到保养、健身的效果。温泉浴能在一定程度上松弛紧张的肌肉和神经，排除体内毒素，预防和治疗疾病。古代文献记载，也有在水中加上矿物及香熏、草药、鲜花，可以预防疾病及延缓衰老。

（二）广义的温泉养生

从内容上讲，温泉养生属于中医养生中的休闲养生。广义温泉养生并未有最终定义，它随着温泉养生行业的发展而拥有更丰富的内涵。温泉养生发展到现阶段，基本上以温泉沐汤为核心，结合了健康旅游、休闲娱乐、膳食调养、心理调摄、身体刺激、睡眠调整、健身活动等内容，初步形成了综合立体的温泉养生体系。

二、温泉养生的科学依据

温泉的保健功效主要有三部分，一是依靠地热水的温度，二是温泉流动时产生的机械冲击作用，三是温泉中所含的矿物质成分。

（一）温度作用

池水温度在 37～40 ℃时，略高于人体温度的热水，对人体有镇静作用，对于神经衰弱、失眠、精神病及高血压、心脏病、脑溢血后遗症的患者有很好的疗效；池水温度在 40～43 ℃时，称高温浴，此时对人体具有兴奋刺激的作用，对心脏、血管有较好的作用，对减轻疼痛，治疗神经痛、风湿病、肠胃病均有疗效，同时，还有改善体质、增强抵抗力、预防疾病的作用。

（二）温泉流动产生的机械冲击

入浴温泉时，水对人体产生了压力，胸腔和腹腔受到压迫，影响到循环器官和呼吸机能，有利尿和治疗浮肿的作用。水对人体产生的浮力作用，使人的体重减轻。在地下不能行走的人，在水中活动比较方便，对半身不遂、运动麻痹和风湿病患者进行运动训练，在恢复健康方面有很大作用。汩汩流动的泉水柱本身就对人体有按摩作用，在一些专门修建的"按摩池"中，泉水集束泻下，利用落差产生的冲击力，"按摩"人肩部、背部、腰部、腿部的肌肉，对平常久坐电脑前的肩背僵硬、腰酸腿疼有明显的改善作用，赢得许多上班族的赞叹。

（三）温泉中所含矿物成分对人体的影响

温泉水含有多种对人体有益的矿物质，如氟、钾、钠、氯、钙、铁、镁等。

健康专家认为，泡温泉对现在脑力劳动者的"亚健康"状态（即慢性疲劳综合征）有较为明显的疗效，并将泡温泉与劳逸结合、进行有氧运动并列为消除、预防"亚健康"状态的三大良好生活习惯。有资料显示，泡温泉不仅能够松弛神经、缓解压力，还有排除毒素、增强体质等"实质性"的功用。

三、温泉养生方法

中医养生讲究四时阴阳，春生、夏长、秋收、冬藏，这是自然界的规律。人应该顺应大自然的规律，比如，春天的时候，要有一种生发之气，被发缓形，夜卧早起。冬天不能太张扬、太

发散,万物处于秘藏。中医养生主张因时、因地、因人而异。中医养生包括形神共养、协调阴阳、顺应自然、饮食调养、谨慎起居、和调脏腑、通畅经络、节欲保精、益气调息、动静适宜等一系列养生原则,而协调平衡是其核心思想。当一个人身体达到平衡点的时候,是最健康的,是"治未病"。

养生当中,最重要的是养心。"一生淡泊养心机",这是一个很高的精神境界。人都有喜、怒、哀、乐、悲、恐、惊,这是人的七种情志,过了头就是七情过激。"常观天下之人,凡气之温和者寿,质之慈良者寿,量之宽宏者寿,言之简默者寿。盖四者,仁之端也,故曰仁者寿"。仁就是要做到温和、善良、宽宏、幽默。仁心仁德、养心立德是一个人健康的内在要素。《黄帝内经》强调"恬淡虚无",说"恬淡虚无,真气从之,精神内守,病安从来"。简而言之,要做到"淡"字。

影响健康长寿的因素很多,诸如先天遗传、自然环境、社会经济与科学技术的发展、医疗水平、营养状况、个人职业等。但能否讲究养生之道,也很重要。《内经》中把"治未病"的预防为主的思想提到战略高度来认识,并提出抗衰老的关键是实行正确的养生之道。疾病是健康的大敌。但《内经》认为"正气存内,邪不可干"。因此,养生之道的目的,就是培补人体正气,增强抵抗力,从而不得病或少得病。

养生是一个人终生的事业,光依靠温泉或某一种方式进行养生,都不是最合适的。按照古人的养生理论,现代人要养生,要记得"生从十三:虚、无、清、净、微、寡、柔、弱、卑、损、时、和、啬。"也就是说,养生之道在于遵从十三条要旨,就是:心无杂念,恬淡于世事,内心清洁无染,俗念净除,谨小慎微无过失,寡欲无贪,心柔不逞强,甘作弱者之心,自视不卑不亢,减损太过的言行,知时达务,顺四时之变化,秉性谦和,崇尚俭朴。

四、我国温泉养生文化发展轨迹

自古以来,温泉就被用于养生。温泉养生历史源远流长,纵观世界温泉发展史,各国的著名温泉乡好像都是因"疗养胜地"开始闻名于世。20世纪以前的温泉属于疗养概念的温泉。中国几千年的温泉养生史,其实就是温泉疗养史。但现代的温泉养生不只是温泉疗养,它比温泉疗养更为深入、丰富、广泛。

温泉的核心价值是养生,温泉在中国的发展经历了三个阶段,现在将进入第四个阶段。

第一阶段:神坛时代。温泉在古代被尊称为神水,一直为帝王将相所独享,象征尊贵。

第二阶段:疗养时代。至近代,随着科学的发展,温泉资源陆续被发现和开发,温泉开始应用于医疗疗养,成为伤病者的神奇滋补品。

第三阶段:休闲时代。亦即我们现今所处的时代,开发温泉资源,温泉旅游热开始兴起,但缺乏对温泉独特文化及其本质内涵的了解,温泉热开始降温。

第四阶段:养生保健时代。温泉的核心价值是养生,古老的温泉文化应得到有效的继承和发展,温泉不仅是一种资源和产品,温泉养生更是一种生活态度。温泉养生倡导的人与人、人与自然、人与社会之间的和谐,也是一种自然的回归。温泉源于自然,人们回到自然,回归自然的生活,这是一种大健康的自然回归升华。

中国是崇尚养生的国度。中国养生文化的萌芽可以上溯至殷商时代,中国养生文化史上第一个黄金时代首推春秋战国时期。温泉历史悠久,被人类利用也已达5000多年。温泉养生是中国养生文化的一部分。早在"神农"时代,人们就开始了对温泉的认识与运用。古代帝王和历史名人与温泉养生文化人们所熟知的秦始皇建骊山汤、唐太宗撰《温泉铭》、杨贵妃浴华清池、康熙及乾隆赋题温泉诗,都记载了温泉在古人养生生活中的地位与影响。中国古代帝王和历史文化名人孔子、诸葛亮、王羲之、李白、王勃、刘墉等多次游览、沐浴,并留了不少作品。据史料记载,杨贵妃就有晨起沐浴更衣之说,晚有泡足疗乏之事。因此,唐代大诗人白居易留下了家喻户晓的千古诗句:"春寒赐浴华清池,温泉水滑洗凝脂。侍儿扶起娇无力,始是新承恩泽时。"这是对温泉养生生活的真实写照。

温泉养生的文化特点是天人合一、回归自然、休闲生活、和谐社会。以人为本,人以健康为本,健康以养生保健为保障,养生以生态自然为基础。温泉度假地正是合理利用了优质医疗温泉资源,以优越的自然环境为依托,以特有的地质为基础,创建以养生康乐为特色的旅游休闲胜地,堪称人与自然和谐相处的典范。

五、温泉养生旅游创新模式——以武义温泉为例

(一)武义温泉养生旅游发展现状

1. 武义温泉养生历史悠久

武义养生传统源远流长。以温泉为代表的养生资源得天独厚,兼具文化内涵和生态特色,是武义旅游资源的核心优势所在,同时也是华东地区的一种稀缺资源。

武义温泉养生旅游开发基础养生相关的旅游现象自古就有,据《武义县志》记载,武义温泉属于中性硫化氢温热泉水,水温在39~45 ℃,符合国家标准,水质透明,富含偏硅酸、钾、铁、氟等元素,具有多种理疗保健作用。近些年来,武义经济呈现高速增长的发展态势。2000年武义人均GDP突破1000美元,由此带动了产业结构的升级和服务业的加速发展。2007年武义人均GDP突破3000美元,达到3321美元,武义社会经济由此进入了一个新的发展阶段。

2. 武义温泉养生旅游产品类型

表6-1所示为武义温泉养生旅游产品构成,从表中可以看出,武义温泉养生旅游产品基本是以温泉洗浴为主,同时配备一定的休闲娱乐项目。这一产品构成类型和项目搭配层次,以及消费价格支出额度,应该说反映了我国温泉养生度假旅游市场的基本现状,与我国社会经济发展水平和游客的消费偏好基本适应。当然,随着我国社会经济持续健康发展,旅游业发展格局的不断优化,武义旅游业的发展也出现相应的变化。一方面,随着长三角地区居民收入水平不断递增,游客休闲度假旅游的消费动机趋于强烈,对武义温泉旅游产品进一步深化发展起到了积极的推进作用。另一方面,武义也在不断探索温泉养生旅游深化发展的有效途径,形成了武义温泉综合开发模式,但是主题、特色、内容等还有很多不足。

表 6-1 武义温泉养生旅游产品构成一览

产品类型	基 本 项 目	代 表
洗浴理疗	石温泉、咖啡泉、鲜奶泉、柠檬泉、白酒泉、当归泉、人身泉、灵芝泉、薄荷泉、足浴房	唐风度假村
洗浴理疗	碳酸氢钠温热水泉、休闲理疗区、华夏文化温泉区、动感温泉区	清水湾度假村
洗浴理疗	硫酸盐泉、海滩冲浪泳池、按摩	清溪湖度假村
休闲娱乐	香薰屋、棋牌室、台球室、健身房、商务中心、特色购物商场	唐风度假村
休闲娱乐	接待区、日本园区、野营别墅区、欧陆风情区、巴厘岛风情、美食区	清水湾度假村
休闲娱乐	会议室、棋牌室、网球场、羽毛球场、野外烧烤、水上餐厅、水上快艇、游船、垂钓	清溪湖度假村
节庆	中国武义温泉节	武义县人民政府主办

3. 参与性、体验性旅游产品开发迟缓

一般而言,温泉养生旅游产品都具有体验性、参与性和高黏性。没有体验性的产品肯定不是养生旅游产品。养生产品所具有的休闲性、包容性和内涵丰富性使其具有普适性和参与性,很适于与其他产品融合。同时,休闲性又决定了它的高黏性,吸引游客复游。目前武义温泉养生旅游在参与性、体验性强的旅游产品上开发迟缓,没有抓住 RMP(资源、市场、产品)这个操作核心进行旅游产品体验设计。

4. 温泉养生旅游产品缺乏特征

武义养生旅游产品开发中,由于对资源中养生文化底蕴挖掘不深,武义景区推出的旅游产品,并未突出其深厚底蕴的温泉养生文化主题,也未能形成养生文化的旅游氛围,因而没有形成占有客源稳定、游客数量庞大的养生旅游市场。温泉旅游虽取得了一定程度的发展,但与其他温泉养生旅游胜地相比,其旅游业发展水平较低、存在差距较大。

(二)国际温泉养生旅游发展经验

日本素有温泉大国之称,温泉总数多,并有专门的温泉疗养、保养、美容等方面的研究机构,积累了丰富的利用温泉养生的经验。

日本温泉由汤治开始,非常注重吸取世界温泉养生疾疗的先进文化精华。早期日本温泉主要以疗养、休养、保养功能为主,20 世纪 70 年代以后,随着日本经济高速发展,日本温泉旅游功能逐渐由单一的温泉疗养功能向温泉疗养和观光娱乐功能结合的综合性方向转化,各种配套服务设施也日趋完善。进入 90 年代以后,为推动地区经济发展,使温泉资源得到有效利用的同时,在各地政府帮助下,开始兴建温泉主题博物馆、举办各种民俗活动,并结合观光资源进行温泉旅游产品的再开发,从而使日本温泉旅游进入了以主题和体验为主的发展阶段。表 6-2 所示为日本三大著名温泉旅游目的地设施一览。

表 6-2 日本三大著名温泉旅游目的地设施一览

温泉度假地	周 边 设 施
有马温泉	豪华宾馆、旅店、山庄别墅等
下吕温泉	温泉街、观光饭店、餐饮店、土特产商店等
草津温泉	礼品店、民宿、土特产店、温泉馒头店、拌汤花表演、温泉古街等

(资料来源:根据网络资料整理而成。)

1. 日本温泉养生中温泉水的划分

日本温泉养生开发中温泉水在入浴利用上有很细的划分,25 ℃以下是冷水浴,25~34 ℃是低温浴,34~37 ℃是不感温度,37~39 ℃是微温浴,39~42 ℃是温浴,42 ℃以上是高温浴。温泉概念中对所含矿物质及水温的要求,强调了温泉的浴用价值,突出温泉浴用的疗养、保养、保健的功效,体现了温泉的养生意义。

2. 日本温泉养生旅游选择

日本人在选择国内旅游地时,温泉始终占据着首位。根据温泉旅游利用目的的不同,可分为闲暇型、游憩型、保健、医疗型(休养、保养、疗养、康体)。休养是消除日常的疲劳和工作的压力,转换心情,一般为1~2天,时间较短;保养是为改善体质、预防疾病,需要一定时间,多为3~7天;疗养是慢性疾患的治疗和身体健康的恢复,需2~3周及以上;康体是因疾病、外伤、手术等失去,或一部分机能低下的恢复。在选择温泉时,休养对泉质没有严格的要求,根据自己的喜好,周边的环境、娱乐设施、高尔夫球场、网球场、滑雪场、登山、历史文化设施等较为重要。保养较为重视温泉的氛围、住宿和饮食设施,以及温泉周边的自然环境(海、湖、川、溪谷、高原等)和文化要素,此外,还要重视温泉周边的地形、气候,及森林浴、日光浴、海水浴相结合的综合效果。疗养要选择适合症状的泉质,要有温泉医师的指导,辅以温泉运动疗法,如按摩、温热等理疗法,饮食疗法,异地疗法等组成的复合疗养法。

(三) 国际经验借鉴下的武义温泉养生旅游发展创新模式

发展温泉养生要有良好的空间环境,武义温泉旅游如同国内许多温泉开发地一样,开发模式较为单一,大体经历了一个由澡堂式——游泳池式——大型露天(园林)超市式的演变过程。大型露天超市式温泉,突出了温泉的娱乐化功能、规模上追求大型化、温泉建筑格局的城市化特征,虽然带来了一时的旅游效应,但很难谈及养生意义。温泉养生需要良好的氛围和优美的环境,温泉设施的设置无论是在野外河边溪谷,还是在精心堆砌的人工园林中,都要将人工设施巧妙地融于周边的自然环境中,体现人与自然的和谐。人们投身于自然所赐予的宝池,欣赏着自然的"表情"与四季风景,体味着人与自然合一的乐趣,沉醉于开放无虑的忘我氛围才是温泉养生的魅力所在。同时,要充分发挥温泉泉质的作用,保持温泉养生的科学化,做到服务的标准化、设施的舒适化。

发展温泉养生旅游要发挥节庆赛事功能,自20世纪90年代以来,现代意义上的节庆赛事活动在国际旅游市场中已经显示出越来越重要的作用。在温泉度假地的发展过程中,节庆赛事功能主要表现在以下三方面:一是节庆赛事已成为温泉度假地扩大知名度、提升市场竞争力的重要组成部分;二是节庆赛事已成为温泉度假地招徕游客的重要旅游吸引物;三是节庆赛事已经成为温泉度假旅游目的地调整市场结构、平衡淡旺季游客流的重要手段。武义县在北京举行中国武义温泉节新闻发布会,若有众多媒体的竞相报道和成千上万来宾的参与,必将会为武义对外开放、促进国内外朋友深入了解武义独具特色的历史文化和休闲养生旅游产品打造一个重要窗口和平台。

 本章小结

休闲养生旅游作为大众旅游消费的一种重要形式,已经受到越来越多旅游者的青睐。休闲养生旅游的特点有普遍性、游乐体验性、综合性,类型有居住养生、游乐养生、文化养生、医疗养生、美食养生、生理美容养生、运动养生、生态养生。在休闲旅游时代,温泉休闲旅游逐渐发展成为新的现代旅游形态。

 关键概念

休闲养生旅游　温泉养生

 复习思考

1. 休闲养生旅游的含义是什么?
2. 休闲养生如何分类?
3. 简述温泉休闲的特点。

 案例分析

广东某温泉度假村位于广州从化流溪河畔,2011年3月,该温泉度假村推出了春季服务项目,新养身浴、中西自助餐、时尚健身营、休闲新体验、欢乐嘉年华、探春踏青游、溯源流溪河、养生大讲堂等深受消费者喜爱的八大精品活动。再加上度假村精心研制的养生汤、养颜茶、青瓜面膜,对皮肤保养、美容塑身、调理内息等方面非常有益处,让前来度假的顾客尽享休闲养身乐趣,该春季系列产品受到了游客的广泛追捧,游客量得到了保障。

而在夏季时,该温泉度假村充分考虑了广东的气候条件,由于广东处于我国东部沿海地区,属热带海洋性气候,夏季气温较高,气候炎热,且夏季时间较长,该度假村特意设计了海洋温泉、集美食娱乐演艺于一体的渔人码头、高科技的现代剧院及刺激动感的神秘岛水主题乐园等特色产品,有效地解决了夏季温泉经营问题。

问题:广东该温泉度假村的成功之处在哪?

相关链接

进一步阅读推荐：

1. 王华,彭华.温泉旅游的发展与研究述评[J].桂林旅游高等专科学校学报,2004(4).

2. 王艳平,山村顺次.中国温泉资源旅游利用形式的变迁及其开发现状[J].地理科学,2002(1).

3. 孙晓生.温泉养生及其现代研究[J].新中医,2011(12).

4. 李飞.对我国温泉旅游资源开发利用的探讨[J].科技信息(科学教研),2008(2).

5. 高璐,刘玲.浅析我国温泉旅游度假区的发展[J].职业时空,2008(10).

6. 王亚辉.我国温泉旅游开发存在问题及对策——以环庐山温泉带温泉度假村为例[J].商业经济,2008(13).

7. 朱玉华.温泉旅游发展趋势及对策浅探[J].长江大学学报(社会科学版),2012(11).

8. 张建.再论我国温泉旅游资源的开发与利用[J].干旱区资源与环境,2005(10).

第七章

温泉度假地营销管理

学习目标

掌握温泉度假地市场细分的概念、细分变量类型、市场细分的作用；熟悉温泉度假地目标市场选择的原则，并能够运用目标市场营销战略对温泉度假地进行分析；根据市场营销组合 4P 理论，掌握温泉度假地营销组合策略；了解温泉季节性存在的客观性，并能相应地开展温泉淡季营销。

第一节 温泉度假地目标市场营销策略

案例引导 温泉旅游地的特色定位——以大理石门禅汤设计为例

特色挖掘是温泉旅游地吸引游客的关键，也是业主、设计师、从业者必须经常反省和自问的问题。如何形成特色？如何准确定位？如何挖掘地方文化？是在规划前期，重点要解决的问题。

特色，是将温泉旅游地中最具代表性、最独特、最有影响的内容和形式，在温泉景观、产品、氛围中展现出来，使游客在泡汤的同时，体验到与其他温泉不一样的内容，感受到不一样的文化氛围。在此以大理石门禅汤为例，谈谈如何充分利用和挖掘地域特色，设计具有地方精神和文化的温泉旅游地。

1. 项目概况

项目位于云南大理市漾濞彝族自治县石门关风景名胜区的入口处。石门关景区是苍山国家地质公园、国家级自然保护区、国家级风景名胜区的重要组成部分，距昆明市 399 公里，距大理市 24 公里，距漾濞县城 8 公里。

石门河从关内流出,环抱项目地三面(东、南、北面)而过;石门河的一条支流,从北部山上顺天然巨石飞泻而下,白练如虹、气势壮观。地貌主要由石门河的河滩台地构成,场地内石景资源丰富,地形复杂,是营造优美景观的有利条件。

2. 项目定位

本项目背靠苍山,以环境和温泉资源为最大特色,适于打造温泉养生、禅修静养的温泉产品,利用水景、山景、石景、植物资源,突出项目的差异化和个性特色,项目主题定位为"石门禅汤"。

石门,即石门关,地域名称界定,与石门关风景名胜区、地质公园结合,具有一定的品牌识别度、知名度;"禅"是佛教"禅那"的简称,意译为"思维修"或"静虑",简单、自然、宁静,质朴无瑕,回归本真,便是禅;禅汤,禅境温泉,以自然、休闲、山水、静泡为主,一切都在自己的心念之中,如风过水,水过留痕,终究还是风平浪静,一切回归自然,无踪无迹的禅境温泉,让人感受温泉休闲的空灵、虚幻、恍惚的精神境界,达到"神秘自在,隐匿绝俗"的汤境文化体验。

客群定位为大众市场,以家庭、游客及商务等消费客群为主。

温泉区内体现漾濞的核桃文化,所有产品围绕"温泉+核桃"展开,饮食、饮料以核桃为主,温泉泡池体现核桃元素,建筑以核桃木进行装饰,儿童娱乐区以核桃造型的城堡为主题,旅游产品和伴手礼为核桃衍生品等,打造浓郁的地域特色。

大理石门禅汤借助大理妙香古国的人文环境、石门关风景区的旅游资源、项目地独有的资源禀赋,以"石门禅汤"作为主题定位,以"体悟苍山、心漾汤泉"作为景观营造的意境,达到笃行体悟苍山美景,心灵浮漾石门汤泉,一山一寺一汤泉,一泉一池一境界,将山、水、寺、泉、汤与环境融合,营造心如明镜、落花流水、随遇而安、宁静淡泊、禅意人生的人文气息,形成生态、野趣、禅意、诗情的环境,最终打造人心境界远,菩提本悠然的大理至美山水温泉。

(资料来源:http://mp.weixin.qq.com/s/VwF4mFwVDf-iDulUab-_7g.)

温泉旅游在我国开始迅速发展,一大批温泉旅游开发项目相继上马,其开发效益却喜忧参半。因此,温泉度假地在启动一个项目时,必须对市场进行分析。根据菲利普·科特勒的STP战略理论,温泉度假地也需要进行市场细分、目标市场选择及市场定位。

一、市场细分

(一) 市场细分的含义

市场细分的概念是最初由美国市场学家温德尔·史密斯于1956年提出来的。市场细分是指把某一产品的市场整体划分为若干消费者群的市场分类过程。每一个消费者群就是一个细分市场,每一个细分市场都是具有类似需求倾向的消费者构成的群体。

市场细分的依据是消费者需求的差异性,在市场细分过程中遵循"求大同、存小异"的原则,划分的细分市场之间有明显的差异,细分市场内部具有类似需求。

(二) 市场细分的变量

市场细分变量是指那些反映需求内在差异,同时能作为市场细分依据的可变因素,由于这些因素的差异,消费者的消费行为呈现出多样化的特点。

市场细分变量主要有以下四种类型,如表 7-1 所示。

温泉度假地在进行市场细分的时候,可结合上述四个类型的变量,对消费者首先进行地理变量的细分,然后是人口统计变量、心理变量及行为变量。鉴于温泉的医疗功能受到游客关注,因此在进行市场细分时,还可以考虑采用游客利益细分变量进行分析与研究。

表 7-1 温泉旅游市场细分变量类型

细分变量类型	具体细分变量
地理变量	国家、地区、城市规模、气候、人口密度、地形地貌等
人口变量	年龄、性别、收入、家庭结构、家庭生命周期、民族、学历、职业、宗教信仰、阶层等
心理变量	个性、生活方式、购买动机、价值取向
行为变量	消费数量、对品牌的忠诚度、品牌偏好、购买时机、使用率、消费者进入市场的程度、对产品的态度
游客利益	情感交流、强身健体、休闲游憩、护肤美容、增长见识等

(三) 市场细分的作用

1. 有利于发掘和利用新的市场机会

通过市场细分,可以有效地分析和了解各个消费群的需求满足程度和市场竞争状况。可发现未得到满足的需求,了解市场机会,抢占先机。

2. 有利于选择目标市场和制定市场营销策略

市场细分是基础,只有了解了各细分市场的需求后,温泉度假地才能够根据自己的经营方针和营销能力,确定自己所要选择的目标市场,从而有针对性地制定市场营销策略。

3. 有助于提高企业的竞争能力和经济效益

市场细分能提高企业的适应能力和应变能力,在较小的子市场开展营销活动可以增强市场调研的针对性,市场信息反馈较快,企业易于掌握消费需求的特点及其变化,这有利于及时、正确地规划和调整产品结构、产品价格、销售渠道和促销活动,使产品适销对路并很快到达目标市场,提高销售。

二、目标市场选择

(一) 目标市场选择含义

目标市场选择是指营销主体在进行科学市场细分、评估的基础上,根据企业自身目标和实际情况,选择最终要进入的一个或几个细分市场。在选择了目标市场后,营销对象也便确立下来了,企业的营销活动将围绕着营销对象进行。

(二) 目标市场选择的标准

1. 细分市场的吸引力

影响细分市场的吸引力的主要因素有五个群体:同行业竞争者、潜在的新生竞争者、替代产品、购买者和供应商。五个群体可能带来的威胁表现在:如果某个细分市场已经有了众多的、强大的或者竞争意识强烈的竞争者,那么该细分市场就会失去吸引力;某个细分市场可能会吸引增加新的生产能力和大量资源并争夺市场份额的新的竞争者,那么该细分市场就会没有吸引力;如果某个细分市场存在着替代产品或者有潜在替代产品,替代产品会限制细分市场内价格和利润的增长;某个细分市场中购买者的讨价还价能力很强或正在加强,该细分市场就没有吸引力;公司的供应商——原材料和设备供应商、公用事业、银行、公会等,提价或者降低产品和服务的质量,或减少供应数量,那么该公司所在的细分市场就会没有吸引力。

2. 细分市场有一定的规模和发展潜力

企业进入某一个细分市场肯定是希望能有利可图,如果市场规模趋于萎缩或者过于狭小,企业进入该细分市场后难以有所作为,因此,对于细分市场的选择是,还需慎重考虑该细分市场的成长空间。

3. 符合企业的目标和能力

某些细分市场虽然有较大的吸引力,但不能推动企业实现发展目标,甚至分散企业的精力,使之无法完成其主要目标,这样的市场应考虑放弃。此外,还应考虑企业的资源条件是否适合在某一细分市场经营。只有选择那些企业有条件进入、能充分发挥其资源优势的市场作为目标市场,企业才会立于不败之地。

三、市场定位

(一)市场定位含义

市场定位也被称为产品定位或竞争性定位,1969 年杰克·特鲁特在他的文章《"定位"是人们在当今人人参与的市场所进行的一场博弈》中首次提出市场定位,是指企业根据竞争者现有产品在市场上所处的位置,针对消费者或用户对该产品某种特征或属性的重视程度,强有力地塑造出本企业产品与众不同的、给人印象鲜明的个性或形象,并把这种形象生动地传递给顾客,从而使该产品在市场上确定适当的位置。

(二)市场定位步骤

市场定位的步骤主要分为以下三步。

1. 识别企业竞争优势

企业及其营销人员必须对向顾客提供的产品或服务的全部过程进行仔细分析,了解自己的优劣势与自己的竞争对手相比较,从而确认自己的竞争优势,进行恰当的市场定位,可通过差异化来实现。表 7-2 所示为差别竞争优势构建来源。

表 7-2 差别竞争优势构建来源

来　源	具　体　途　径
产品差异	运用技术创新,充分发挥企业核心能力、核心专长塑造产品在特征、质量、款式、设计等方面的差异化
服务差异	强调服务差异,而不单是提供服务;实施特种服务,创建服务差异

续表

来　源	具体途径
人员差异	严把招聘关和科学有效的培训,使员工在专业知识与素养、言谈举止、责任心、诚信、沟通交流、机警敏锐等方面形成差异;具体通过差异化产品和差异性服务体现
形象差异	借助于特定的工具,如品牌、标志、媒体、事件等向外界宣传企业及其产品的个性特征,创造形象差异,以在消费者心目中形成深刻的企业印象

2. 选择差别竞争优势

市场定位的最终目的是构建企业的竞争优势,差异化是市场定位的手段,但并不是市场定位的全部内容和目的。企业需要明确在多种差异化手段中哪一种或几种能带给企业竞争优势。差别竞争优势选择的原则有价值性(差异能带给顾客价值)、独有性、卓越性(没有可替代的差异化)、可沟通性(差异能被消费者所感知)、难被对手模仿、可获利性等,此外要分析一种差异化能否持久地赢得顾客。

3. 沟通并传达选定的市场定位

在确立市场定位以后,企业还必须采取有力措施,通过各种有效的传播途径将定位信息传达给产品的目标顾客,并在顾客心目中留下深刻印象。为此,企业首先应使目标顾客知道、熟悉、了解、认同、喜欢和偏爱本企业的市场定位,在顾客心目中建立与该定位相一致的形象。其次,企业通过各种努力强化目标顾客形象,保持目标顾客的了解,稳定目标顾客的态度和加深目标顾客的感情来巩固与市场相一致的形象。最后,企业应注意目标顾客对其市场定位理解出现的偏差或由于企业市场定位宣传上的失误而造成的目标顾客模糊、混乱和误会,及时纠正与市场定位不一致的形象。

第二节　温泉度假地营销组合策略

案例引导　　七仙岭:温泉+雨林的神奇组合

要说热带雨林,七仙岭的热带雨林规模并不大;要比温泉,海南岛就是一个温泉岛,七仙岭的温泉也可能算不上最出色的。然而,当这两种资源神奇而完美地在七仙岭国家温泉森林公园里组合时,就成了全国乃至世界非常独特而优质的旅游资源。据了解,目前世界上具有"温泉+热带雨林"这样组合的温泉度假地,七仙岭野溪温泉是唯一一个。

充满野趣的 USP 温泉+热带雨林 USP,是营销学上的专有名词,意为:Unique Selling Point,即独特的销售卖点。温泉+热带雨林,是七仙岭面对国际旅游市场的独特卖点吗?

温泉旅游研究所旅游经济专家杨哲昆告诉记者,要泡温泉,可以上兴隆,也可以到蓝田。要欣赏热带雨林,可以选择尖峰岭、吊罗山。但如果既想泡温泉又想感受热带雨林,就只剩下唯一的一个选择——七仙岭。目前像七仙岭这样"温泉+热带雨林"的旅游资源组合模式,在全球的温泉旅游市场上还是唯一。

跳入七仙岭野溪温泉,要不是身旁包围着的温泉水在提醒,会以为又回到儿时嬉戏的门前小溪。野溪温泉利用原来的一条小溪进行开发,温泉水沿溪而下,与周围的椰树、田野融合为一体。台湾《中国时报》曾两次报道过七仙岭温泉,两次都这样写道:台湾人认为,最上品的温泉是七仙岭野溪温泉,人们在城市中被围困得太久,需要不时回到原汁原味的大自然中去释放自己。

杨乃济教授说,七仙岭的价值,就是它神奇而独特的"温泉+热带雨林"组合,和充满野趣和野味的自然风貌,这正是七仙岭的 USP(独特的销售卖点),是人们之所以愿意长途跋涉到这里休闲度假的理由。他认为七仙岭达到了规划的理想状态:天人合一,大文大野,大土大洋,大俗大雅。他说:"如果不野,就不能天人合一。七仙岭之所以不同,就是使人可以在一个完全自然的、充满野趣的优美环境里尽情享受泡温泉的乐趣,让心灵彻底放松,回到生命中最初的地方。"

思考:七仙岭在营销方面采用的是哪些营销组合理论?

(资料来源:http://mp.weixin.qq.com/s/9IBoICpCVM-3OoUa04Te9g。)

根据营销组合理论 4P,从产品、价格、渠道及促销方面分别对温泉度假地营销进行分析。

一、产品策略

(一)产品组合理论

产品组合是指一个企业在一定时期内生产经营各种不同产品的全部产品、产品项目的组合。产品组合包括四个因素,即产品宽度、产品长度、产品组合的深度和产品关联度。这四个因素的不同,构成了不同的产品组合。

产品宽度指企业的产品线总数。产品线也称产品大类、产品系列,是指一组密切相关的产品项目。这里的密切相关可以是使用相同的生产技术,产品有类似的功能,同类的顾客群,或同属于一个价格幅度。对于温泉度假地企业而言,可以经营温泉泡浴产品,也可以经营温泉度假酒店、温泉旅游景点等,甚至实行多角化经营。增加产品组合的宽度,可以充分发挥企业的特长,使企业的资源得到充分利用,提高经营效益。此外,多角化经营还可以降低风险。

产品长度指一个企业的产品项目总数。产品项目指列入企业产品线中具有不同规格、型号、式样或价格的最基本产品单位。通常,每一产品线中包括多个产品项目,企业各产品线的产品项目总数就是企业产品组合长度。

产品组合的深度是指产品线中每一产品有多少品种。

产品关联度指一个企业的各产品线在最终用途、生产条件、分销渠道等方面的相关联程度。较高关联度的产品能带来企业的规模效益和企业的范围效益,提高企业在某一地区、行业的声誉。

加强温泉产品组合力度,是温泉产品开发中最重要的策略,温泉度假地企业可以通过调整产品组合的四个要件来增加销售增加产品线,加深产品组合的深度以及产品组合的一致性,在特定的领域中博得良好的声誉,或者减少产品组合的一致性以进入各种不同的领域。

（二）产品策略

1. 扩大产品组合策略

扩大产品组合策略是指开拓产品的广度和加强产品组合的深度。开拓产品组合广度是指增添一条或几条产品线,扩展产品经营范围;加强产品组合深度是指在原有的产品线内增加新的产品项目。具体方式有以下几种。

（1）在维持原产品品质和价格的前提下,增加同一产品的规格、型号和款式。

（2）增加不同品质和不同价格的同一种产品。

（3）增加与原产品相类似的产品。

（4）增加与原产品毫不相关的产品。

具体到温泉度假地而言,采取扩大产品组合策略可以从以下角度切入。

（1）丰富温泉泡池种类,满足消费者多元化需求。按照温泉功能的分类,温泉泡池有美容养生区、中医疗养养生区、健身娱乐区三大类,温泉度假地可在每个大类的温泉区开发多种规格的温泉泡池,以满足不同性别、不同年龄层次、不同温泉旅游动机的消费者的需求。

（2）将温泉产品与周边资源进行有效融合,如温泉产品与当地特色建筑、当地特殊民俗及饮食,相互融合,有效提高其独特性,进而提高产品识别率,从而杜绝雷同于其他相似产品。简而言之,就是建立温泉度假村,突显地方文化特色,集旅游、休闲、健康、养生、会务、餐饮、娱乐为一体的新型旅游度假地。温泉度假村的综合性产品组合将单一的温泉产品进行了全方位的扩张,此举可以将游客逗留天数予以延长,从而提高产品的使用价值,同时也摒弃"冬日方适合泡温泉"的常规思想,以获得更大的效益。

（3）建立相关配套设施。景区内可建立如儿童乐园、水上乐园等,在条件允许的情况下,不定期举办一些水上竞赛、温泉知识问答等小型活动,以景区优惠券作为奖品,一方面可加强景区的趣味性,另一方面也为下一批消费群体埋下伏笔。此外,可在景区建立疗养院,从而确定一批固定消费者,以满足景区长期发展的需要,这也是很多温泉景区已经实施并且长期推广的营销手段。

2. 缩减产品策略

缩减产品组合策略是削减产品线或产品项目,特别是要取消那些获利小的产品,以便集中力量经营获利大的产品线和产品项目。缩减产品组合的方式有以下几种。

（1）减少产品线数量,实现专业化生产经营。

（2）保留原产品线削减产品项目,停止生产某类产品,外购同类产品继续销售。

近年来,在实施温泉产品开发的过程中,盲目利用和过度开发会导致地下水位下降以及水质、水位的变化,对自然生态将造成不可挽回的破坏。因此,在开发过程中,温泉度假地应注意缩减效益较差的温泉经营者数量或温泉旅游项目,从而达到保护资源,实现可持续发展的目的。

二、价格策略

旅游产品的价格是产品价值的货币表现,而温泉度假产品作为一种较为高级的旅游产品,它的定价是项极为复杂的工作,既不能自我感觉良好地采用巧取豪夺的策略,如低质量高价格定位,也不能高质量低价格收费,那必然血本无归。因此,温泉度假地产品价格需要考虑相关因素。

（一）温泉度假地产品定价的影响因素

温泉度假地产品定价的影响因素主要有以下几个方面。

1. 旅游产品成本

旅游产品成本是构成旅游产品价值和价格的主要组成部分,旅游产品的成本是旅游企业核算盈亏的临界点,它是影响旅游产品价格最直接、最基本的因素。

2. 旅游产品供求关系

旅游产品供求关系是指在市场经济中决定旅游产品的买方和卖方这两种基本力量变化方向的基本关系。当旅游产品的供求关系发生变化时,旅游产品的价格也要发生变化。

3. 旅游产品市场竞争状况

旅游产品市场竞争越激烈,对旅游产品的价格影响就越大。在完全竞争中,旅游企业是被动地接受市场竞争中形成的价格,而没有定价的主动权,只能依靠提高管理水平与服务质量去扩大市场占有率,在垄断市场上,某种旅游产品只是独家经营,那么其价格往往也是具有垄断性的。

4. 旅游产品的需求弹性

旅游产品的需求弹性不仅受到产品供求关系的制约,而且受到产品需求弹性的影响。对于温泉度假产品来说,它的旅游产品的需求弹性受价格影响相对较低,这主要由旅游者对其的养生休闲等诸多诉求导致的。

5. 旅游企业营销目标

旅游企业营销目标的实现与旅游产品的价格紧密相关。旅游营销目标主要有利润导向目标、销售导向目标、竞争导向目标、社会责任导向目标四种类型。其实,在现实操作中,旅游企业在市场营销中总是根据不断变化的市场需求和自身实力状况,调整自己的营销目标和产品的价格。

6. 社会心理因素

社会心理因素是人们对客观存在的社会现实的主观感受和心理反应。在市场经济条件下,消费者的社会心理因素对市场价格的调整、涨跌等起着明显的影响和牵制作用。

7. 汇率变动

汇率指国际货币比价的变动状况,入境旅游是境外旅游者流入旅游目的地消费旅游产品的"出口贸易",因而汇率变动对旅游产品价格的变动有着显著的影响。汇率变动的影响主要通过旅游产品的报价形式反映出来。

8. 通货膨胀

旅游目的地的通货膨胀会带来旅游企业旅游产品的生产与经营成本费用的上涨,而且由于市场上单位货币的购买力下降,旅游企业必须提高旅游产品的价格,并使价格的提升幅度大于通货膨胀率,才能保证减少亏损。由于通货膨胀导致某地区旅游产品的价格的大幅度上升,客观上会损害消费者的利益,以及破坏旅游地的形象。

9. 政府宏观管理

政府对旅游市场产品价格的宏观管理主要通过行政、法律手段来进行调节。为维护市场秩序、规范市场行为,政府往往会通过对旅游产品的价格干预来反对不正当竞争,既维护消费者的利益,也要维护旅游企业的正常利益和效益。例如,政府对娱乐业乱收费的整治,以及对旅游开发的税收政策,都属于政府宏观管理的范畴。

(二)温泉度假地价格策略

温泉度假地根据复杂的市场情况,需采用灵活多变的方式确定产品的价格。

1. 新产品价格策略

(1) 撇脂定价法。新产品上市之初,将价格定得较高,在短期内获取厚利,尽快收回投资。就像从牛奶中撇取所含的奶油一样,取其精华,称之为撇脂定价法。

(2) 渗透定价法。在新产品投放市场时,价格定的尽可能低一些,其目的是获得最高销售量和最大市场占有率。

2. 心理定价策略

(1) 吉利数字定价。许多温泉门票价格,选择为198元/人或168元/人,而不定为200元/人或者170元/人,是适应消费者偏好吉利数字的心理。

(2) 声望性定价。此种定价法有两个目的:一是提高产品的形象,以价格说明其名贵名优;二是满足购买者的地位欲望,适应购买者的消费心理。

(3) 习惯性定价。温泉产品,由于在同一区域同类产品多,在市场上形成了一种习惯价格,个别温泉经营者难于改变。降价易引起消费者对品质的怀疑,涨价则可能受到消费者的抵制。

3. 折扣定价策略

温泉度假地企业通常都酌情调整其基本价格,以鼓励顾客大量购买或增加淡季购买。主要有现金折扣、数量折扣、淡季折扣等具体策略。常常可以见到温泉度假地企业在温泉淡季时采取折扣以刺激消费者需求。

4. 差别定价策略

温泉度假地企业往往根据不同顾客、不同时间和场所来调整产品价格,实行差别定价,即对同一产品或劳务定出两种或多种价格。

三、渠道策略

(一)温泉度假地营销渠道的概念

营销渠道是指某种货物或劳务从生产者向消费者移动时,取得这种货物或劳务所有权或帮助转移其所有权的所有企业或个人。简单地说,营销渠道就是商品和服务从生产者向消费者转移的过程。

温泉度假地销售渠道是指温泉产品从温泉度假地生产企业向旅游消费者转移过程中所经过的一切取得使用权或协助使用权转移的中介组织或个人。简单地说就是温泉度假地把旅游产品销售给最终消费者的途径。温泉度假地旅游销售渠道可分为长度和宽度,长度是指旅游产品从生产者向最终消费者转移过程中所经中间环节的多少,宽度通常指一个旅游企业其销售渠道及产品销售网点的数目和分布格局。

(二)温泉度假地旅游营销渠道的策略

1. 销售渠道长度策略

一般情况下,销售渠道越短,生产者承担的销售任务越多,但信息传递快,销售及时,对渠道控制较有力;销售渠道越长,则信息传递缓慢,流通时间较长,生产企业对渠道的控制力就弱。

温泉度假地在选择营销渠道长度时,应注意本地市场,应更多地采取直接销售渠道策略,有利于快速与本土游客者沟通,实现游客购买,如温泉度假地可以通过增设营业点、自建官网、企业微信公众号、企业微博等方式扩大直接销售渠道方式,增加与游客接触面,最终实现游客购买。面对本土市场以外的二级市场、三级市场,可以选择层次较多的长渠道,毕竟二级、三级市场与温泉度假地有一定的空间距离,温泉度假地可以采取间接销售,借助中间商实力经销较强,有丰富的销售经验,来达到营销目标。如温泉度假地可与实体旅行社、在线旅行代理商、其他旅游中介合作进行合作。

2. 销售渠道宽度策略

营销渠道宽度策略主要有三种:①广泛销售策略,即选择大量的中间商,充分与旅游产品销售市场接触,一般在主要目标市场和旅游消费者集中的地方采用这种策略;②选择性销售策略,选择那些有支付能力、有销售经验和服务上乘的中间商在特定区域与层次销售产品的策略,一般用于高价旅游产品,或消费者人口数量少但地理分布相对集中的市场;③专营性销售策略,在一定的市场区域内仅选一家经验丰富、信誉卓著的中间商来销售产品的策略,一般用于开拓新市场或特殊高价旅游产品。

同步案例

某一天,湖南武陵源黄龙洞的游客群中传来一阵笑声,只见三位日本游客紧紧地拥抱在一起。经一位懂日语的人与他们交谈才得知,三位先生曾经是日本东京大学篮球队的主力队员,自大学毕业后已有多年没有见面了,然而,出于对中国世界自然遗产的热爱和向往,使他们不约而同地来此旅游,意外惊喜地欢聚于黄龙洞。那么,他们是怎样购得旅游景区景点产品,梦想成真呢?佐藤正男先生是因为工作业绩突出而受到公司奖励,与同仁们一起来中国观光的;田中光太郎及其妻子是参加由日本观光旅游社组织的全包价团队来旅游的;而田中信一先生则是背包旅游爱好者,通过互联网预订到机票和旅馆,孤身一人来华旅游的。

这说明张家界各旅游景点在日本市场的销售渠道是非常广泛的,已为广大日本消费者所知晓,说明它的渠道策略是成功的。

四、促销策略

（一）温泉度假地促销的概念

促销是指企业如何通过人员推销、广告、公共关系和营销推广等各种促销手段，向消费者传递产品信息，引起他们的注意和兴趣，激发他们的购买欲望和购买行为，以达到扩大销售的目的。

温泉度假地促销是指度假地有目的、有计划地将人员推销、广告、公共关系、营业推广等促销手段，进行灵活选择、有机组合和综合运用，形成整体的促销攻势，以达到扩大销售的目的。

（二）温泉度假地常见的促销策略

1. 价格促销

温泉度假地根据自身情况，可以通过对某些客房的价格进行特别定价销售或者对温泉泡浴进行价格促销来刺激散客消费量。如不少温泉度假地推出家庭温泉套票、节日促销温泉票等方式。

2. 联合促销

通过与旅行社、周边旅游景区的联合合作，对某些产品进行绑定销售，或者在特殊节假日做综合促销，以实现合作双方共赢。

3. 网络促销

近几年互联网、移动互联网的盛行，团购成为很多网名购买产品的一种新兴的重要手段，温泉度假地也可迎合消费者的需求，与"美团"、"大众点评"、"聚划算"、"京东团购""携程团购"、"折800"等团购网展开促销，扩大市场占有率。

4. 广告推广

广告推广是传统的促销手段，也是引起消费者注意的重要方式。温泉度假地通过报纸、杂志、广播、电视、网络等大众传播媒体或户外广告牌 LED 大屏显示等形式向温泉旅游者传递信息。采用广告宣传可以使广大旅游者和客户对温泉度假地的产品、商标、服务、构想有所认识，以提升温泉度假地的知名度，并产生认知形象，其特点是可以在推销人员到达前或到达不了的地方进行宣传产品，传递信息。

同步案例　从化碧水湾温泉度假村温泉网络营销

从化碧水湾温泉度假村位于广州从化流溪河畔，地处"从化80公里绿色旅游走廊"的中心，四周层峦叠嶂，树木葱郁，碧水环绕，180万亩森林环其左右，80公里绿色走廊横亘南北背依飞鹅山，幽枕流溪河。总占地240亩，建筑面积4万多平方米，是一家由民航中南空管局投资、按五星级标准建造的集餐饮、住宿、娱乐及大型露天温泉为一体的温泉主题度假村。

根据从化碧水湾温泉度假村的具体情况,相应地制定了以下五个方面的网络促销策略。

1. 网络广告

利用电子邮件广告、电子杂志广告、公告栏广告等,宣传从化碧水湾温泉度假地的相关信息,让不了解的从化碧水湾温泉的新消费者从更多渠道认识从化碧水湾温泉,让有兴趣来此旅游的消费者能够及时得到相关消息,吸引他们的到来;让从化温泉的老消费者再次体验温泉,回头再来。

2. 销售促进

在从化碧水湾温泉度假村的主页上,对在网上预约的顾客采用一些销售促进方法如价格折扣、旅游抽奖、团体折扣等方式,宣传和推广产品。

3. 网络营销站点推广

通过网络广告扩大从化碧水湾温泉度假村网站的知名度,吸引网上流量访问网站。起到宣传和推广从化碧水湾温泉度假村的效果。

4. 关系营销

通过借助互联网的交互功能吸引用户。通过广东温泉协会,广东各大旅行社、各大报纸的新闻主页等的宣传,使得从化碧水湾温泉度假村更容易为人所知。

5. 人员介绍

通过老顾客带新顾客的方法进行营销推广,给介绍新顾客到从化温泉的老顾客以一定的价格优惠,一来可以稳定原有客源,二来可以增加新顾客。为使从化温泉所提供的产品和服务更具有目标性和针对性,制定了网上的售前、售中以及售后的一条龙跟踪式服务。

适当时候利用网络促销,可以更好地促使转化销售,更好地为销售服务。从化碧水湾温泉度假村利用网络在2017年12月15围绕元旦展开了一次促销活动,在2017年12月15日至22日期间,预订2018年元旦期间的酒店客房、温泉门票均可享受超值优惠。

第三节 温泉季节性营销管理

案例引导 卡罗维发利温泉小镇

卡罗维发利,是捷克最具代表性的温泉小镇,这里每年前来的游客源源不断,不分四季。而这些游客中,不少是过来感受这里独特温泉体验的:用捷克专产的马克杯去尝试不同口感的温泉水;吃路边摊的温泉饼、买温泉酒;还有各式温泉SPA

按摩、购买温泉水提炼化妆品等。另一类游客则是医疗客群,他们奔着捷克温泉水的疗养功效而来,在这里接受专业的治疗。如今每年都有来自 70 多个国家,约 7 万人数的客人,来此进行温泉疗养,更有数不清的一日游观光客。

温泉旅游季节性差异的问题,在卡罗维发利从没听说过。那么,卡罗维发利温泉小镇是怎么办到的呢?卡罗维发利的温泉,除了"泡"之外,还开发了许多温泉衍生品,形成产业链,如可以吃、可以喝、可以带走的温泉饼、温泉酒和温泉化妆品等,让游客能够停下来,并在停留期间形成有效消费。还有卡罗维发利温泉小镇的宜游化,整个小镇存在十余座温泉回廊,每处回廊都有其特色之处,如捷克宫堡楼下的传统市集中的市场回廊,花香四溢的军事疗养院旁的果园回廊。而小镇内还提供了 20 多条徒步路线,这都是游客们驻足的原因。并且小镇还挖掘了当地温泉的医疗功能,拓宽了游客的覆盖范围,凭借其专业的医疗服务吸引了大量医疗客群来此暂居和常住。再通过专业的教育、培训培养专业的服务人员,从源头上保证服务水平,用高水准的服务质量为小镇创造更多回头客。

问题:卡罗维发利温泉的成功之处有哪些?对我国温泉业发展有哪些借鉴意义?

一、温泉季节性发展

(一)春季

人们的传统观念认为,泡温泉就是冬天的事情。春天泡温泉只能作为附加产品,不能作为核心吸引物,游客量并不旺盛。因此,温泉度假地需要通过其他旅游吸引物作为核心吸引物,附加温泉体验吸引更多游客。对于北方来说,度过了漫长的冬季,春暖花开,万物复苏,是该出门的时候了。踏青、赏花成了老少皆宜的旅游产品。对于大部分老年人来说,在家待了一个冬天,出门健身、疏松筋骨成为他们的必然选择。年轻力壮的年轻人终于可以摆脱室内健身场馆,参与一系列极具挑战类项目。

这一季节,需要针对不同人群的特定需求,设计开发不同产品。踏青、赏花成为这一特定季节的特定吸引物。观光、郊野度假成为人们的一大爱好,而此时如何解决皮肤干燥问题成为温泉营销的一大突破口。

(二)夏季

夏季作为温泉的极淡季,游客青睐度较低。天气炎热,人们大多选择避暑地实现度假需求。此季节温泉已无法作为核心吸引物存在,需要找到符合季节特点的核心吸引物,而将温泉作为附加产品。

夏季的特点是天气炎热,因此,消暑纳凉成为人们度假的第一需求,必须转变温泉运营方式,开发消暑纳凉产品作为核心吸引物,附加少部分温泉产品。

这一季节,温泉水乐园游乐、夜间活动、演艺活动等成为支撑温泉度假区的核心吸引力。除了开发满足大部分人需求的消暑纳凉产品外,针对不同年龄特点的人群需要开发精细化服务产品。

（三）秋季

秋季落叶较多，对温泉水质有一定影响。但同时，又营造了非常独特的景观环境。该季节天气变化较为频繁，室外项目受季节影响较大。泡温泉作为该季节的核心产品，形成了核心吸引力，但仍然需要附加吸引核增加景区吸引力，实现经营性效益最大化。

该季节需要及时清扫落叶，注意保持水质清洁；需要根据天气变化调整温泉设备使用情况，根据游客数量，实行部分泡池开放；实现精细化管理；需要增加观红叶、摄影等特色项目作为温泉附加吸引核。

（四）冬季

冬季是温泉最受大家欢迎的季节，温泉作为核心产品，能够吸引大量游客。与此同时，游人爆满会造成客房、公用设施压力、设施设备超负荷运营、安全隐患增加等问题。室外旅游产品需求减少，室内产品需求增多。

需对游客量进行统计、预测，制定相应的接待措施。例如，根据游客量对水处理周期进行调整，对服务人员数量进行调整，对设施设备使用情况进行检修、升级等。

（1）制定突发事件应急预案，设计危机管理对策。
（2）根据温泉所处地域环境特点，争取景区、景点支撑。
（3）注意室内保温保暖的同时进行节能降耗。
（4）开发相应的室内娱乐项目，丰富室内项目种类。
（5）增加美食种类，针对不同人群设计特色餐饮。

二、温泉淡季营销

从事过温泉管理的人都知道，温泉旅游的季节性非常强。不同的地区温泉经营的淡旺季也不一样，一般南方的温泉淡季为盛夏时节，中原与北方的温泉淡季有盛夏和隆冬。

淡季，是温泉企业必须面对的问题。面对淡季如期而至，温泉度假地可从以下角度来增加产品销售，平稳度过温泉淡季。

（一）观念创新，开发淡季温泉产品

温泉旅游进入淡季，旺季产品将不再占有优势，这时候需要经营者创新观念，开发淡季温泉产品。①从硬件设备上，夏季产品多类似于"水上乐园"，重点不再是温泉的功效，而是追求清凉与休闲。开发"冷泉"，既清凉又养生；改造夏季游泳池及水上游乐园，使度假区不再仅仅是冬天的天堂。②开发标志性产品，即创新。如今旅游业迅猛发展，如何脱颖而出，这就需要特色产品。温泉旅游已进入成熟阶段，我们不仅仅是温泉泡浴，更是一种引人入胜的概念。如新加坡金沙酒店的屋顶游泳池，横架三幢大厦，给人如临悬崖绝壁，天上瑶池的震撼体验，让人终生难忘。如此大获成功，就是依靠高明独特的创新。③联系周边景区，进行产品组合，注重连锁效应，合作共赢，互补互助，比如四川绵竹麓堂温泉与三溪寺、玫瑰谷、九龙跑马岭三个旅游景区合作，开展广告宣传：西部小苏州，九龙仙山跑马岭；川渝后花园，人间瑶池麓堂泉。

（二）加强促销，扩大市场影响

淡季增加客流量的根本策略就是更强的促销，更广的宣传，更低的价格。①调查市场需要，温泉旅游为中高档消费，如果一味往高档、高消费发展，会失去相当一部分中低档消费客源，因此，在淡季时，温泉度假地可适当调低消费水准，打接地气的牌，在价格等方面给予一定优惠。②通过更高强度的电视、广播、报纸、网络宣传及促销等手段，刺激消费者需求，实现消费者购买。③价格方面，不能一味地降低价格。淡季的绝对量是有限的，因此降低价格要有度。推出类似"亲子游"、团购等套餐，降低价格的同时带来客流量。

（三）夯实基础，提高服务水平

虽然淡季客流量有所降低，但度假区整个团队决不能松懈。①服务态度方面，保持一如既往的优秀，给客人宾至如归的感觉，此外，可以给予免费冷饮或水果的贴心服务。让客人惊喜感动，也让服务变得优雅得体。一方面抓住散客的心，另一方面，回头客会更加满意，并介绍新客源。②加强服务技能培训，淡季正是开展员工培训的绝佳时机，温泉度假地可以根据淡季经营情况，合理安排员工工作，对员工的服务技能、服务礼仪等方面进行培训，以促进服务水平的提升，为后续到来的旺季做好铺垫。

本章小结

温泉度假地产品是温泉度假地出售的能满足消费者需要的有形物品和无形服务的总和，是度假地赖以生存与发展的基础。所以针对现有资源并结合人力及其他资源对温泉度假地旅游产品进行开发与设计是度假地管理中非常重要的一个环节。度假地产品的质量影响着旅游度假地对游客的吸引力大小及游客的满意度；旅游产品的价格是产品价值的货币表现，温泉度假地产品价格取决于产品本身的质量和价值，必须在充分了解温泉度假地产品的基础上综合各方因素对度假地产品进行准确、合理定价。温泉度假地产品的定价是否科学、准确、合理，直接影响着温泉度假地在旅游市场所占的份额，决定着旅游度假地产生的经济效益；产品应顾客需求而生产，产品也终将被有需求的顾客消费。温泉度假地销售渠道其实就是温泉度假地旅游产品和服务从度假地转向消费者的过程。温泉度假地旅游销售渠道是旅游企业进入旅游市场的必经之路，也便捷了度假地产品向消费者转移。当今，旅游电子商务发展已成为旅游业发展新常态，"互联网＋旅游"模式已在旅游营销中显露优势，大数据电子商务网正逐渐将旅游业各部分有效串联，这对旅游产品的营销产生了强大的助力。了解掌握温泉度假地产品的设计理念、内容，熟悉产品定价，充分结合旅游业发展新趋势，思考温泉度假地产品及销售如何进行创新是本章需学习的内容。

第七章
温泉度假地营销管理

关键概念

温泉度假地产品　温泉旅游产品定价　需求导向定价法　温泉度假地销售渠道

复习思考

□复习题
1. 简述温泉度假地目标市场营销策略的内容。
2. 简述温泉度假地产品定价的影响因素。
3. 说明温泉度假地产品策略的内容。
4. 简述温泉度假地销售渠道策略的内容。

□思考题
互联网强势发展下传统温泉度假地产品该如何实现转型升级？

案例分析

日本温泉与法国葡萄酒的跨界营销

　　跨界，正成为当今世界传媒的热词反复被提及，在旅游业不同的细分领域（食、住、行、游、购、娱）被不断实践，同时也成为诊疗温泉景区营销"病"的突破口和一剂良方。跨界营销的理念其实就是着眼于这是一种新竞争形势下创造旅游品牌奇迹的共赢之道。备受世界葡萄酒迷们关注的法国"博若莱"鲜葡萄酒在日本上市。这是"博若莱"鲜葡萄酒按惯例每年的首次上市选择在日本。位于东京郊外的箱根的小涌园温泉浴场推出了"博若莱"温泉，客人们泡在"博若莱"鲜葡萄酒温泉中举杯庆祝。法新社称，11月的第三个星期四（20日）是一年一度的法国"博若莱"鲜葡萄酒开瓶日。由于时差原因，日本饮者得以先尝为快。日本各大超市，甚至是24小时便利店都在20日开始销售这一鲜葡萄酒。而东京的各大餐厅也从夜里开始供应"博若莱"。

　　上面的案例中，法国红酒与日本温泉跨界营销的案例应该给温泉业者很大的启发——不仅跨了行业的界，还跨了国界。

　　如今的大都市有很多韩国料理、日式料理等异国风情的饭店，温泉可以联合这些饭店进行跨界营销，借此拉拢都市最潮的食客，那些特色餐饮也可以借此宣传自己的风味。双方也都有了宣传的题材和新闻。

温泉景区要打破常规,跳出红海,就是要大胆尝试"跨界营销",把汽车、家电、保险、动漫、摇滚、电影、信用卡、培训、拓展、会议等"兄弟姐妹"团结起来,组成一个"营销大家族"。

首先,跨界思维要求旅游业者不要以今天的情况去推断未来;不要认为行业惯例是既定和不可改变的;不要相信第一是大企业大品牌的专利;不要用战术去解决品牌竞争的战略问题;不要忽视审美进步对当今社会的巨大影响力。

其次,跨界也有方法可循。其基本法则在于寻找人类共同的情感价值(普适价值)并嫁接到旅游品牌上,例如,从尊重、宽容、爱、忠诚、美、时尚、贡献、欢乐、感动、乐趣等情感价值中去发掘企业或品牌跨界的机会。

总之,跨界将会给温泉景区的创新营销带来一抹亮色,更是诊治温泉营销病症的良方和妙药。

思考:日本温泉与法国葡萄酒跨界对我国温泉度假地营销有哪些启示?

相关链接

进一步阅读推荐:

1. 刘沛林.区域旅游规划原理与实践[M].北京:华龄出版社,2006.
2. 韩勇,丛庆.旅游市场营销学[M].北京:北京大学出版社,2006.
3. 邹益,杨丹.旅游市场营销学[M].福州:福建人民出版社,2001.
4. 刘德光.旅游市场营销学[M].北京:旅游教育出版社,2002.
5. 崔学良.港中旅(珠海)海洋温泉有限公司市场营销研究[D].长春:吉林大学,2005.
6. 韩晓玲.广东温泉目的地旅游市场营销策略研究[D].广州:暨南大学,2014.
7. 赵英华,陈素娟.将市场营销理念贯穿到整个企业当中——珠海御温泉旅游度假村成功的几个启示[J].商场现代化,2009(2).
8. 林爱平,袁书琪.福州温泉旅游业发展对策研究[J].福建论坛(人文社会科学版),2017(7).
9. 云艳红,彭莹.重庆温泉旅游营销策略浅析[J].市场论坛,2012(11).

第八章

温泉度假地安全管理

学习目标

掌握温泉度假地安全管理的概念、温泉度假地安全管理的意义;了解我国温泉旅游安全事件表现形态、安全事件的发生特点及规律、温泉水卫生管理与洗浴安全;掌握温泉度假地安全管理策略、温泉安全事故紧急救援方案。

第一节 温泉度假地安全管理概述

案例引导 温泉度假地纠纷案例

目前,许多温泉度假景区都推出了"鱼疗"这一活动以吸引游客。鱼儿可爱的外形和亲昵的动作、咬去死皮时的惬意的确让人怦然心动,但同样不容否认,这种小鱼咬人致伤、鱼嘴细菌造成交叉感染事件也时有发生。

案例一:2012年1月3日,罗女士到外地出差时住进某酒店,酒店里有一鱼疗馆,她好奇地走进去。工作人员告诉她,温泉鱼疗就是用土耳其星子鱼雄本和本地热带鱼母体,经过人工繁殖出来的"亲亲鱼"放养在温泉池中,当人进入池中时,它们便围拢过来,在各个部位给人体按摩、去痒,让人体毛孔畅通,排出体内垃圾和毒素,更好地吸收温泉中的矿物质,加速人体新陈代谢,达到美容养颜、延年益寿的奇特功效。尤其是对常见的皮肤病、疤痕、脚气有着独特的疗效,且无任何副作用。

听完介绍,罗女士决定试试。她下水后约半个小时,便感觉胸前和背部开始发麻,不时还有些疼痛。由于第一次做鱼疗,加之工作人员未事先说明,她以为属正常现象而没有在意。直到走出浴池,才发现自己胸前和背部被咬出一些小坑,鲜血

直流,仔细一数,竟有 33 个。

案例二:吕女士多次做过鱼疗,知道"亲亲鱼"因专门啄食人体老化皮质、细菌和毛孔排泄物而被称作"医生鱼",当鱼吸咬皮肤时,也有一种极其惬意的感觉。正因为如此,她对鱼疗情有独钟。

2012 年 1 月 10 日下午,她又来到常去的景区温泉酒店做温泉鱼疗。不料,鱼疗几天后,吕虹发现自己脚趾底部长出了几个硬疹。不到一个月,又冒出了十来个,疼得她几乎无法行走。后经诊治被确定为跖疣,是一种由乳头瘤病毒引起的传染性疾病。经打听,吕虹得知此前在该酒店做鱼疗的人中,也有 6 人患过该病,说明吕女士是因鱼疗而被传染。但面对吕女士的索赔请求,酒店却断然拒绝赔偿。

思考:案例中分别出现了什么样的安全事故?案例中温泉度假区有哪些不正当的行为?如果你是这家温泉度假区的负责人,你会如何处理?

安全管理是任何一家企业管理中的重要组成部分,也是整个企业的安危所在。温泉度假地安全管理的概念和意义是本节的主要内容,也是整个温泉度假地管理的重要组成部分。

一、温泉度假地安全管理的概念

安全管理是管理科学的一个重要分支,它是为实现安全目标而进行的有关决策、计划、组织和控制等方面的活动,主要运用现代安全管理原理、方法和手段,分析和研究各种不安全因素,从技术上、组织上和管理上采取有力的措施,解决和消除各种不安全因素,防止事故的发生。

温泉度假地安全管理主要是指在温泉度假地服务运作、经营管理中对服务对象(顾客)、服务主体(企业与员工)以及社区与环境进行积极的保护与防范,并使之不发生危险与事故的制度与措施。

温泉度假地安全管理包括这样几层含义:一是对顾客人身、财产、声誉、消费过程等方面的积极防范与安全保护;二是温泉度假地员工的劳动过程、职业健康、工作环境、员工自身等方面的安全保护;三是对温泉度假地管理企业财产、经营秘诀、信息、声誉等方面的安全保护;四是对温泉度假地所在社区以及环境等方面的安全防护。

温泉度假地安全管理任何时候都要以预防为主,消除隐患,达到安全的管理目标。

二、温泉度假地安全管理的意义

(一)温泉度假地安全管理是保证温泉度假地经营效益的基石

随着社会的发展,客人对温泉度假地的要求特别是安全的要求越来越高。人身安全是每一个人应当享有的重要权利。如果由于温泉度假地的安全措施缺失、员工安全意识不足、责任意识不强、不关注细节问题,就很容易给温泉度假地带来安全隐患,造成损失,譬如偷盗、设备事故、人身伤亡、火灾事故、食品安全事故等。因此,温泉度假地的广大员工应树立"安全第一,预防为主"的观念,树立安全就是效益的意识,努力排除温泉度假地的不安全因素,为顾客创造一个安全舒适的环境,最大限度地提高度假地的效益和核心竞争力。

(二)温泉度假地安全管理是温泉度假地管理企业社会责任的体现

安全对于一个企业来说,是最基本和首要的责任。没有安全,就谈不上生存和发展;没有安全,就谈不上质量和效益;没有安全,就谈不上社会责任感。温泉度假地所有的工作都是建立在高度的责任心、强烈的责任感的基础上的。温泉度假地是为顾客提供休闲、娱乐、住宿、饮食和其他服务的综合性服务场所,它的安全与否,关系着人民群众的生命财产安全,关系着社会和谐。因此,温泉度假地安全管理不仅是温泉度假地管理的重要内容,更是义不容辞的社会责任。

(三)温泉度假地安全管理是提升温泉度假地品牌和对外形象的重要途径

安全管理工作在温泉度假地管理中一直就是重中之重,良好的安全环境不仅是维系温泉度假地正常运转的重要保障,也是提升温泉度假地品牌和对外形象的重要途径之一。如今,顾客的安全意识越来越强,在挑选温泉度假地时都会优先考虑安全问题,甚至还将此作为评价温泉度假地优劣的第一标准。由此看来,温泉度假地安全管理工作的意义非比寻常,出色的安全管理工作不仅能提升度假地的品牌,还是吸引客源的重要途径之一。

第二节 温泉度假地安全管理内容

案例引导

12日12时许,生活报记者来到位于松北区的北龙温泉景区,一进入接待大厅便看到,墙上隐藏式的"消火栓"门,被一处木质雕塑遮挡住,门框上的"安全出口"指示灯不亮。而在有着6个更衣区、2个沐浴区、1个按摩区的更衣室内,墙边未设置任何"安全出口"指示灯,一旦发生火情导致断电,人员根本无法判断逃生的方向和出口,也未看到应放置在显眼位置的灭火器或灭火器箱。

在北龙温泉室内温泉区里,泳池周边的墙上或地上未设置任何"安全出口"指示灯,虽然在通往客房区域的两处台阶上分别贴有"安全出口"字样,其指向的两处大门却被紧紧封死。记者询问在场的工作人员得知,此前这两个大门都是开放的,不过后来就被封死了。

思考:以上案例中有哪些温泉安全隐患呢?

企业的管理者应该更多地关注企业安全隐患,切实解决安全问题,为客户提供更加值得信赖的服务。在温泉度假地中,近几年来安全事故发生的频率逐年增加,本节内容主要研究温泉旅游安全事件表现形态,安全事件发生的特点及规律和温泉洗浴的管理标准、清洁流程,为日后温泉旅游发展消除更多的安全隐患。

一、温泉旅游安全事件表现形态

从表8-1温泉旅游安全事件报道可以看出,温泉旅游安全事件形态以旅游突发事件为主。从发生的次数和频率看,温泉旅游安全事件主要集中在由游客自身原因为主引起的安全事故:溺亡、昏厥、滑倒等,呈现出温泉旅游产品本身的特性。此外,在旅游行业其他类型产品安全事件中常见的火灾、盗窃、抢劫等也有发生。2003—2012年我国温泉旅游安全事件中,公共设施设备事故4起,溺亡4起,猝死9起,昏倒3起,烫伤2起,滑倒4起,偷拍2起,鱼疗咬伤2起,强奸1起,盗窃2起(其中1起为搜狐新闻网报道的2011年4月8日"'温泉女贼'三秒开更衣柜,称更衣柜都是傻瓜锁"案例,报道称警方查实:从2010年11月至2011年5个月里,该盗窃犯罪嫌疑人已在重庆近20家温泉中撬衣柜60余个,涉案多个,这里只作1例统计),抢劫1起,火灾1起,触电1起,温泉水造假1起。从旅游安全预警体系的内容结构分,2003—2012年我国温泉旅游安全事件可按自然灾难、事故灾难、公共卫生事件、社会安全事件归类如表8-1所示。

表8-1 2003—2012年我国温泉旅游安全事件类型

事件分类	表现形态	时间数量(起)	伤亡情况
自然灾害	气象灾害、地质灾害、水旱灾害等	0	无伤亡
事故灾难	公共设施设备事故、烫伤、滑倒、触电等	17	8人死亡,16人受伤
公共卫生事件	猝死、昏倒、鱼疗咬伤等	14	9人死亡,8人受伤
社会安全事件	盗窃、抢劫、强奸、偷拍等	6	0人死亡,74人受伤

(一)自然灾害

自然灾害包括气象灾害、地震灾害、地质灾害、水旱灾害、海洋灾害等。

(二)事故灾难

事故灾难在温泉休闲旅游安全事件中所占比例最大,在2003—2012年的报道中占了17起其中,溺亡事件占了4起。公共设施设备事故包括公共设施设备事故、溺亡、烫伤、滑倒、火灾、触电等事件。事故灾难在温泉所有单项安全事故中的结果各异,轻则导致轻伤,重则引起重伤、死亡等。滑倒是温泉旅游中受游客投诉比较多的内容,往往跟温泉度假地设施的状况相关,一般较少引起严重后果,但如果处理不当,消费者的权益没有得到保障的情况下,容易引发纠纷和事件扩散,对温泉度假地带来的负面影响也是比较大的。火灾在温泉旅游安全事件类型中报道较少,仅有1起,但必须引起注意和加强防范,因为一旦发生火灾,带来的财产损失、人身伤亡等危害性就会特别大。

(三)公共卫生事件

公共卫生事件包括猝死、昏厥、鱼疗咬伤等。一般情况下,旅游安全公共卫生事件主要包括传染病疫情、群体性不明原因疾病、群体食物中毒、突发性疾病以及其他严重影响旅游者健康和生命安全的事件等。从2003—2012年温泉旅游安全事件的报道看,公共卫生事件发生的比例较高,主要集中在猝死、昏倒方面,主要原因为一大部分游客温泉泡浴知识缺乏、对自己身体状况不了解及酒后泡温泉等,造成温泉猝死报道9起、昏倒事件3起。猝死属于温泉旅游典型的公共卫生安全事件类型,在全球各地温泉旅游安全问题中也比较突出。而猝死以游客自身原因为主。

泡温泉是一项特殊的休闲体验旅游活动,并不是人人适宜的。不少报纸杂志、网站和学术文献都列举了泡温泉的禁忌事项,如患有心脏病、糖尿病、皮肤疾病、过度疲劳、醉酒等病症及血压太高或太低的客人不能泡温泉,泡温泉的时间一次不能过长、次数不能过于频繁,水温水位不能太高等。尽管在大多数规范的温泉度假村、温泉酒店都有作此方面的"游客须知",但因为管理人员做不到对每一个游客都进行身体检查和尽提醒、劝说义务,在一些游客对这方面知识不了解或刻意隐瞒、不在乎的情况下,危险往往就发生了。

(四) 社会安全事件

社会安全事件包括盗窃、抢劫、强奸、偷拍等。盗窃现象在温泉旅游安全管理中较为严重,温泉管理方在对盗窃的防范方面应随着犯罪分子作案手法的提高而不停改进,以确保游客的财产安全。温泉旅游场所和温泉旅游项目给人带来闲适的体验,也容易给不法分子带来可乘之机。因为泡温泉的过程中,男女游客的衣着一般都较为单薄和暴露,男女共浴且缺乏管理和无保护设施的温泉更容易成为滋生邪念和犯罪事实的场地。女性温泉游客往往成为受侵犯伤害的对象,轻则被偷窥、偷拍、性骚扰,重则被强奸、杀害等。因此,女性游客的安全在温泉旅游中更应当受到特别的保护。偷拍在我国和国外是一种比较常见的温泉旅游安全事件类型,受害者主要为女性和一些明星,对携带相机、手机等拍摄工具进入温泉旅游场所的应予以注意,谨防偷拍事件的发生。

二、温泉旅游安全事件发生特点及规律

在温泉旅游安全事件中,由旅游者自身原因导致的突发事件占安全事件总数的50%,如旅游者身体健康状况较差、出游者年龄偏大、安全意识薄弱、酒后泡浴等导致猝死、溺水死亡、昏倒、滑倒或其他不适等事件。由温泉旅游管理方管理、设备的缺失或与游客自身原因共同作用导致的突发事件也占50%,如盗窃、烫伤等。

旅游旺季安全事件发生频率较高,温泉游客安全事件主要发生在旅游旺季,淡季安全问题相对较少。秋冬季节温泉旅游安全事件占2003—2012年来事件报道总数的62.1%(23例),跟温泉旅游的淡旺季节分布规律较为吻合。值得注意的是,6月份虽然处于夏季,但10年来6月份所发生的温泉旅游事故次数仅次于2月份,居第二。究其原因,一是6月下旬往往为高考结束,很多家长或者孩子渴望得到放松休闲,倾向于选择泡温泉这种放松形式,所有发生在6月份的温泉旅游事故中,两例中的受害者均为学生;二是6月份天气已升温,根据国外的调查研究,高温中暑加上温泉浸泡导致猝死的可能性大大增加。

另外,年幼儿童和体弱老人安全事件发生次数较高,10岁以下的儿童和60岁以上老人发生事故的次数较高,均占温泉旅游安全事件总数的13.5%(各5例),加起来占总数的27%。由此可以看出,年幼儿童和体弱老人如果选择温泉旅游,应更加受到监护人、管理人员的看护和指导。如果身体条件不能达到泡温泉的身体要求,不能一意强行,以免发生意外,管理方应该针对其特点加强安全保护意识。

三、温泉水卫生管理与洗浴安全

(一) 温泉水质与管理标准

宗旨:"高标准、经常化"的卫生要求,提高温泉部门的卫生质量,为顾客提供标准、舒适的消费环境。

1. 员工自查制度

(1) 员工对责任区域内卫生执行完后,自行进行检查,不达标区域自行整改。

(2) 整改合格后在"卫生检查表"相关内容上做好记录,并签名确认。

(3) 不间断地对责任区域进行复查,出现卫生问题及时进行处理。

2. 领班复查制度

(1) 按照员工填写的"卫生检查表",对相关区域进行检查,对不达标的及时要求员工整改。

(2) 检查责任区域时卫生质量问题较多的,给予相关员工提醒,并限时整改,复查后仍不达标的,追究其相关责任。

(3) 对抽查结果在"卫生检查表"中做好相关记录,以便进行当日卫生整体评估。

3. 温泉部主管级抽查制度

(1) 不定时对不同岗位的卫生执行情况进行抽查。

(2) 抽查各班组卫生检查表记录情况。

(3) 对不达标的卫生区域进行记录,及时提醒领班和员工。

(4) 对检查中不达标的卫生区域进行抽查和复查,以便评估班组整体卫生质量。

4. 经理抽查制度

(1) 对班组卫生不定期进行抽查,以便了解部门卫生整体情况。

(2) 对班组的卫生操作方式方法进行科学的评估,以求提高卫生工作质量和效率。

(3) 检查中发现卫生质量较差班组及时通知主管,由主管帮助领班解决卫生质量问题。

(二) 温泉水池清洁操作规程

1. 宗旨

规范温泉部温泉水池清洁人员的工作流程及操作规程,使水池清洁操作流程化、标准化、规范化(见表8-2)。

表8-2 温泉企业温泉水池清洁操作规程

工作流程	操作规范	要求与标准	注 释
放	打开各水池排水阀放水	先关闭水池各进水阀,再逐个池进行放水	防止造成浪费以及加长放水时间
备	准备清洁用品及工具,如洗洁精、洁而亮、盐酸、刷子、扫把、照明灯、水推、垃圾铲、口罩、手套等	在池水放完时间内完成	同一时间内完成两项任务,提高办事效率

续表

工作流程	操作规范	要求与标准	注释
刷	1. 池水放完后,先用自来水冲洗一遍 2. 按照 1∶200 比例配制洗洁精溶液,用刷子刷洗 3. 刷洗后,用自来水冲净 4. 用 1∶200 的消立洁溶液对池面、池底、池壁消毒,并保留 10 分钟	向下水口方向冲洗。池壁光滑,无污迹,需戴眼镜、口罩与胶手套	1. 因池底有矿物质沉淀物 2. 保证卫生工作的高标准、经常化
推	用水推推净池底的积水	以下水口为中心,由外至内推	提高工作效率
冲	用自来水管冲洗下水管道	用插入下水口内自来水管进行冲洗	冲洗下水管道内的沉淀物,防止关闭排水阀后回流
关	关闭水池各排水阀	全部关闭	以防漏水造成浪费
查	1. 复查各水池卫生达标状况 2. 检查池底、池壁及池内设施的安全状况,填写"部门安全检查表"	1. 出现卫生问题立即整改,对抽查结果在"清池消毒监控表"中进行登记并签名确认 2. 消除安全隐患,按要求做好相关记录	1. 水质卫生是温泉经营的生命线之一 2. 避免安全事故的发生
开	打开水池各进入阀进行加水	先注冷水后注热水	防止烫伤客人
关	水注满后,关闭注水阀门	关闭阀门,调节水流量,控制水温	1. 确保营业中水不间断注入,自然不间断流失 2. 确保营业中水池水温正常
漂	用自来水管冲洗池水表面的漂浮物和泡沫	将漂浮物汇集一起	方便捞取
捞	水池清洁员换上泳衣后,手持网袋,将水面漂浮物、泡沫等集中捞起	无落叶、蚊虫、泡沫、矿物质结晶	水中的矿物质与空气接触会产生黄色泡沫及矿物质结晶
擦	用干净抹布蘸洗洁剂溶液或洁而亮擦洗池壁及温泉池台面	保证池壁及台面无黄迹	水中的矿物质与空气接触会产生黄色泡沫及矿物质结晶
加	1. 往池中加入消毒剂(氯消净),保证水质卫生 2. 往加料池水中加料	按池的大小比例面积加入消毒剂	1. 保证水质卫生 2. 保证加料水池的保健功效
收	收拾各种清洁用品及工具	放置规定位置	以备下次使用

2. 温泉洗浴注意事项

（1）严禁饮酒后立即入池泡温泉，应静养休息2小时以上；醉酒者则严禁泡温泉。

（2）温泉洗浴除自带泳装外，其他均由温泉酒店提供，且要爱护酒店公用设施。

（3）用温泉水做个暖身浴，由下往上，全身都要适应温泉的温度。然后，用温泉水浇淋头部。在冬天入浴的时候，这个从头到脚的暖身浴可以预防脑部贫血的产生。

（4）泡汤的时间视温度而定，如果身体一下子产生太大的反应，则可先起身休息。等到身体缓和下来后，再继续泡汤。

（5）浸泡时间视个人需要及泉温而定，一般而言，单次不宜超过20分钟，浸泡过久也会导致心脏负荷过重。

（6）年长者或心脏衰弱者，最好不要采用坐姿。而应以浴槽边线当枕头，手脚舒展开的方式入浴，以免有心慌或胸口闷的情形发生。

（7）尽量避免饭前或饭后立即浸泡温泉，饭后应该至少间隔60分钟较恰当。

（8）下浴池前，先在池外将身体洗净后再进入池内。（不要把温泉池当成澡堂，因为温泉是让人放松和享受的地方。）

（9）入浴时，先慢慢地泡到胸口处（半身浴），身体适应后，再泡到肩膀（全身浴）。以免产生脑充血。

（10）不要在池中吃东西、喝饮料、洗头、嚼口香糖和吸烟等。

（11）如果水温较高，最好泡一会休息一会。

（12）不要在温泉池内大声喧哗、打闹、游泳或奔跑，要保持安静。

（13）大量饮酒后不可马上入浴，以防摔倒或出现溺水等其他危险。

（14）不要将温泉浴室内的吹风机、化妆品、梳子等物品带出浴室。

（15）小孩入浴必须要有大人看管，以免发生意外或不测。

同步案例　　不适合洗温泉的七类人

- 癌症、恶性肿瘤患者。经手术摘除或治愈者除外。
- 各种急性疾病患者，尤其是发烧患者。
- 结核以及结核性疾病患者。
- 伤寒、赤痢、流感等传染病患者。
- 心脏病、恶性贫血、紫斑病、白血病、癫痫、脊椎骨疽、胸膜炎患者。身体极为衰弱者不适合入温泉。
- 怀孕初期与临产的孕妇不适合泡温泉。

第三节 温泉度假地安全管理措施

案例引导

2017年11月22日,一则几名男子将掉进滚烫温泉里的游客齐心协力救出的视频在网络上广泛传播,救人者的"义举"受到广大网友纷纷点赞。

原来,该视频中的事件发生于11月21日,在云南腾冲热海风景区,一名游客不慎掉入滚烫的水中,几名外地游客冒着生命危险冲进热水,将遇险游客救出。他们的义举在腾冲迅速传播,成为佳话。

据了解,这两名参加抢救的高安游客为刘永忠和况卫兵,刘永忠是高安市粮油购销公司职工,况卫兵是高安市工商局职工,11月21日,2人和几个同学在腾冲热海旅游。腾冲是中国著名的地热风景区,全区目前发现有64个地热活动区,温泉群达80余处,最高水温达96.3℃。而热力最猛的温泉群就是当时事发的腾冲热海。

当天下午4点50分左右,刘永忠和同伴们走到半路上,听到几个女同胞叫救命,原来是有个游客掉到滚烫的水里去了。刘永忠和况卫兵当即从陡坡爬下去抢救,事发的河里水很烫,石头也是烫的。

当时,一名上海游客正在抢救遇险的游客,刘永忠和况卫兵下去后,与上海游客一起,先把负伤的游客抱上岸,再找木头把他垫好,以防二次受伤。等到景区工作人员和医护人员到来后,刘永忠和况卫兵帮助工作人员把担架沿着陡坡抬上岸,直到确认游客已经安全,刘永忠和同伴们才离开。

思考:案例中的云南腾冲热海风景区所出现的安全事故,各级相关管理部门应该采取什么措施避免类似安全事故的发生呢?

避免安全事故的发生主要在预防与提醒,安全事故发生后将损失降到最低主要依靠紧急救援。本节主要内容为温泉度假地的安全管理策略和紧急救援预案。

一、温泉度假地安全管理策略

(一)构建温泉度假地安全文化

安全是企业的生命。企业在生产经营活动中,为避免造成人员伤害和财产损失事故,采取了各种预防和控制措施,构建安全文化就是企业长治久安的战略之举。

1. 构建温泉度假地安全文化的紧迫性

无危则安,无损则全。近几年我国的安全形势日趋严峻,那些发生在我们身边的由于忽

视安全所造成的一幕幕悲惨场面令人不寒而栗。对各类事故发生的原因经调查后发现，85％的事故是由于人的不安全行为引起的。温泉度假地安全文化建设是预防各类事故的基础性工程，是安全生产系统稳定运作的决定性因素。因此，构建温泉度假地安全文化不仅是必须的，而且是紧迫的。

2. 构建温泉度假地安全文化的科学性

引起事故的直接原因一般可分为物的不安全状态和人的不安全行为。要解决物的不安全状态问题主要依靠安全科学技术和工程技术；控制人的不安全行为一般采用管理的方法，即用管理的强制手段约束被管理者的个性行为，使其符合管理者的需要。

3. 构建度假地安全文化的可行性

温泉度假地安全文化是多层次的复合体，由安全物质文化、安全制度文化、安全精神文化、安全价值和行为规范文化四个层次组成。就大多数温泉度假地而言，安全物质文化和安全制度文化已有一定的基础，只要加以完善就可以了。构建安全精神文化及安全价值和行为规范文化，是温泉度假地安全文化建设的薄弱环节，需要下大力气才能完成。物质文化是基础，制度文化是关键，精神文化的熏陶就会形成一套价值观和行为规范。没有物质谈精神是没有凭据的空想，没有制度谈精神是超越现实的幻想，没有精神文化谈行为和价值观是不切实际的瞎想。

温泉度假地文化建设一定要做到五个保证，即决策保证、组织保证、规划保证、教育保证、物质保证；实现五个结合，即与温泉度假地经营战略制定和实施相结合，与温泉度假地的生产经营活动相结合，与温泉度假地制度创新和管理改革相结合，与员工队伍建设相结合，与精神文明建设和思想政治工作相结合。从温泉度假地自身的实际出发，按照"先简单后复杂、先启动后完善、先见效后提高"的思路，统一规划，分步实施，不断推进温泉度假地安全文化建设。

（二）构建温泉度假地安全管理保障系统

从三个层面构建温泉度假地安全保障系统，包括以旅游法规和旅游保险为主的政策支持、以旅游安全预警为主的技术支持和以旅游紧急救援为主的行为支持，对温泉度假地的安全问题进行防范管理。在政策支持方面，依据国家相关法律法规，国家旅游行政管理部门及其他相关部门出台的相关规章、标准、地方相关法规及部门规章进行旅游安全执法管理。如《中国温泉行业标准》的出台为温泉旅游安全管理提供了执法依据，其中确定了温泉的术语和定义、温泉的检测与认定方法、温泉标识使用规范、温泉卫生安全检测与管理办法、温泉企业科学发展的规划及温泉企业设施设备、经验管理、服务水平等内容，为温泉旅游行业的安全发展起到导航规范的作用。在技术支持方面，作为旅游安全管理的主体不但要掌握科学的安全管理思想和安全管理方法来综合地运用科技，而且还应该采用先进的科技管理手段处理日益复杂的安全问题，如建立完善的安全信息库、信息管理系统和安全事故监控预警网络等，使科技成为支撑温泉度假地安全的基础。在行为支持方面，加强多部门合作、跨地区合作、城乡合作，架构温泉度假地各类型活动的预警、救助的绿色安全通道，以完善旅游预警救援保障系统。

（三）构建温泉度假地安全管理组织体系

相应的温泉度假地应当设立安全管理委员会，负责建立温泉度假地安全管理规范，制定相应的管理规章、安全管理标准和技术规范等。不断提高温泉度假地管理人员的安全意识，对场所、设施及相应的各温泉旅游活动各环节按标准严格管理，真正落实旅游安全"预防为主"，消除隐患，实施具体的相关预防活动，最大限度防止、控制温泉旅游安全事件的发生。制定各类突发性安全事故的应急处理预案，若一旦发生安全事故，依据应急处理预案及时展开救援，降低事故后果及其影响。从2011年、2012年国内报道的温泉旅游安全事件看，大部分事件均得到了及时而有效的处理。特别是事件发生后的保险理赔工作及时、到位，充分发挥了保险在防损减灾、应对突如其来的意外伤害、规避责任风险上的作用，为受害者提供了赔偿，保障了其权益。

（四）加强游客安全宣传，提高安全防范意识

温泉旅游安全事件中，由游客自身安全认知不足造成的事故占了很大比例。温泉旅游资源的独特性、深度的参与性、对游客身体条件的不同适应性，更应让旅游者自身提高安全防范意识。温泉度假地可通过在易滑倒等场所设置安全明显标识符号、制定安全事项标识牌、给游客安全注意手册、增加导游和工作人员对特别需要注意和避免的安全问题的讲解等方面加强游客对所参与项目的了解，做好参与温泉旅游的各项准备工作，使之能积极配合管理方的工作，减少旅游安全事故的发生。

二、温泉度假地安全事故紧急救援预案

（一）目的

安全是温泉度假地生存与发展的生命线。为了加强安全防范的管理，提高温泉部全体人员对突发事件的处理能力，特制定温泉安全事故紧急救援预案。

（二）预案措施

1. 骤级安全检查制——各部门自查安全隐患

（1）每个员工每天对本岗位设备设施进行安全检查，排除不安全因素，并将检查结果及时上报，员工在工作中发现安全隐患应立即报告自己的直接上级。

（2）领班（部长）每天在部门对客营运时，进行安全检查一次，并将检查有安全隐患的设备及时填写"工程维修单"通知工程部门及时修复，否则不得对客开放。

（3）领班（部长）将检查结果记录在交接本上，交接班时双方要签名确认，接班领班（部长）应清楚了解安全情况，遇有较大问题，及时向部门经理报告。

（4）部门入职新员工由部门进行安全教育及培训，在转正时进行考核。

（5）各部门将岗位出现的问题及时上报温泉办公室。

2. 温泉部主管检查制

（1）主管每天9:00对温泉部范围内全面检查，特别对重点设备进行安全检查，并将检查结果在当日管理人员例会上给予通报。

（2）每天19:00对温泉部各分部的安全检查记录表进行检查，次日管理人员例会通报。

（3）负责将出现的问题和处理情况及时上报部门经理。

（4）每星期日主管对温泉部进行全面安全检查，做好记录，并将发现的问题通报部门领班（部长）限期各岗位整改。

3. 部门经理检查监督

（1）每月由温泉办公室对各部门重点区域进行检查。

（2）听取各部门对安全工作检查执行情况汇报，并进行总结和讲评，并及时跟进未维修到位设施的维修情况。

（三）预防性接待方案

（1）前厅接待对进入池区的客人要做好安全提醒，要对客解说全面、清楚（详见前厅部规范解说词）。

（2）劝阻高血压、心脏病、皮肤病患者进行温泉沐浴，引导客人到大厅休息，并在大厅设立"沐浴温泉须知"提示牌。

（3）劝阻醉酒客人（反应迟钝、身体失去重心、情绪激动或其他）进行温泉沐浴，如客人不听劝阻，及时上报部长（主管）和经理，采取必要的安全防范措施确保客人安全。

（4）各部员工对进入池区的老、弱、残人员及儿童，劝阻不要游玩，如对方坚持则安排专人陪同，实施严密监护，提醒其陪同人、导游或领队注意，要求其向老、弱、残人员和儿童做好解释工作，并劝其安排老、弱、残人员和儿童上岸或休息厅休息，如对方坚持，则由导游、领队和我部专人实施严密监护。

（5）对于池区的老、弱、残人员和儿童，少量饮酒客人及身体不适者实行专人跟踪服务，提醒并搀扶其上下池、楼梯以防滑倒，另外对于老、弱、残人员和儿童团的人员应组织部分员工穿泳（裤）衣进行水中监护。

（6）池区员工在服务过程中，要对浸泡、游玩的老、弱、残人员和儿童倍加关注，搀扶上下水，并时刻提醒他们要多休息、多喝水、多注意安全。

（7）在人员较少时一定要对老、弱、残人员和儿童倍加关注，尽最大能力把服务提供到位，无论任何情况下，做到对他们的第一关注。

（8）客流高峰期池区安排专门医生留值，以便处理紧急事故。

（9）在平日和周末后勤部要安排好值班司机和车（车要停放在医务室外的停车位），以便及时、有效地处理紧急事故。急救药品、担架让员工人人皆知，不准上锁，员工随时都可以取到。

（四）事故紧急救援预案

1. 发现紧急事故的报告渠道

员工（发现事故者）→当值领班（当值部长或者当值主管）→部门经理→副总经理。

2. 发现紧急事故应做到的事项

（1）保持镇定，呼叫就近同事援助。

（2）以最快速度采取急救措施（入水）救客（根据客人救起后情况的严重与否，确定是否救护），当情况严重时，当值医生和部门经理未到来时，不能停止抢救。

（3）呼叫同事立即通知值班领班（部长）或主管（经理）和值班医生，报出紧急事故发生地点和情况。（如果当值管理人员不在附近，可通过对讲机呼叫当值管理人员赶到事故现场。）

（4）医生接到信息应立即到医务室取出急救药品、氧气囊、担架赶到事故发生地点，采取必要的急救措施。

（5）值班经理（主管）接到信息后立即通知服务中心安排好值班司机开车到医务室待命。

（6）医生赶到事故现场根据客人救起后情况的严重与否,确定是否送往医院进行救护。

（7）值班经理应立即将发生的事故及处理情况上报行政办外联主任及副总经理。

（8）值班经理应努力安排好一切相关急救工作,及现场营业秩序。

本章小结

　　安全是企业工作的重中之重,当温泉度假地与游客发生纠纷时,游客的安全与经济利益企业应当充分考虑,毕竟顾客是上帝,企业的目的是盈利,只有正确处理好与游客之间的关系,企业才能吸引到更多的顾客,从而继续发展壮大。因此,企业须对纠纷事件进行妥善处理。

　　针对纠纷事件,进行详细调查,并对游客的损失进行赔偿,在事件发生后,完善其管理系统,提高事情处理效率。完善基础设施,避免此类事件再次发生。

　　法律是现今社会处理纠纷的正确途径,企业在完善其管理系统时,也应当普及法律常识,针对一些性质较恶劣的事件,懂得运用法律来解决,维护好企业自身利益。

关键概念

温泉度假地安全管理　　安全事件的发生特点及规律　　温泉水质与管理标准　　温泉洗浴注意事项　　温泉度假地安全管理策略　　温泉安全事故紧急救援预案

复习思考

□复习题

1. 简述温泉度假地安全管理的概念。
2. 简述温泉度假地安全事件的发生特点及规律。
3. 简述温泉度假地安全管理策略。
4. 简述温泉安全事故紧急救援预案。

□思考题

1. 温泉度假地安全事故有哪些类型？
2. 若遇到温泉度假地安全事故,作为员工应该怎么做？

案例分析

2015年8月24日台湾一名65岁男子23日凌晨在公共温泉"泡汤"时,掉入高达80℃的温泉池内被烫死,外界质疑这可能与温泉水骤然升温有关。目前该温泉入口已封闭,禁止民众进入。

综合台湾媒体报道,消防救护队员赶到事故发生地新北市万里区加投公共浴室时,发现该男子已无呼吸心跳。这名男子全身90%以上三级烧烫伤,连皮都掉了下来,送医急救仍回天乏术。警方初步判断,该男子可能进浴池泡汤时吸入过多硫黄气体导致缺氧昏厥,接着掉入温泉池中遭烫死。

附近民众表示,长期以来加投温泉的水温约40℃,今年7月突然上升,最高超过80℃。"温泉变热泉"的消息传出,让民众忧心忡忡,甚至担心阳明山会"火山喷发"。

万里区公所负责人表示,由于温泉水骤然升温,为避免烫伤危险,该所决定把浴室出入口先封死,禁止民众进入,再请学术单位调查水温升高与阳明山火山群是否有关联性。

台湾地质专家江崇荣表示,温泉温度的确和火山底下的熔岩有关,但阳明山大屯山系是已休眠火山,熔岩距离地表约有10公里远,不太可能是因为火山将爆发使温泉温度骤升。

思考: 一般来说,泡温泉是一种相对安全的休闲方式,但是,近年来,一些温泉事故相继发生。如果你作为一位温泉度假地的负责人,如何杜绝此类事故的发生?如果发生,你将会如何处理呢?

相关链接

进一步阅读推荐文献:

1. 韩光明.我国温泉休闲旅游安全问题与对策[J].泉州师范学院学报,2013(2).
2. 赵鹏宇,刘慧敏.基于网络评论的温泉景点服务质量分析——以山西北合索温泉为例[J].厦门理工学院学报,2016(4).
3. 洪彪.温泉旅游者体验影响因素研究[D].福州:福建师范大学,2009.
4. 樊春梅,蔡飞.温泉休闲旅游发展对策研究——以江西星子为例[J].安徽农业科学,2009(6).

5. 陈才,刘艳华,孙洪娇.温泉游客决策、旅游体验与购后行为研究——以大连为例[J].旅游论坛,2011(3).

6. 范向丽,郑向敏.内容分析法在旅游安全研究中的应用——以我国女性游客安全事故报道研究为例[J].北京第二外国语学院学报,2010(3).

7. 谢朝武.我国旅游安全预警体系的构建研究[J].中国安全科学学报,2010(8).

第九章

温泉度假地设施设备管理

学习目标

了解设施设备的定义；掌握温泉设施设备的分类及各类型设施设备的用途；熟悉温泉度假村主题服务设施的特征，温泉度假村主题服务设施的重要性；了解温泉设施设备的使用管理；了解温泉设施设备使用的标准；熟悉娱乐性旅游设施设备中的相关问题；掌握温泉设施设备维修和改造的基本内容并认识设备修理的主要方法；了解温泉设施设备的选择。

案例引导　　福州明谷温泉行馆

"不出城郭而获山水之怡，身居闹市而有灵泉之致"，说的就是明谷温泉行馆。在繁华城市 CBD 商务区，闹中取静，与秀丽的温泉公园和宏伟的温泉博物馆左右相邻，交通便利，在明谷行馆泡爽吃饱后，再来个福州市区一日便十分好。

作为福州温泉博物馆的体验馆，温泉大厅云雾缭绕，顶上闪烁的灯群不是随意的排列组合，指代的是福州的乌龙江与闽江，延续着福州温泉的底蕴。池底的大理石则洋溢着现代的时尚气息。温泉泡池，纯天然优良的温泉水质，匠心独运的设计风格，引进先进的水疗设施，优雅舒适的自然环境，置身其中，犹如在世外桃源穿行，不知不觉便把繁华和浮躁掷出体外，使心灵恬淡安宁。

露台泡池分布得比较紧凑，从鱼疗池到茶池、原汤，登上石阶还可以看到酒池、果池。原木环绕，藏身于池水之中，微闭双眼，舒坦地放松身心。水疗池利用水的力度和温度，按摩身体各个部位和穴道，工作劳顿、生活压力顿时消散在清凉的水花之间，唯有惬意舒适。室内温泉馆更提供有裸泡池、能量坊、淋浴坐浴任君挑选。专属更衣间更是在保证了私密性的同时兼顾了细节，贴心地准备了卸妆油、洗面奶……完全解救健忘症患者。在温泉园区二层转角处遇见可以泡茶的明谷怡然泉,一个独立的泡池、一套干净的茶具,泡汤煮茶,优哉游哉。如果不喜欢公共泡池,也可以选择明谷私密汤屋,享受专属自己的温泉。

智能的客控系统、舒适的SPA环境、高品质的床上用品、定制的家具及布置、法国欧舒丹洗浴用品、精美早餐……

明谷行馆私密汤屋在沉稳而内敛的传统艺术上加入大胆而创新的现代风情,造就了独特的新中式风格。

(资料来源:http://mp.weixin.qq.com/s/-MXqsFpqr7e_ekcgGfAnYw。)

一个温泉度假地不仅需依托独特的温泉设施设备,而且还要配备一些健身设施和娱乐设施,以及大面积的室外泡汤池、戏水池、游泳池、各类球场,甚至是高尔夫球场等来提高竞争力。这就使得在设备使用和改造上需要专业的设计团队,在运行维护时需要专业的管理团队。

温泉设施设备的管理意义重大,一方面,它是保证企业安全高效运行的基础,是确保温泉度假地产品质量的关键;另一方面,它能有效地控制企业成本,达到"节流"的作用。

第一节　温泉度假地设施设备概述

一、温泉度假地设施设备的定义

温泉设施设备是在温泉度假地中其管理者以温泉池为核心,为游客提供整个温泉旅游服务而建立的可重复使用的机构、系统、组织、建筑等的总称。其构成以温泉池为核心,辅之以水疗、桑拿、按摩理疗、保健医疗、美容护理、体育健身、游戏娱乐等服务和少量辅助服务如餐饮、住宿,相对集中地为温泉度假客人提供公共程度较高的室内外温泉泡汤场所。

二、温泉度假地设施设备的分类及用途

(一)温泉度假地设施设备的分类

1. 温泉服务设施根据建筑类型分类

根据建筑类型分有温泉水疗中心、室外开敞式泡汤建筑、温泉小屋、温泉别墅等。

2. 温泉服务设施根据使用功能分类

(1)接待设施。包括接待大厅、问讯处、售票处、休息厅等。

(2)温泉设施。能为游客提供温泉泡汤前后的需求的设施,如换鞋、洗浴、二次更衣、大众汤池与独立汤池等设施,其构成与温泉度假产品的种类有紧密的联系,包括桑拿、干蒸、中草药蒸汽室等温泉度假产品所需设施和设备。

(3)康乐设施。包括医疗保健、体育健身、游戏娱乐等设施。

(4)餐饮设施。除去度假村中正式的餐饮设施之外,在温泉区域应该配备有相应的设

施以能够满足游客非正式的用餐需求,如咖啡吧、茶室等。

(5) 购物设施。包括各种类型的购物商店、主要贩卖纪念品商店、特色商品、必需用品等。

(6) 休息设施。为温泉体验游客提供短暂休息、过夜的服务,包括休息大厅、套房和独立温泉小屋。

(7) 导识设施。包括温泉流线指示牌、温泉信息展览(如温泉须知)等。

(二)温泉度假地设施设备的用途

1. 接待设施

主要用于迎客、送客、结账、指导等。其主要功能区包括接待区、问讯区、售票区、休息区等。因此,在设施设置中除了接待和结账用的柜台外,还应设置供客人小憩或等待的沙发和茶几。

2. 温泉设施

温泉设施的主要功能是用温泉沐浴、浸泡和水力按摩,通过冷水、热水和冷热水的交替,以促进机体松弛,活络神经,促进血液循环,加速新陈代谢,净化毛孔。温泉设施是温泉服务设施中最重要的部分,也是温泉度假中游客在度假地停留时间长短的重要影响因素。温泉设施的主要内容包括以下几个方面。

(1) 淋浴更衣间。如更衣间、淋浴室等。淋浴更衣间主要提供更衣和淋浴功能。更衣室应当配有带锁更衣柜,更衣柜的数量和标准应当与接待能力相适应,在较高级场所应当隔离出单独的小更衣间,并配备有化妆间。同时需要提供相互隔离的多个淋浴间,用于游客温泉前后的净身洗浴。

(2) 温泉泡池、温泉水疗池、气泡浴、戏水池、喷水池、强力水流浴等。按照温泉池的私密程度,可以将温泉池划分为共浴区和独浴区两种类型。共浴区的温泉池大小不一。大池子可以容纳几十甚至上百人,比较偏重玩水嬉戏。小池子通常只能容纳几个人,一般都各具特色如冲浪浴、花草浴、药浴等特色温泉浸浴。除各式温泉池外,还有淋浴房、蒸汽房等。温泉池边空间宽裕的,一般还设有舒适的休息椅,供客人短时休息。

3. 理疗设施

对于理疗设施的分类,主要从其使用特征进行,如热沙浴、中草药蒸汽室、热石浴、桑拿房、汗蒸室、按摩室等。理疗设施主要为游客提供与温泉相辅的功能。从位置上看,可以是室内,也可以是室外。一般与洗浴区相临,不应隔太远,能让游客及时享受服务。其设计与温泉度假产品有密切的联系。可以是单间,也可以是多个合并,以满足不同顾客的需求。温泉理疗设施是温泉服务设施中较具历史特点的设施之一。在温泉利用的过程中,不同文化背景与地域对温泉理疗效果的运用取得了不同的地域成就。大致可以分为东方和西方两种大的类型。具有东方历史文化精华的温泉理疗效果的运用包括中国的中药蒸汽、韩国的热石板治疗等,而西方的使用方式就更加种类繁多了,此处不逐一列举。

4. 康乐设施

康乐设施是指为游客提供健身养生、休闲娱乐活动的场地及设备,是温泉服务设施系统中的重要组成部分,是对温泉度假村"温泉"外活动的补充。其涵盖面广,类型多样,在不同的国家、地区、时期和度假村中,其表现形式都有所差异。一般而言,根据经营业务内容的不同,划分为体育健身设施、游戏娱乐设施等类别。

5. 体育健身设施

体育健身设施是指以增强体质为目的的体育活动场所及附属设备。按度假村对应设置的体育活动类别,一般可以将其细分为以下几个分支类型。

（1）田径类:体育场、运动场。

（2）球类:网球场、高尔夫球场、篮球场、排球场、保龄球场。

（3）水上运动类:游泳池、跳水馆、游泳场、帆船运动场。

（4）冰雪运动类:旱冰场、滑雪场。

（5）骑车驾车类:自行车场、摩托车场、赛车场。

（6）综合类:健身房、体育馆。

（7）其他:射击场、射箭场、蹦极塔、跑马场、滑草场等。

6. 游戏娱乐设施

游戏娱乐设施是以日常参与性娱乐、游戏以及体验为主要活动内容的场所及附属设备。其内容非常丰富,是游客温泉度假过程度假生活中日常娱乐活动的补充。一般包括棋牌室、手工艺品制作室、歌舞厅、演艺大厅、茶室、图书馆、激光影院、书画练习室、书画鉴赏、食物料理、音乐欣赏等。同时,由于温泉度假是一种大众的、适宜家庭出行共同享受的度假形式,因此在游艺设施设计时,需要考虑各年龄阶层的游客的需要。除了成人娱乐设施的设立外,还需要考虑儿童活动设施。

7. 餐饮设施

餐饮设施主要包括餐厅、茶楼、风味小吃店、快餐店等独立设施。由于温泉度假村的中心酒店部分有专门为度假村游客提供餐饮服务的就餐设施,同时泡温泉前后都不宜饱食,所以此处所涉及的餐饮设施是指在温泉服务设施内部,为温泉游客提供非正式的餐饮服务,包括酒吧、茶室、小吃部、咖啡厅等。其建筑布局包括依附型和独立型两种方式,一般规模较小。

8. 购物设施

温泉服务设施中的购物设施主要针对温泉游客,提供诸如温泉特色产品、必需用品等的商品服务。一般依附于其他设施而存在,规模较小。

9. 住宿设施

与度假村其他具有温泉泡浴功能的部分相比,温泉中心具有较少提供过夜住宿的客房服务的特点,游客的住宿需求应在温泉度假村中心酒店中得到满足。温泉服务设施中的住宿设施更多地强调的是休息功能,但是也会在套房或温泉小屋提供住宿的功能,以提供给需要在温泉中心中休息的游客。不过除了住宿功能以外,温泉中心住宿设施更多地强调休闲、康体服务。因此,套房往往配备有独立更衣室、休息室、温泉池、淋浴房、蒸汽房和按摩室等完备水疗设施,一间贵宾室通常接待一个人或为数不多的几个人。同时,为了提供周到的服务,还会设有影音娱乐设备等,有些贵宾室还设有包厢,以使客人得到更全面高档的享受。

10. 导视设施

导视设施是温泉服务设施中向游客传递交通、服务和须知等相关信息的媒介体,通过导视设施的设计可以为游客提供更好的服务。由于导视设施的设计更多是属于环境和平面设计研究的内容,在此处不作为主要研究。温泉服务设施中的导视设施的主要形式包括告知牌、提示牌、交通图等。

三、温泉度假地设施设备的特征

根据大城市周边温泉度假村的基本条件和温泉的旅游度假的价值,以及温泉设施设备的定义,温泉服务设施在以下六个方面体现出不同的特点。

(一)种类繁多

现代旅游休闲活动内容十分丰富,旅游休闲者的需求也是多方面的。为了满足客人的需要,温泉企业不仅设置各种温泉泳池,还提供住宿和餐饮,朝综合服务的方向发展。增加多种娱乐、健身设施,如设立游艺厅、健身房、歌舞厅、网球场、台球室、棋牌室等。据统计,一座带有100间客房,综合服务项目全面的温泉企业,有近20个设备系统、1600多台各种设备,遍及企业各个部门。

(二)技术先进

到温泉旅游休闲的客人多来自高生活水平地区,具有较高的消费能力。现代温泉企业往往以国际标准来建设、装修,并把现代科学技术成果用于企业的服务设施之中。例如,选用高速平稳的电梯,体积小、效能高的组合式制冷机组,配备先进的通信系统,全自动消防报警系统,电脑管理系统和智能控制系统等。这些设备和系统都具有国际先进水平。

(三)投资额大

由于温泉企业服务向综合化方向发展,企业的设备又都按世界先进水平配备,因此,温泉企业设备的投资占固定资产投资的比例越来越大。一般来说,进口设备越多,企业档次越高,占的比例越大。据统计,现代温泉企业设备投资要占全部固定资产投资的35%～55%。

(四)维持费用高

企业设备的维持费用主要体现在两个方面:第一,耗能大。现代温泉企业大都采用中央空调系统,普遍使用电器设备,加上室内公共场所照明要求较高,故用电量相当大。企业的耗能费用占总营业收入的8%～10%。第二,维修费用高。由于普遍采用先进设备,特别是进口设备,企业本身缺乏维修技术力量。例如,进口的电梯、制冷机组等往往要请厂家进行维护保养,于是就要支付较多的维护修理费用。

(五)更新周期短

温泉企业的服务对象是人,所以对设备的安全性、可靠性要求特别高。此外,为了提高企业的竞争能力,要求设备、设施能跟上时代潮流。因此,企业设备、设施的精神磨损较快,改造、更新的周期较短,许多设备的使用年限都短于其他行业的同类型设备。

四、温泉度假地设施设备的重要性

温泉设施设备从温泉旅游活动开始便已出现,它不仅需要满足人的身体体验需求,同时还应通过温泉设施设备给予人不同的精神感受,是温泉度假发展的重要指标。

在温泉度假村中,温泉设施设备是顾客各种体验的物质载体,它是人与温泉、人与人或人与自然进行物质、能量和信息交流的重要承载物,也是温泉度假村品质等级和服务水平的评价标准。从温泉度假村经典开发模式研究中发现,温泉设施设备是温泉度假村中最重要和最核心的部分。

温泉设施设备的设计应与温泉度假村的设计紧密联系在一起,在顺应地理、自然和社会环境的背景下,最大限度地满足游客对度假环境、放松精神的不同需求。温泉设施设备所带来的身体和精神上的感受应富有舒适感和新奇感,并不断自我完善和强化。它们既客观存在,通过建筑功能布局、空间组织等建筑语言表现出来,又表达出地域特色和文化内涵。

第二节 温泉度假地设施设备使用和维护

案例引导 配电房安全工作制度和措施

一、安全工作制度

了解和掌握电气安全知识,建立健全必要的安全工作制度是防止各类电气事故发生,避免损失的重要措施。电气安全工作制度是在对电气设备进行操作时保证安全的组织措施,安全工作制度包括工作票制度、工作许可制度、工作监护制度和工作间断、转移和终结制度。

1. 工作票制度

当需要停止高压送电,进行设备电气试验和清理、检修时,必须凭工作票,按工作票排定的顺序进行操作和其他相关工作。工作票签发人应有电气职称证书或经电力部门考试合格颁发的证书,且应是企业电力调度或电气负责人。

电力调度或电气负责人应全面掌握本单位电力系统的结构和分布方式,了解电气设备的性能、特征,同时了解机械运转规律,这样才能合理调度负荷。

2. 工作许可制度

工作许可人根据工作票签发人所列的安全措施进行工作,完成安全措施后要同工作负责人(电工班长)再次检查安全措施并交代带电部位及注意事项,才能许可工作。在线路上工作时,工作许可人和工作负责人之间必须保持书面联系和电话联系,并在工作票上签字。严禁约时停、供电。

3. 工作监护制度

工作负责人在向工作人员交代工作任务和现场安全措施后,要始终在现场负责监护,纠正不安全的动作。

4. 工作间断、转移和终结制度

工作间断,所有安全措施不动。间断后可继续工作。当工作地点转移时,如工作许可前已做好安全措施者不需要办理转移手续。如开工前未处理转移手续则必

须重新办理许可手续。当工作完成时,必须办理工作终结手续才能合闸送电。

二、安全技术措施

根据电气安全工作规程,保证用电安全的技术措施有以下几个方面。

1. 停电

凡需检修的设备和线路,以及工作人员正常工作时,离带电设备距离不足0.35米(10千伏)时,应将设备或线路停电,以确保安全。

2. 验电

凡停电的设备操作前必须用相应电压等级而且合格的验电器在检修设备进出线路各相分别验电。验电前,应先在带电设备上进行试验,确保验电器良好。

3. 装设接地线

当验明设备已确无电压后,应立即将检修设备接地并三相短路,装设接地线时必须先接接地墙,后接导体端,必须接触良好。拆接地线时顺序相反。

4. 悬挂标示牌

凡一经合闸即可送电到工作地点的开关和闸刀操作把手上应悬挂"禁止合闸,线路有人工作"的标示牌。高压配电室、变压器门上应有"高压危险"字样的警告牌。

一、温泉度假地设施设备使用管理

（一）温泉度假地设施设备管理的概念

温泉设施管理是指温泉旅游地固定资产的各种有形物品,是温泉旅游地提供旅游产品和服务的物质基础和重要依托。

（二）温泉度假地设施设备管理的核心内容

（1）安全管理,建立安全管理责任制,定期检查安全设备,建立警示标志等。

（2）人员管理,要对员工进行培训,要持证上岗树立景区的良好形象。

（3）档案管理,景区设施立设备档案,定期维护,确保其性能完好,安全可靠。

（4）应急管理,建立必要的应对机制,采取一系列的必要措施确保公共财产安全。

（三）温泉度假地设施设备管理的分类

1. 基础设施管理

（1）交通设施管理。

（2）排水设施管理。

（3）电力及通信设施管理。

（4）绿化环卫设施管理。

（5）建筑设施管理。

（6）网络信息设备管理。

2. 服务设施管理

（1）工程设施管理。

（2）接待设施管理。

（3）娱乐休憩设施管理。

二、温泉度假地设施设备使用的标准化

标准体系是标准化工作的依据和出发点，是对标准化依存主体的描述。它是人们对标准化依存主体认识程度的标识，能够反映人们对"依存主体"的认知程度。根据标准化主体对象，建立标准体系，并实施。

标准体系是指按照标准的内在联系在一定范围内把其组合成科学的有机整体。"内在联系"是指上下层次的联系，也就是所谓的左右之间的联系、个性与共性之间的联系，也可以是衔接配套的、互相统一协调的联系。"一定范围"在标准体系中所指的是标准所覆盖的范围。"科学的有机整体"不是简单意义上的叠加，它是通过实现某一特定目的，根据标准的基本要素及内在联系共同形成的整体，它具有一定水平和集合程度的整体结构。

温泉设施设备标准体系的建立应结合实际、符合并遵从社会和自然之间的规律，不可以主观随意。通常情况下，标准体系应包括标准体系框架、标准体系表及标准体系编制说明等三部分。图 9-1 所示为标准体系和标准化结构示意图。

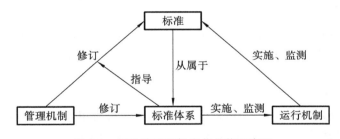

图 9-1　标准体系和标准化结构示意图

三、温泉度假地设施设备的使用与维护

（一）温泉设备的正确使用

机器设备使用期限的长短，生产效率、工作精度的高低，固然取决于设备本身的结构和精度性能，但在很大程度上也取决于对它的使用和维护情况。正确地使用设备，可以保持设备的良好技术状态，防止发生非正常磨损和避免突发故障，延长其使用寿命，提高使用效率。而精心维护则起着对设备的"保健"作用，可以改善其技术状态，延缓劣化进程，消除隐患于萌芽状态，从而保障设备的安全运行，提高企业的经济效益。为此，必须明确生产部门与使用人员对设备使用、维护的责任与工作内容，建立必要的规章制度，以确保设备使用、维护各项措施的贯彻执行，确保设备保持完好的技术状态，为企业的正常经营提供优质服务。

1. 对设备使用部门的"三好要求"

（1）管好设备。

每个部门都必须管好本部门使用的所有设备。首先应建立设备使用分类台账和设备

使用卡片,编制设备使用维护规程,明确每一台设备的管理责任人,制定部门设备完好率指标。

(2) 用好设备。

所有设备使用、操作的员工必须严格按照操作规程使用设备,不得超负荷使用设备,禁止不文明操作。

(3) 保养好设备。

温泉企业有许多设备是供客人使用的,例如温泉池、淋浴设备、健身设备、娱乐设备和客房内的电视机、电冰箱、电话机等电器设备。温泉企业员工不仅要管好、用好自己使用的设备,还应管好、保养好本部门所有的服务设备,使设备始终保持完好状态。设备如有损坏,应积极配合维修人员修好设备。

2. 对操作人员的"四会"要求

(1) 会使用。

每一个设备的使用,操作人员都应事先熟悉设备的用途和基本原理,学习掌握设备的操作规程,正确使用设备。

(2) 会维护。

各部门负责管理设备的员工都要学习和实施设备维护规程,并按规程的要求做到设备维护的五项要求:整齐、清洁、润滑、安全、完好。

(3) 会检查。

每一位员工都要了解自己所用设备的结构、性能、运行特点;企业主要设备的运行值班人员要了解设备易损零件的部位,熟悉日常检查设备完好情况的检查项目、标准和方法,并能按规定要求进行检查。

(4) 会排除故障。

工程部及其他部门重要设备的运行值班人员,要懂得所用设备的结构和性能,能鉴别设备的正常与异常现象,懂得拆装方法,会做一般的调整和简单故障的排除。自己解决不了的问题要及时报告,并协同维修人员进行检修。

3. 操作者的"五项"纪律

纪律是管好、用好设备的保证。每一个操作人员都应严格执行"五项纪律"。

(1) 实行定人定机,凭证操作制度,严格遵守安全技术操作规程。

(2) 经常保持设备清洁,按规定加油。要做到没完成润滑工作不开车,没完成清洁工作不下班。

(3) 认真执行交接班制度,做好交接班记录及运转台时记录。

(4) 管理好工具、附件,不能遗失、损坏。

(5) 不准在设备运行时离开岗位。发现异常的声音和故障应立即停车检查。自己不能处理时应及时通知维修工人检修。

(二) 温泉设备维护方法

1. 调节 pH 值

pH 值是非常重要的水质平衡控制指标。使用氯消毒时,pH 值保持在 7.0~7.8 才能起到较有效和较经济的消毒作用。请根据测试数据配合对应调节 pH 值。

2. 加氯消毒

根据自身场馆的特点选择适合的氯制剂对泳池水进行加氯消毒处理。如配置了自动投药器或漂浮型氯片分配器,可选用消毒效果持久、平稳的缓释型氯片,手工投加速溶型氯片的方式适合各种类型的泳池,露天泳池建议使用含氯稳定剂的氯制剂,这样可以有效抵御阳光紫外线对氯的消耗。

3. 超氯处理

超氯处理又叫冲击性处理,是指使水中的氯含量高于日常维护的含氯量并达到一个峰值,以起到杀菌及分解有机污染物的作用,解决氯含量高而细菌数却检验不合格的现象,同时能消除水中细菌对长期使用同一类消毒剂所产生的抗药性。建议周期性使用速溶型氯片或其他超氯剂对泳池进行超氯处理。

4. 澄清处理

泳池水的混浊是因为当光线照射在含有悬浮颗粒的游泳池时,光线因为粒子间的反射光束而产生分散现象,反之,池水中的悬浮颗粒含量很少时,水中会因为光线未被阻挡而提高水中能见度,呈现晶莹剔透的美感。这时,建议使用澄清剂在机房做接触过滤,可轻易将池水能见度提高 25 米。对池水混浊具有强大的作用。

第三节　温泉度假地设施设备维修与改造

案例引导　　给水泵维护保养规程

一、日常维护保养内容

1. 检查水泵及电机运行状况是否完好,压力表指针读数是否准确。
2. 检查系统中的管道配件、法兰连接处和各阀杆填料压盖等处是否漏水。
3. 水泵轴端的填料压盖允许有 10~20 滴/分的滴水;当滴水成线状时,应调整填料压盖的紧度。
4. 检查控制箱各控制开关的接线是否有松动。
5. 清洁、擦拭水泵与电机外部的灰尘和油垢。

二、一级保养内容

1. 检查水泵轴承的润滑油是否在适度的位置。
2. 检查水泵与电机连接器及地脚螺钉的牢固情况。
3. 检查水泵轴与轴承的磨损情况,运转时有无杂音。
4. 消防水泵要定期启动试泵。

三、二级保养内容

除按一级保养内容进行外,增加下列工作。

1. 检查水泵叶轮与壳体间的配合情况。
2. 检查水泵轴与轴承的磨损程度,更换润滑脂或润滑油。
3. 检查系统各种阀门的密封情况,需要时研磨修理或更换。
4. 更换水泵轴端填料与系统阀门阀杆填料。
5. 在各泵及阀杆活动部位加润滑油。
6. 在水泵的锈蚀部位,进行除锈涂漆保养。

设备设施的维修管理有利于提升企业的运行效率,节约成本。温泉设备设施维修管理对温泉度假地的发展有着很深远的作用。本节主要内容为温泉设备设施维修的概念、范围、内容,温泉设施设备维修管理的意义以及温泉设施设备的选择。

一、温泉度假地设施设备维修管理

(一) 设施设备维修的概念

设备技术状态劣化或发生故障后,为恢复其功能而进行的技术活动,包括各类计划内的修理和计划外的故障修理及事故修理,又称设备修理。

(二) 设施设备维修的范围

设备维修包含的范围较广,包括为防止设备劣化,维持设备性能而进行的清扫、检查、润滑、紧固以及调整等日常维护保养工作;为测定设备劣化程度或性能降低程度而进行的必要检查;为修复劣化,恢复设备性能而进行的修理活动等。

(三) 设备维修的基本内容

1. 设备维护保养

设备维护保养的内容是保持设备清洁、整齐、润滑良好、安全运行,包括及时紧固松动的紧固件,调整活动部分的间隙等。简而言之,即"清洁、润滑、紧固、调整、防腐"十字作业法。实践证明,设备的寿命在很大程度上取决于维护保养的好坏。维护保养依工作量大小和难易程度分为日常保养、一级保养、二级保养、三级保养等。

(1) 日常保养,又称例行保养。其主要内容是进行清洁、润滑、紧固易松动的零件,检查零件、部件的完整。这类保养的项目和部位较少,大多数在设备的外部。

(2) 一级保养,主要内容是普遍地进行拧紧、清洁、润滑、紧固,还要部分地进行调整。日常保养和一级保养一般由操作工人承担。

(3) 二级保养,主要内容包括内部清洁、润滑、局部解体检查和调整。

(4) 三级保养,主要是对设备主体部分进行解体检查和调整工作,必要时对达到规定磨损限度的零件加以更换。此外,还要对主要零部件的磨损情况进行测量、鉴定和记录。二级保养、三级保养在操作工人参加下,一般由专职保养维修工人承担。

在各类维护保养中,日常保养是基础。保养的类别和内容,要针对不同设备的特点加以规定,不仅要考虑到设备的生产工艺、结构复杂程度、规模大小等具体情况和特点,同时要考虑到不同工业企业内部长期形成的维修习惯。

2. 设备检查

设备检查,是指对设备的运行情况、工作精度、磨损或腐蚀程度进行测量和校验。通过检查全面掌握机器设备的技术状况和磨损情况,及时查明和消除设备的隐患,有目的地做好修理前的准备工作,以提高修理质量,缩短修理时间。

检查按时间间隔分为日常检查和定期检查。日常检查由设备操作人员执行,同日常保养结合起来,目的是及时发现不正常的技术状况,进行必要的维护保养工作。定期检查是按照计划,在操作者的参与下,定期由专职维修工执行。目的是通过检查,全面准确地掌握零件磨损的实际情况,以便确定是否有进行修理的必要。

检查按技术功能,可分为机能检查和精度检查。机能检查是指对设备的各项机能进行检查与测定,如是否漏油、漏水、漏气,防尘密闭性如何,零件耐高温、高速、高压的性能如何等。精度检查是指对设备的实际加工精度进行检查和测定,以便确定设备精度的优劣程度,为设备验收、修理和更新提供依据。

3. 设备修理

设备修理,是指修复由于日常的或不正常的原因而造成的设备损坏和精度劣化。通过修理更换磨损、老化、腐蚀的零部件,可以使设备性能得到恢复。设备的修理和维护保养是设备维修的不同方面,两者由于工作内容与作用的区别是不能相互替代的,应把两者同时做好,以便相互配合、相互补充。

(1) 设备修理的种类。

根据修理范围的大小、修理间隔期长短、修理费用多少,设备修理可分为小修理、中修理和大修理三类。

①小修理。

小修理通常只需修复、更换部分磨损较快和使用期限等于或小于修理间隔期的零件,调整设备的局部结构,以保证设备能正常运转到计划修理时间。小修理的特点是修理次数多,工作量小,每次修理时间短,修理费用计入生产费用。小修理一般在生产现场由车间专职维修工人执行。

②中修理。

中修理是对设备进行部分解体、修理或更换部分主要零件与基准件,或修理使用期限等于或小于修理间隔期的零件;同时要检查整个机械系统,紧固所有机件,消除扩大的间隙,校正设备的基准,以保证机器设备能恢复和达到应有的标准和技术要求。中修理的特点是修理次数较多,工作量不是很大,每次修理时间较短,修理费用计入生产费用。中修理的大部分项目由车间的专职维修工在生产车间现场进行,个别要求高的项目可由机修车间承担,修理后要组织检查验收并办理送修和承修单位交接手续。

③大修理。

大修理是指通过更换,恢复其主要零部件,恢复设备原有精度、性能和生产效率而进行的全面修理。大修理的特点是修理次数少,工作量大,每次修理时间较长,修理费用由大修理基金支付。设备大修后,质量管理部门和设备管理部门应组织使用和承修单位有关人员

共同检查验收,合格后送修单位与承修单位办理交接手续。

(2) 设备修理的方法。

常用的设备修理的方法主要有以下几种。

①标准修理法。

标准修理法又称强制修理法,是指根据设备零件的使用寿命,预先编制具体的修理计划,明确规定设备的修理日期、类别和内容。设备运转到规定的期限,不管其技术状况好坏、任务轻重,都必须按照规定的作业范围和要求进行修理。此方法有利于做好修理前准备工作,有效保证设备的正常运转,但有时会造成过度修理,增加了修理费用。

②定期修理法。

定期修理法是指根据零件的使用寿命、生产类型、工件条件和有关定额资料,事先规定出各类计划修理的固定顺序、计划修理间隔期及其修理工作量。在修理前通常根据设备状态来确定修理内容。此方法有利于做好修理前准备工作,有利于采用先进修理技术,减少修理费用。

③检查后修理法。

检查后修理法是指根据设备零部件的磨损资料,事先只规定检查次数和时间,而每次修理的具体期限、类别和内容均由检查后的结果来决定。这种方法简单易行,但由于修理计划性较差,检查时有可能由于对设备状况的主观判断误差引起零件的过度磨损或故障。

二、温泉度假地设施设备改造

一种新设备从构思、设计、研制到成批生产,需要较长一段时间。随着技术进步的加快,这个周期在不断地缩短。新设备的加速出现,意味着现有设备的加速陈旧。按理说,在多数情况下,有了新型设备后,就应该用它去替换旧设备,可是在实际中,没有一家企业这样做,这是因为,一方面企业资金不可能全部满足更新的要求,实际上也没有必要。另一方面,新型设备的生产量也不可能完全满足企业的需要,解决这个矛盾的有效途径是对现有设备进行技术改造,设备技术改造有时比更新设备具有更大的经济效益。

所谓设备的技术改造,就是指应用现有的技术成果和先进经验,适应生产的需要,改变现有设备的结构,给旧设备装上新部件、新装置、新附件,以改善现有设备的技术性能,使之达到或局部达到新设备的水平。设备技术改造是克服现有设备的陈旧,消除第二种无形磨损,更新设备的方法之一。

设备现代化改装,是设备技术改造的一种形式,其目的是改善或改变设备的性能。当然,有时通过设备现代化改装,可能使旧设备改变原有的面貌。例如,将老旧的万能设备改装成专用设备、自动或半自动设备,从而改变了企业设备的构成比。

设备技术改造和设备现代化改装,如果要区分不同之处,一般认为:设备技术改造一般泛指将落后的设备改造成先进的设备,提高了技术等级,但不改变设备的类别;而所谓设备现代化改装,则既提高了设备的技术水平,同时又改变了原有类别。两者的共同目的是实现设备现代化,都属于用先进技术改造老旧设备的范畴。

在多数情况下,通过技术改造可使陈旧设备达到新的技术水平,而所需的投资往往比用新设备替换要少。设备技术改造主要有如下优点。

（1）具有很大的针对性和适应性。经过技术改造，设备更能满足具体要求。在某些情况下，甚至超过新设备，有时通过技术改造的设备，技术性能比新设备还高，所以在个别情况下，对新设备也可以进行改造，尤其在我国产品更新换代缓慢的条件下，具有较大的意义。

（2）通过现代化改装，可将陈旧的万能机床改造成专用机床、自动机床，从而改善设备拥有量的构成。

（3）对设备进行技术改造，可以收到时间短、投资少、见效快的效果。技术改造的投资一般仅占同类新设备购置费用的40%～60%。因此，将电子技术应用到机械设备和其他领域，是提高经济效益和工作效率的一项重大技术措施，必须坚持不懈地加以开发、创新和推广。凡通过技术改造能达到生产要求的，都应利用这个途径来解决。因此。不能将技术改造看成是一项被迫临时的措施，而应该看成是提高现有设备技术水平的重要的经常性的手段。

三、温泉度假地设施设备的选择

（一）设备的过滤系统

循环过滤系统由循环水泵、过滤设备组成。循环水泵需根据不同温泉水质需要采用涂料做防腐处理。过滤设备可采用高速过滤砂缸和卡式过滤器。高滤过滤砂缸设计流速一般为25～40 m/h，有占地面积小、过滤水量大的优点。为减少反冲洗的水量，小型的特色温泉池可使用卡式过滤器，易于吸附水中油脂，且便于清洗。

（二）设备的消毒杀菌系统

消毒杀菌系统包括水质侦测系统和投加系统。人体在游泳与浸泡的过程中，身体会有大量的分泌物脱落溶解于温泉水中，这些污染物中包含有大量的细菌和各种致病菌。对此，必须加强卫生管理与消毒杀菌等处理措施。目前温泉池主要的消毒方式有阳离子杀菌剂、紫外线杀菌器等方式。

（三）设备的加热系统

加热系统根据项目地现有条件进行确定。温泉水在利用过程中，损失的热量主要包括池水面蒸发和传导损失的热量、池壁和池底、管道和设备等传导热损失，为了保证温泉水的循环利用，需要加热温泉水以维持泉温。加热方式主要有水—水加热方式（板式热交换器）、汽—水混合加热方式、燃气和燃油直接加热方式、电加热方式、太阳能加热方式、热泵加热方式等。地源热泵及水源热泵作为最新的加热装置，虽然一次性投入大，但节能、效率高等特点使其受到业界好评。

（四）设备的管路系统

根据介质、水温选用符合标准的管路。目前较理想的管材有两种，一是薄壁不锈钢管，这种管材焊接可靠，水质稳定管内壁不易结垢，但造价较高；另一种是UPVC管，承插粘接，

优点是质轻,施工方便;缺点是抗压能力不如不锈钢管,并且接口不耐温。应根据热源情况和使用性质,选择不同的管材和阀门。

本章小结

温泉水是自然产生的,是大自然赐予人类的宝贵资源。在开发利用中经营管理者会布置各种类型、功能不一的设施设备,这就使得管理工作尤其重要,这不仅关乎温泉度假地的经营效益,而且还影响着温泉资源的可持续利用。本章从介绍温泉设施设备入手包括其分类、用途、特征,并着重分析了我国目前在该行业出现的设施配置不合理的问题,同时将标准化体系运用到了该章节,最后突出实践指导性,对温泉设施设备维修改造工作进行了细述。

本章主要目的是让读者了解温泉设施设备管理的相关内容及其意义,熟悉温泉设施设备的使用、维修和选择,更好地利用好这宝贵的自然资源为人类谋福利。

关键概念

温泉设施设备　温泉设施设备管理　温泉设施设备维修

复习思考

☐复习题
1. 简述温泉度假村主题服务设施的特征。
2. 简述温泉设施设备管理的核心内容。
3. 简述温泉设施设备的维护方法。
☐思考题
1. 温泉设施设备的选择包括哪些系统?
2. 温泉设施设备维护的意义在哪里?
3. 假如你是某温泉度假地的负责人,你将如何合理配置度假地内的娱乐性旅游设施呢?

案例分析

一家"合理配置资源"的温泉度假酒店

岱海位于内蒙古自治区乌兰察布市凉城县境内,北靠阴山支脉蛮汉山,东邻丰镇丘陵。湖泊长20公里,最大宽度为14公里,最小为7公里,湖岸线长度为61.56公里,湖泊容积为988.9亿立方米,面积为130至160平方公里,是内蒙古的第三大草原湖泊。

岱海周边原有一个大型度假酒店和若干小型度假村,为单一的住宿餐饮或湖泊观光,功能性较差,已经落后于内蒙古旅游市场的变化。2006年6月,北京金隅集团凤山温泉度假村与乌兰察布市、凉城县达成开发协议,开发建设金隅岱海庄园。为此成立内蒙古金隅岱海旅游度假有限责任公司,并委托设计院策划设计该项目。

金隅岱海庄园位于内陆湖畔,使用地下温泉资源,气候寒冷,湖盆地质松软。因此,景观和建筑设计当时采用了考虑周密的全方位绿色设计方案,并要求组建了一批高素质的管理队伍和技术人员,以解决环保、采光、耗能、水循环、土地沉降、保温等问题。在这个方案中,有十大环境亮点引起了当时行业的注意。

(1) 采用阳光生态大棚自然采光和太阳能利用设施。
(2) 保温低耗能围合式建筑。
(3) 地下水回灌系统。
(4) 人工和自然沉淀二次水处理系统。
(5) 废弃物处理系统。
(6) 植被改造土地盐碱化方案。
(7) 绿色建筑材料。
(8) 微地形改造屏障。
(9) 可拆卸浮筒式码头。
(10) 鸟类保护和湿地恢复工程。

(资料节选:北京绿维创景规划设计院。)

案例思考:

1. 以此案例为基础,思考温泉设施设备的配置与管理之间的联系。
2. 了解我国温泉行业目前在设施设备改造上的最新动态。

 相关链接

进一步阅读推荐：

1. 樊超.成都周边温泉度假村主题服务设施建筑设计研究[D].成都:西南交通大学,2014.

2. 刘函.生态旅游标准体系法律问题研究[D].武汉:华中农业大学,2012.

3. 韩光明.我国温泉休闲旅游安全问题与对策[J].泉州师范学院学报,2013(2).

4. 王艳平.温泉旅游研究导论[M].北京:中国旅游出版社,2007.

5. 朱守训.酒店 度假村开发与设计[M].北京:中国建筑工业出版社,2010.

6. 陈天来,张波.温泉企业设备管理[M].北京:中国旅游出版社,2007.

7. 张峰.关中地区度假型温泉洗浴康乐中心建筑设计方法研究[D].西安:长安大学,2012.

8. 余伟.温泉度假区规划方法研究[D].上海:同济大学,2008.

9. 张雪.温泉度假酒店设计的研究[D].南京:南京林业大学,2009.

第十章

温泉品牌个案研究

学习目标

通过对温泉品牌的个案研究,了解品牌温泉度假村的运营及管理模式。

第一节 露天温泉第一家:珠海御温泉度假村

一、企业概况

珠海御温泉度假村位于珠海市斗门黄杨山西麓,集温泉度假、休闲、养生和娱乐为一体的四星级度假村,也是我国第一家露天温泉,AAAA级绿色酒店。

御温泉以卓越创新的经营管理理念,独特的"情"字风格的"御"式服务,获得社会各界的赞誉,并成功被评为"中国旅游知名品牌"、"全国用户满意服务"等。在温泉行业首创了"六福汤N次方"、"太医五体全息调法"、"中唐草本泡头"、"健康养生宴"等独领风骚的项目和服务。国家旅游局评价御温泉为中国温泉旅游行业的领头雁、排头兵。

2005年1月,御温泉荣获"中国十大最具影响力品牌"、"中国温泉旅游产业开创者"、"中国旅游知名品牌"三项殊荣。此次同时获得该项殊荣的都是国内著名的大品牌,如中国一汽、中国太平洋保险、长虹集团、康佳集团等,御温泉是十大最具影响力品牌中唯一的旅游企业。

二、温泉水资源开发及利用

(一)温泉水资源

御温泉的泉眼深150米,出口温度68~72.5 ℃。御温泉水富含极丰富有益人体的矿物质,如偏硅酸、锂、溴、硒、铁、锶等,因此"色带黄,味带咸",这是御温泉水水质的独特之处,有行家戏称御温泉水是煲了40年的"老火例汤"。对风湿病、神经性骨痛、消化道等多种疾病

均有特殊疗效,还能起到舒筋活络、强身健体、滑肤养颜、安神定神、抗衰老等作用。

（二）温泉产品及配套设施

1. 温泉疗养中心

御温泉主导产品是露天温泉,拥有30多个不同功能的露天温泉池,如华清池、六福汤N次方、香薰汤、咖啡泉、名花汤、名酒汤、清热泻火汤、预防感冒汤、美容养颜汤、药足浴汤等。同时还有"太医五体全息调法"、"中唐草本泡头"、"健康养生宴"等独领风骚的太医调理服务。

（1）太医五体全息。

融合道医、佛医、中医理论,依古代太医技法,辅以山野草本,灵性桃木工具,对人之五体进行穴位按压、经络疏理、气血调活。与传统中医按摩、沐足不同,它结合温泉泡浴及养生膳食,通过人体经脉中枢施行全面针对性的健康调理和养生之法,并辅以专门吉祥茶、万寿酒、热敷包,功效神奇。太医五体全息含初唐、中唐、晚唐系列,每个系列分太医双钟、一太一妃、一太多妃若干形式。太医掌诊后调、五行塔测疗、双龙戏水、龙浴天池、开天门、过冷河、热敷颈腰、手部孔穴与经络导引、大唐本草中药泡足浴手,以及木痧、木槌、木梳、木轮调理等过程,新鲜刺激,功效显著,感受奇妙。

（2）金字塔测疗。

通过独特物理结构及神秘检测方法,查找身体"疑点",并进行生物信息调整,特别是对颈、肩、腰、骨、肌、筋疼痛等具有独特测疗效果,适合全面人群。

（3）太医养生布穴。

由万寿阁太医令亲自调理,融合古法中医、道医、佛医理论的皇室养生秘术,调养精、气、神,对腰身虚弱者效果显著。

（4）润心五宝。

御温泉精选润心五宝,纯正温泉,完美享受,让身体处于最佳吸收状态和最佳感受状态,给您新奇体验与和谐身体。一指禅经络指压,"压力"过后更轻松;泰极全息调理,让温泉享受更彻底;本草热油推,活血还需热油推。

（5）扬州绝活。

御温泉"扬州绝活"包含按头、按足、采耳、修甲、擦背、按、敲、拍、揉……娴熟的技艺、专业的手法,让人赏心悦目。

（6）香薰古法理疗。

香薰古法泰式理疗,源于中国传统手法,并加入泰国独特按摩方式,滑利关节,迅速解除疲劳。香薰古法港式理疗,以中医理论为指导,内力配合经络穴位,调和人体百脉,提神壮体。

（7）中唐草本泡头。

缘于唐朝宫廷养生秘方,融合西方香薰疗法,能快速疏通头部经穴,改善头部微循环,适合各类人,女性效果尤佳。

（8）肩颈舒压。

独特中草药配方,对人体肩颈部位进行薰疗,宣泄病邪、改善微循环、缓解疲劳、舒缓压力之效,适合肩颈长期疲劳者。

2. 客房接待中心

(1) 御瀛庄。

御温泉度假村客房以四星级御瀛庄酒店为主体,唐房、复式房、带厅复式房、豪华套房满足不同客人的住宿需要。

(2) 云来客栈。

小汤镇"宿"的主体,其整体项目由四层的客栈楼和周边的主题温泉汤馆构成,其间融入了各种主题的食肆、摊档、茶馆、休闲馆、养生馆、客栈广场等元素,构成一个既完整又具有戏剧化的温泉生活圈,带给温泉消费丰富多变的、新奇十足的客栈式温泉体验方式,称为"宿一宵"。

(3) 御泉官邸。

如同四合院,客房是外围,中有小院,院中有温泉,泉中可嬉戏,小院独成一景。客房带室内温泉,闭门泡汤,沐浴自如,无人打扰,安静舒适。

3. 餐饮中心

"斗门风味,田园美食",御食坊集南北风味、东西方菜式,形成了自己的特色;开发的多种健康养生膳食,成为温泉养生的内调之法。

4. 国际会议中心

(1) 云来厅。

能满足10~60人同时参加会议,适合公司董事会、领导级会议、学术研讨交流、座谈会等小型会议召开。

(2) 多功能大厅。

木结构传统建筑风格,古朴自然,舒适宜人。此厅适合大中型学术报告、各公司员工会议、培训讲座、招商推广会等。

(3) 御满堂包房。

毗邻多功能大厅,共5间,可单间使用也可以多间连通使用。适合大会议分组讨论、商务谈判与会晤、推广演示等。

(4) 御宾楼。

设计精雅,设备齐全,能满足30~50人同时参加会议,适合公司董事会、领导级会议、学术研讨交流、座谈会等小型会议召开。

(5) 瀛之伴。

具有空间大、宽敞明亮的特点,适合20~50人的小型会议。每间包房容纳8人,可作为分会场进行小组讨论。瀛之伴小舞台可进行表演活动。

5. 娱乐设施

(1) 千色胡同。

源于老京城声色文化的千色胡同,古典中式设计,现代新潮感觉,倾情演艺独特视听。具有西餐、表演、酒吧、卡拉OK、咖啡厅、棋牌室等,是携好友、约知己,是浪漫之夜把酒狂欢的好去处。

（2）露天吧廊。

千色胡同新辟休息佳所。午后，坐下慢品南山，光阴慢度，品味生活；黄昏，鲜果榨汁，满载鲜甜果蔬，饮尽田园美画；夜晚来杯小酒，美妙的音乐漂浮于夜空，小醉飘然。

（3）周边娱乐。

登佛家灵地——金台寺，心诚事成，祈祷一家平安。亲临赛车场，体验极速激情，来一场卡丁赛车。高尔夫、飞靶射击、野外狩猎、泛舟垂钓，享受大自然乐趣。

三、"御"式服务

"御"式服务立于"情"，御温泉度假村开创了独特的"情"服务理念，为有形产品增值。御温泉从创立之初就致力于在服务上创品牌，并逐步发展为今天的"情"服务。人性化服务理念贯穿到每个服务环节，细节决定成败。

通过细致入微的用心观察和积累，御温泉的员工会在忠诚的老客户到来前，在客房内摆放他（她）的照片，准备好他（她）爱喝的汤或者喜欢的兰花，给以家人般的招待，生日、节日周到的问候更是从不会疏忽。无论是产品还是服务，最难得就是提供客户需要的差异化价值，在个性化服务方面，御温泉甚至在其客房门上都会按照入住客人的姓名而命名为"赵府"、"王府"等。

"情"字御式会务服务就包括了会务整体策划、会议室布局、宣传品、纪念品策划和会务组织活动策划等内容，作为承办会议的单位，御温泉从客户需求出发，从细节上为其提供的会务服务增值。御温泉真正做到了以顾客为"皇帝"（而不是上帝），真正实现了顾客的满意度和忠诚度，在竞争日益激烈的旅游市场上，依靠成功地营造全方位的旅游体验，大大提高了有形的旅游产品——温泉的价值。中国正在进入休闲经济时代，顾客的一次旅游是以整体的旅游体验而不仅仅是具体的旅游产品来衡量的，如何有效地利用各个环节的优质服务为产品增值，是实现客服满意度，进而提升企业利润的关键因素。

四、御温泉的品牌文化

御温泉以"御字为核心的养生休闲"这样一个全新定位，使原本简单的温泉概念，提升成为以健康为主题的休闲度假旅游时尚。御温泉品牌标识是龙形墨宝（"御"为唐太宗所书写）。

御温泉一直坚持企业品牌建设和企业文化培养，不断挖掘中国温泉文化，发展温泉调养休闲旅游产业，持之以恒的品牌建设使其成为国内温泉行业的引领者。过去几年里，御温泉获得的荣誉无数，其中"中国温泉旅游产业的开创者"、"中国旅游知名品牌"、"中国十大最具影响力品牌"、"中国品牌建设功勋企业"等都可以看出御温泉在做好品牌建设方面做出的努力。御温泉在不断践行着中国温泉旅游业第一品牌——御温泉的价值所在。在温泉旅游经营管理模式建立、御温泉品牌建设及品牌输出、温泉旅游人才培养等方面多有建树，其中就包括以品牌无形资产入股管理石家庄国大御温泉发展有限公司。

另外，创办《温泉休闲旅游》专刊，在人民大会堂举办全国温泉旅游高层论坛，两次全国温泉旅游高层论坛的发起与举办，广东省温泉旅游协会的成立及会长工作，中国首部温泉旅游地方标准的制定，全国首套温泉旅游高等教材的编写，《中国旅游报》"温泉旅游休闲专版"

连续4年的主编,甚至御温泉国际董事长吴卓晋先生本人在2009年当选为中国标准化协会第六届理事会副理事长,御温泉始终站在行业发展高度,成为企业与企业间、企业与政府间的桥梁与纽带,这些不仅为御温泉赢得了良好的口碑,树立了温泉行业"领头羊"的地位,也成功实现了企业与其外部环境的和谐发展。

第二节 以水为魂:山东智圣汤泉旅游度假村

山东智圣汤泉旅游度假村,由山东晨始置业有限责任公司投资兴建,一期工程于2009年7月份开工建设,占地面积338亩,建筑面积5.2万平方米,投资3.6亿元。按照国家AAAA级景区和四星级酒店标准设计打造。目前已经建设成为江北规模最大、功能最全,集温泉沐浴、餐饮娱乐、会议商务、养生理疗、生态旅游于一体的大型综合性温泉度假胜地。2010年10月被国家旅游局评定为AAAA级景区。

一、温泉水资源开发及利用

(一)水资源优势

智圣汤泉温泉井位于沂南县铜井镇新王沟村,该地热田处于郎郜—葛沟断裂带上,常年保持自流,属深循环对流型地热田,属带状兼具层状热储,地热田总面积为3.701平方公里,矿化度977.86~1826.69 mg/L,属低矿化度热水,且具有埋藏浅、水温高、水质良好等特点。地热资源量相当于1640万吨标准煤的产热量,可利用地热资源量为相当于246万吨标准煤的产热量。目前共有泉井四眼,编号分别为1、2、3、4号,日出水量7000立方左右,水温78℃左右,最高可达80℃,属偏硅酸—氟性温泉水,富含偏硅酸、氟、碘、溴、锂、锶等30多种有益人体健康的矿物质微量元素,尤其有对人体非常有益的"偏硅酸—氟"元素,含量比其他温泉要高出数倍,对慢性消化道病、慢性风湿性关节炎、肌肉风湿症、运动系外伤后遗症、各种神经炎和神经痛、肩固炎等疾病具有良好的辅助疗效,而且对镇惊安神、清热祛痰、祛翳明目、解毒生肌、通脉活血等也具有一定的作用。

(二)温泉水的提取

温泉井至项目地约4公里,温泉井水是用潜水泵通过管道输送至项目地。潜水泵位置在井下70米,每小时流量200立方米左右时,工作稳定水位在29米左右。温泉水到达项目地时水温72℃左右。温泉水到达项目地后进入一号储水池,再用水泵送至用水点。

(三)温泉水利用过程

温泉水的利用原则是取热不取水,实施温度阶梯利用。温泉水送达项目地温度约为72℃,先进入一号储水池,再用水泵送入板式热交换器,提取约24℃温差,用于度假村经营区约5万平方米供暖和每日400吨45℃生活、冲淋用热水。经第一次换热后的温泉水温度降至48℃左右。送入二号储水池供温泉泡池使用。泡池洗浴使用后水温降至32℃左右,排入三号储水池,经净化处理后再送入板式热交换器和热泵机组配合,提取约20℃温差,用于度假景区生活区域供暖。经二次换热后的12℃左右尾水送入人工湖,经沉淀、净化,再送

入温泉二期工程漂流等项目,最后经处理达标排放。

二、温泉一期工程文化主题及产品系列

度假村一期工程按照汉代建筑风格结合江南园林景观设计打造,以诸葛亮文化为主题,高标准、高品位、高质量、高精度进行建设。尤为注重植入多种元素,塑造"以绿为韵,特点突出;以水为魂,提高品位;以文为神,注入灵魂"的鲜明特色。

一是让绿色成为主色调,形成绿在园中,园在绿中,园绿交映的独特景观;二是做足水文章,打造水环境,弘扬温泉文化,让天然温泉活水涤荡每一位宾客的身心;三是突出文化底蕴,让深厚的传统文化、灵性的智圣文脉,代代相承,一以贯之;四是深入挖掘汉文化、泉文化,拓展内涵,将历史文脉的继承与发扬涵盖始终,使传统文化与现代气息相互交融,形成风格鲜明、独具魅力的城市品牌。景区内人工湖、假山、亭廊及园林绿化特色鲜明,堪称江南风韵与江北典雅的呼应。五座主体建筑古色古香,恢宏气派,包括客房接待中心、餐饮中心、温泉接待中心、国际会议中心和度假村文化中心五大主题。

1. 客房接待中心

主体楼共有183套单标间及特色高档客房和24栋贵宾别墅(100间),可同时容纳500人入住。24栋贵宾别墅,建筑风格迥异,富有异国情调,可以说是古朴与现代的完美融合。

2. 餐饮中心

设有两个各能容纳100多人的大型多功能宴会厅和16个特色包房,能同时容纳500人就餐。

3. 国际会议中心

设有能同时容纳1500人的大、中、小型会议室11处,可分别接待30~500人规模不等的会议同时召开。

4. 度假村文化中心

设有能容纳200人的大型多功能4D影视、演艺大厅和30个大中型KTV休闲包房。

5. 温泉接待中心

由室内温泉馆、先天八卦养生区、孔明文化区、动感温泉区和SPA、水疗贵宾区组成,共有特色泡池62个,融入了国内最先进的设计开发理念,融合了自然、舒适、健康等特色产品,可同时接待2000余人沐浴,日接待量为6000余人。特别是按照先天八卦方位打造的温泉养生区,根据天、地、水、火、风、雷、天、泽八种自然现象建设,为全国首创。

温泉接待中心根据泉池的区位和特色,予以富有诗意和文化内涵的巧妙命名。大型室内SPA水疗馆,内设水床、水伞、水疗按摩、纤体按摩浴、维琪按摩浴等现代化按摩设备。

一品汤,采用硅化木和黄龙玉装饰,是难得的上品。诸葛亮是一品宰相,人品一品,智慧一品,游客在一品汤池中沐浴,能够沾带智圣诸葛亮的灵气,在享受大自然恩赐的同时,也提升了自己的人生境界。

二极汤,分为太阴、太阳两池。京剧中诸高亮有一段唱词,其中有一句"凭阴阳,如反掌,保定乾坤",由此可见诸葛亮对二极的深刻理解和灵活运用。

三友汤,不仅代表"松、竹、梅"三友,更是结合了"桃园三结义"和"三顾茅庐"等三国典故,可谓家喻户晓。

玉石花茶坊,地面用五种珍贵玉石铺装而成,分别为黄龙玉、玛瑙玉、硅化木、岫玉、九龙玉,内置两套珍贵的东北红松根雕茶桌,并配有用鸡翅木做成的茶椅。

象征着"福、禄、寿、喜、财"人生五福的"五福池区",分别采用岫玉、黄龙玉、硅化木、玛瑞石、九龙玉镶嵌而成。五福泉池之所以采用玉石铺装,主要是利用玉石的温润特性和温泉水的疗养功效完美融合以达到修身养性、美体养颜、保健理疗的独特效果。

孔明河,源自各个泉池,蜿蜒东流,最后注入别墅区的卧龙湖湿地,形成了整个度假村的水循环系统。

诸葛庐,与智慧钵和八阵汤同属于孔明文化区,区内浓郁的诸葛智慧弥漫在每个角落。

儿童乐园——七彩池,针对孩子好动、亲水的特性,配以安全、新鲜、刺激的水上娱乐设备,既锻炼儿童的胆量,又提升孩子智慧,家长带着孩子在这里互动游玩,享受天伦之乐。

螺旋滑道,共有两条滑道,单条高度约为10米,每条总长度约为104米,从上至下体验飞一般的感觉只需短短7秒时间,保证是有惊无险,既紧张、刺激,又放松、欢乐。

沸波池海是山东省内最大的温泉人工造浪池。俗话说"无风不起浪",这里利用高气压推动水流,使之产生海浪一样的壮观场面,最大浪高可达1.2米。池海与假山相偎相依,浑然一体,既有南方河川之秀美,又有北方山岳之挺拔。仁者乐山,智者乐水,每一位游客在这里都能找到自己的所钟所爱。

溶洞泉,有诗为证:"假山洞中溶洞泉,洞中雾气氤氲烟,鹅黄灯光朦胧月,凡人顿感已是仙。"

卧龙泉,有诗赞美:"日月星辰急行舟,两岸幽菊一种愁;聚仙栖凤怀此地,卧龙声声寄燕鸥。"

天体浴区,左边为女宾区,右边为男宾区,每一位顾客都可以在这里除去羁绊,回归自然,让人身心放松,充分享受阳光、温泉、轻风的沐浴。

九如池区,在这里人与自然完美结合,各种特色汤池相互补充,祥瑞自然,恬淡舒展,游客在九九如意中感觉如山、如阜、如陵、如岗、如月之恒,如日之升,如松柏之荫,如南山之寿,尽享大自然的馈赠。红茶池、绿茶池的温泉水中加入了上等的红茶和绿茶,富含大量的维生素。具有润肤、排毒、滋养肌肤的功效;玫瑰池池中加入玫瑰花瓣和玫瑰精油,具有保湿润肤的效果,玫瑰代表爱情,爱情使人青春常在;还有红酒池、白酒地(酒香醉客)、何首乌池、芦荟池(芦荟具有清热解毒功效)、松木池、牛奶浴。九如池区,温泉池设计精致玲珑,特别适合情侣、家庭在此静静泡浴。进入九如池区,各种古树花草四周环绕,有种远离闹市回归自然的感觉,游客身心可以彻底放松,在此尽情享受阳光与温泉的洗礼。

一期工程于2010年5月建成并投入试运营,2010年10月通过国家AAAA级景区标准化验收,先后荣获"品牌山东·最值得体验温泉品牌"、"山东省老年人明星旅游景区"、"临沂城市建设精品工程金奖"等荣誉称号。

三、景区运营管理

项目筹备营业初期,公司内部缺乏先进的管理经验和管理人才,为把度假景区打造成国

内知名的温泉旅游度假胜地,集团领导班子认清形势,不等不靠,决定采取"走出去学"与"请进来教"相结合的培训方式,先后分三批派出40余名业务精英到湖北咸宁温泉谷和汤头观塘温泉进行了为期3个月的实地业务培训,学习、积累了先进的温泉管理经验;另外,集团公司还特聘广州泊泉温泉SPA管理顾问有限公司派出的10余人的专业管理团队担纲管理,通过他们来招聘、培训强有力的营销、管理队伍。并通过报纸、电视、网络及现场招聘等途径,在全国范围内诚邀社会各界精英加盟,共同参与管理经营,截至2010年9月委托管理合同期满,在该专业团队的精心筹备和经营管理下,度假村基本树立了"突出特色,瞄准一流,以人为本,不断超越"的经营理念和"尊重科学,实事求是,开拓进取,永不言弃"的企业形象。

2010年10月,集团公司为进一步规范度假村各项管理制度,树立新的目标,创造新的业绩,特聘香港睿岐国际温泉酒店管理机构派出的20余名专业管理精英担纲管理,该团队的入驻,对度假村的制度建设、文化建设、产品开发进行了进一步的规范和研究。在温泉品牌创建及经营管理层面使用国际领先理念和方法论,结合本土特性,在理解客户需求、洞察消费者心理,以及保持经营的灵活性和快速反应等层面发挥所长,通过两者融合,保证了智圣汤泉在市场上短期提升销售业绩、长期创建成功品牌目标的实现。并协助公司开发大量的特色鲜明、吸引力强的温泉产品。提升了智圣汤果的社会知名度,开拓了大批的省内外客户市场,为经营业绩的进一步提升发挥了积极作用。

四、产品市场培育及开发

山东智圣汤泉旅游度假村始终坚持以邓小平理论和"三个代表"重要思想为指导,全面落实"以人为本"的科学发展观,统筹规划、合理布局、发挥优势、突出特色,大力开发新产品,充分发挥示范带动效应和集聚效应,对市场优劣态势进行认真分析和研究,通过制定符合市场地域特色及与各旅行社互惠互利的优惠政策,创新产品推介推广的新思路。

省内重点稳固青岛市场,继续通过调整营销策略,加强与济南、潍坊市场的合作联系。开通青岛、日照、徐州、临沂等市场直通车,突出了目标区域领头羊的作用。

通过对主要目标市场的调研考察,根据市场的实际情况制定营销策略,将新的营销主导思想发展为全面撒网、多方布点、政策不一、重点合作。

在周末、节假日生意火爆的同时,制定不同的促销方案及旅行社合作政策,开发平日散客、自驾游、团队、会议市场,突破度假型酒店平时生意较淡的瓶颈。

在温泉品牌创建及经营管理层面使用国际领先理念和方法论,结合本土特性,在理解客户需求、洞察消费者心理,以及保持经营的灵活性和快速反应等层面发挥所长,通过两者融合,保证了智圣汤泉在市场上短期提升销售业绩、长期创建成功品牌目标的实现。

随着度假村配套设施的进一步完善,管理机制和经营模式日趋成熟。其景区设计新颖、规划合理、建筑精良、格调优雅、特色鲜明,得到了中央部委和各级领导的高度评价,赢得了社会各界的广泛赞誉。圆满承接了"全国旅游工作会议临沂分会场会议"、"山东省老年体协工作会议"、"观世博、游临沂暨智圣汤泉开园仪式"、"临沂市委理论学习中心组读书会"、"TCL新品展示发布会"、"北京盛世祥和影视公司影片发布会"、"北京辉煌动面公司、央视动面公司《秦汉英雄传》开机仪式"等大型会议及各地游客,总人数共计60余万人次,月均营业额 500 余万元,上缴税金 40 余万元,大大提高了智圣汤泉的社会知名度和公众认可度。

五、温泉景区远景发展规划

根据沂南县城总体规划、土地利用总体规划和温泉景区发展总体规划,结合国内外旅游市场与企业实际,2011 年智圣汤泉在度假村一期工程的基础上,本着节约、集约用地的原则,开发建设温泉项目二期,三年内投资 20 亿元开发建设阳都国际温泉城,两项目与一期工程形成优势互补,着力打造集温泉沐浴、餐饮娱乐、会议商务、养生理疗、生态旅游、休闲健身、竞技运动于一体的大型综合性特色温泉小镇。

二期工程位于温泉度假村一期工程以东及以北地段,规划占地 150 亩,投资 3 亿元。设计理念以"诸葛亮文化"为主题,充分体现动静结合、德身双修、天人相契、恬淡闲适的养生之道,集休闲、养生、运动、理疗于一体。主要包含以下几个主题部分。

1. 温泉水上乐园

主要以整合现有水资源循环利用的项目为主,包括溶洞漂流段、河浴浅滩漂流段、峡谷冲击漂流段、河浴精灵漂流段、果时蔬漂流段、飘雪、冰雨、水枪水炮战场、岛中静泡池、休闲沙滩、生态休闲岛、竞技池、互动水屋、喷泉广场、标准泳池等,继续做大做强度假景区水上游乐文章。

2. 休闲养生区

主要在现有地形地貌基础上经人工造坡造山,借助一期工程中卧龙湖湿地景观,形成依山傍水之势,建设包括火山泉、山地私密休闲汤屋、溶洞养身泡池、溶洞矿砂浴、矿泥浴、水晶浴、休闲石板廊等项目。

3. VIP 会所温泉区

包括 VIP 接待中心、生态山水泳场、SPA 养生会馆、室内水疗池、喷水雕塑、爱诗玛泉、乌布泉、伽姆泉、无边叠水泡池、滨水商务汤院、湖岛温泉别墅等生态湿地项目。

4. 户外拓展区

包括健康管理中心、室内健身馆、室外拓展运动场和温泉康体中心等项目。目前该工程规划、设计已基本完成,并于 2011 年底前开工建设,2012 年上半年建成并投入运营。

阳都国际温泉城包括 70 万平方米充满异域古典风情的商、住、旅综合区,由社区配套商业街、复式住宅、电梯洋房、观景喷泉及主题休闲广场等几大部分组成;6 万~8 万平方米的温泉国际会展中心,由商贸中心、会展中心、培训中心、主题雕塑休闲公园、体育运动中心、休闲商业中心、社区配套中心、社区管理中心、社区商业中心和生态停车场 10 个部分组成。通过以上两个项目的开发建设,扩大了智圣汤泉旅游度假景区的国际知名度和影响力,带动和提高了区域物流、商业、旅游品位和发展。

智圣汤泉旅游度假景区整体建成后,可安置员工 1500 余人,固定资产可达 20 亿元,年实现税收 500 余万元,将达到国家 AAAAA 级景区标准,成为国内一流、世界知名的大型综合性温泉旅游度假胜地。

(注:山东智圣汤泉旅游度假村由广州泊泉机构规划设计。)

第三节　华东温泉度假旅游标杆：南京汤山颐尚温泉

南京汤山颐尚温泉度假区由国旅联合股份有限公司旗下的南京国旅联合汤山温泉开发有限公司投资开发，位于汤山新城启动区内，第一期总投资5亿元，于2005年开业。颐尚温泉度假区以温泉文化、明文化和民国文化为载体，融合度假酒店、温泉疗养、休闲娱乐、历史人文景观等功能为一体，是华东温泉度假旅游产业的标杆之作。

一、坚强后盾：国旅联合

（一）所属企业——6家全资子公司及1家分公司

国旅联合股份有限公司是国内第一家专业致力于温泉休闲度假产业的上市公司，于1998年12月28日在南京成立，经中国证监会批准，于2000年9月22日在上海证券交易所上市挂牌交易（股票简称：国旅联合，股票代码：600358）。公司现有注册资本4.32亿元，总股本43200万股，现有员工1824人。公司现有南京国旅联合汤山温泉开发有限公司、国旅联合重庆颐尚温泉开发有限公司、国旅联合旅游开发有限公司、北京颐锦温泉会馆有限公司南京颐锦酒店管理有限公司、宜昌三峡金山船务有限公司6家全资（或控股）子公司及国旅联合北京贸易分公司（见图10-1）。公司旗下的南京阳山碑材明文化村景区、颐尚·重庆北碚温泉度假区为国家4A级旅游景区。

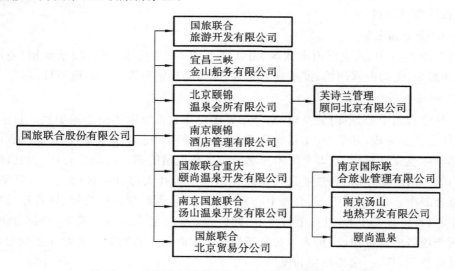

图10-1　国旅联合股份有限公司隶属的分公司构架图

（二）企业精神——负责、坚韧、合作、创新

国旅联合股份有限公司承"负责、坚韧、合作、创新"的企业精神，以"从需求出发，让顾客满意"为经营宗旨，以"我们的共同价值观——共享美好人生"为企业理念，在稳固国内行业领先者地位、逐步扩大市场份额的同时，以造就专业的经营管理团队。提升品牌知名度，形

成核心竞争能力为战略目标,将逐步成为国内温泉休闲行业有强大竞争力的、高度专业化的全业务型投资开发企业,为社会提供更专业优质的服务。

(三)企业组织管理——制度化、规范化、科学化、程序化

国旅联合公司本着"坚持以人为本,充分发挥和尊重个人能力"的用人理念。公司内部管理基本实现了制度化、规范化、科学化、程序化,一切皆有章可循。按照现代科学管理要求设置了相应的职能部门、岗位,重要岗位设置有总裁、副总裁(行政总监)、财务总监、董事会秘书、总裁助理、人力资源总监、总裁办公室主任、审计经理等。公司以劳动责任、劳动技能、劳动强度和劳动条件等基本要素评价为基础,以岗位薪酬、技能薪酬为主要内容制定了薪酬制度。国旅联合公司注重员工的培养,为员工不断创造职业机遇。员工培训采用内部培训和外部培训相结合的方式进行,基本素质培训以企业内部培训为主,岗位专业技术培训以企业外部培训为主,并创造机会员工参加外部举办的研讨会、进修班和继续教育学习。

(四)企业两大核心品牌——"颐尚温泉"和"颐锦"

国旅联合股份有限公司推行品牌化连锁经营,以都市周边温泉度假地、都市核心区高端会所为主要发展方向,形成"颐尚温泉"、"颐锦"两大核心品牌,并以此作为公司的开发重点与战略模型。"颐尚温泉"是以温泉为核心资源的连锁休闲度假项目品牌,旗下有颐尚·南京汤山温泉度假区、颐尚·重庆北碚温泉度假区;"颐锦"是城市中心以文化养生休闲为特色的综合型精品会所式高端休闲度假品牌,旗下的颐锦·北京丽都会所、颐锦·南京白鹭洲会所均已开业经营。

(五)企业愿景——以温泉资源为核心的旅游休闲度假地开发第一品牌

颐尚·南京汤山和颐尚·重庆北碚两大温泉度假区是目前国旅联合主营业务发展的两大基地,公司将以此为中心向其他区域辐射,以优质温泉和土地资源为切入点,在华东、西南地区选择发展后劲充足、旅游吸引物突出的区域进行战略扩张;同时,公司将坚持品牌发展战略,通过品牌输出,提升"颐尚"、"颐锦"品牌在温泉休闲旅游市场的影响力,最终实现公司发展的愿景。

二、温泉特色

(一)优越的自然地理区位

南京汤山颐尚温泉度假区位于汤山国际温泉城核心区内,汤山山体东南麓。200平方公里的汤山大地位于长三角核心地段,距离南京市中心25公里,仅30分钟车程,距上海300余公里仅两个半小时车程,距杭州200余公里约2个小时;位于南京主城东部,是南京的东大门,地处江宁区东北端,有直通禄口国际机场的汤铜公路,沪宁高速公路和宁杭公路由西向东穿镇而过。

长江三角洲区域在上海的龙头效应带动下,迅速崛起为世界六大城市群之一,区域一体化的特点正在显现。网络化、一体化、便捷化的交通运输网络加速形成,汤山的区位优势将得到全面放大。汤山将会成为长三角生产力布局和开放构架"T"形格局的一个重要节点,成为连接南京、上海、杭州中心城乃至长三角重要城市之间的重要环节。

(二)优美的自然风光和悠久的历史文化

南京汤山颐尚温泉度假区位于南京市江宁区汤山街道温泉路8号。度假村所在地——汤山,自古就因温泉和青山得名,这里历史文化资源和自然山水资源十分富集,是南京重点旅游区之一。117平方公里的镇境内有山地近10万余亩,故有"十万大山"之美誉。山中有温泉,据地质考察提供的资料,早在1亿多年以前这里的温泉已经流出地面。除此之外,还有汤山古猿人洞,在此发现的古猿人头骨更将南京地区有人类活动的历史追溯到35万~63万年以前。汤山名胜俯拾,古迹众多,还有"10万骆驼拉不起"并载入吉尼斯纪录的阳山碑材;有明代留下的南京地区第二大石窟佛像;有全真教道观所在地朱砂洞;还有蒋介石温泉别墅、陶庐遗址、于右任别墅遗址等民国文化遗存和遗址。汤山集"碑、泉、洞、湖、寺"为一体,融人文景观与自然风光为一炉,独具特色。

(三)"3H=QL"的经营理念

"3H=QL"——Heart+Health+Hobby=Quality Life 即"用心过有质量的生活"。南京汤山颐尚温泉秉承"3H=QL"的经营理念,以"山林、温泉、微笑"自然而健康的元素,以"温泉"为核心资源,以"亲水"为诉求表现,以"度假"、"休养"、"娱乐"为功能方向,以"提供适合主题产品的度假休闲服务产品"为服务配套,用心为喜欢温泉、享受度假、热爱生活的人规划出让人身心飞逸的温泉主题度假产品。

(四)华东温泉旅游产业的领航者

以江宁区汤山镇政府建设"温泉之乡"和"温泉城镇"为规划背景,结合镇区开发的总规和可提供资源,国旅联合在历史悠久的温泉名城——汤山投资温泉产业,建设南京汤山颐尚温泉度假区。南京汤山颐尚温泉度假区一期项目于2005年开业,以享有盛誉的汤山温泉为核心资源,集"温泉、观光、休闲、度假游"于一体,是一个抢断市场先机先进入华东地区的大规模专业的温泉度假区。自营业以来,度假区接待游客人次和经营收入逐年递增,在经营、品牌市场认知上均获得了持续性的良性发展,保持着华东地区温泉旅游产业领头羊的地位。

三、南京汤山颐尚温泉发展

(一)项目投资规模

颐尚温泉·南京汤山度假区占地面积近800亩,以享有盛誉的汤山温泉为核心资源,国旅联合通过对该地块的逐步开发建设,将把这里建设成为一个集温泉、观光、休闲、度假为一体的,同时达到国家5A级旅游风景区标准的温泉旅游度假胜地。而度假区也属于《南京市江宁区汤山新城总体规划》中温泉旅游项目规划的核心部分,具有景观资源和地热资源的绝对优势。

汤山项目按照一轴两区的结构进行投资规划。其中的"一轴"指沿山大道及其两侧绿带构成的旅游景观轴,这是汤山新城旅游发展区旅游发展带的重要部分,同时也是度假区的主要景观长廊和交通联系轴。以沿山大道为界,汤山项目被分为东、西两个片区开发,此为"两区"。其中,西区为第一期主要投资区域,占地约14公顷,投资额近5亿元,西区项目自2001年3月启动至今,颐尚温泉度假酒店、温泉公园、VIP别墅、会议楼、香樟华苹别墅式酒店(合资)等项目已先后落成开业。西区的核心项目为露天温泉公园。在未来的3~5年内,国旅联合预计还将投资 5 亿至 10 亿元对东区进行开发建设。东区全部建成后将与西区共同具备超 100 万游客的年接待能力。全区开发完成后,将成为融住宿、休闲、娱乐、会务、商务、疗养、康体、景区为一体的综合性多功能的度假区,带动汤山地区成为空气清新、环境优美、设施完备、适宜休闲度假居住的国际温泉旅游风景区。

(二) 温泉水资源条件

颐尚温泉来源于汤山。汤山温泉的利用历史可以追溯至 1500 年以前,是中国较古老的温泉养生地之一。相传南朝梁太后因在此洗浴治愈了皮肤病,皇帝遂封汤山温泉为"圣汤"。这里现有七泉,日出水量可达万吨,水温在 55~65 ℃,夏冬季节水温温差也不大,水质清净,含有钙、镁、硫、氯、铁、钠等 30 多种矿物质,还有氡、氟等微量元素,被称为"含氡的硫酸盐中温钙镁泉",是中国著名的四大温泉之一。

汤山颐尚温泉具有地热资源的绝对优势,与汤山镇政府签订了两口井的使用权,为温泉水资源的供应提供有力的保障。目前在使用的一口井,出水量每小时约 200 吨,单日接待量可达 4000~5000 人。这两口井连续 5 年使用下来,水温无多大变化,出水温度保持在 65 ℃左右。在冬季温泉旅游旺季期间,汤山区域内多口井同时使用时,对颐尚温泉的出水量无干扰。

(三) 经营概况

南京汤山颐尚温泉度假区一期项目自 2005 年开业以来,以"温泉"为核心,根据市场的反馈,不断地调整经营策略,创新产品,辅以汤山项目优势的地理和交通区位,优质的温泉资源和温泉文化的积淀,经营、品牌市场认知上均获得了持续性的良性发展。2005 年 5 月开业至 2010 年 6 月,散客占 35%的客源比例,旅行团占 60%的客源比例,其他占 5%,以上海客源市场为主。2005 年开业第一年的 8 个月,实现了 23200 人的接待量和 5981.43 万元的营业额。2008 年在美国金融危机的席卷下,汤山顾的温泉仍持良好的增长势头,接待游客量为 324300 人,营业额为 7029.92 万元。2009 年继续保持逐年递升的业绩,实现 373100 人的接待量和 8641.74 万元的营业额。2010 年 1 月至 6 月接待量达 19000 人次,营业额达 5038.39 万元,预计能持续保持增长的势头。南京汤山颐尚温泉度假区自开业以来,接待人次具体如图 10-2 所示。

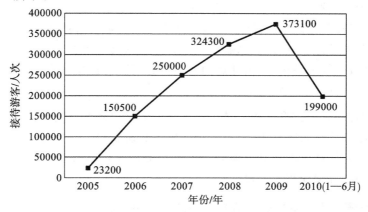

图 10-2 2005 年—2010 年 6 月南京汤山颐尚温泉度假区接待人次

(注:数据资料来源于南京国旅联合汤山温泉开发有限公司。)

第四节 天然地热博物馆:云南腾冲火山热海

一、企业概况

热海景区是由云南腾冲火山热海旅游区开发管理有限公司(以下简称"火山热海公司")进行开发管理和经营的,该公司成立于2004年1月1日。成立之初,由云南机场集团有限责任公司和腾冲国有资产经营有限责任公司、云南官方企业集团三方共同出资组成,在2007年4月,云南官方企业集团因战略投资转移,将其股权转让云南机场集团和腾冲国有资产经营有限公司。火山热海公司现有注册资本17840万元,主要负责国家AAA级火山地质公园和国家AAAA级热海风景名胜区的开发管理和经营。火山热海公司在经营管理中始终坚持"以人为本,诚信服务,保护环境,关爱健康,守法经营,持续改进"的管理方针。

由于目前热海景区的规模相对较小,因此火山热海公司拟定了"东扩西进"、"小泉大业"、"百态温泉"这三条发展战略,将热海打造成大景区,发展大产业,开发大旅游。火山热海公司已完成热海景区、火山景区的详细规划以及热海SPA康乐园、美女池酒店等项目建设,并启动玉温泉酒店、浴谷蒸屋、美女池片区、"老滚锅"等其他改造提升建设项目。

二、地理位置及周边环境

(一)地理位置:位于滇西边境游的重要节点

热海景区位于腾冲县城南10.5公里处的清水乡,是国家级重点风景名胜区、国家AAAA级景区、国家地热地质公园、云南省八大省级旅游度假区之一,位于中国旅游圈与东南亚旅游圈、南亚旅游圈的结合部,滇西北旅游区、滇西国的旅游区、缅北旅游区的中心位置,是滇西边境旅游区重要支撑地之一,是滇西精品旅游线的重要节点。景区青山环抱,景区错落分布。

(二)周边环境:多个旅游名胜区相互支撑

腾冲周边有三江并流国家级风景名胜区、高黎贡山国家级自然保护区、瑞丽——大盈江风景名胜区、缅北旅游区、苍山洱海国家级风景名胜区以及博南古道等省级风景名胜区。腾冲本身也为国家级风景名胜区、火山地热国家地质公园以及省级旅游度假区等。

(三)交通条件:不断改善的对外交通

国道320大保高速公路和大保——腾冲高速公路的修建和开通大大提高了腾冲在陆路交通方面的能力;距离热海景区近12公里的腾冲机场的建成和运营更进一进步提高了腾冲的对外交通能力。同时,从腾冲县到热海景区有专线旅游车,方便游客从县区前往热海景区。因此,热海景区的对外交通相对便捷。

三、温泉资源条件:有"天然地热博物馆"之美称

热海景区由于有丰富的地热景观和独特的地质特征,早在明清时期就享有"一弘热海"

之盛誉,是腾越十景之一,素有"天然地热博物馆"的美称。景区内有喷气孔、冒气孔、冒气地面、热沸泉、热喷泉、热水泉、热水喷爆等地热景观,有极高的观赏价值和科考价值,同时还有疗养治病的神奇功效。

以下从景观资源和温泉、蒸汽资源两个方面对热海温泉资源条件进行介绍。

(一)热海主要景观资源:丰富地热奇观

热海景区的景点有沸水翻滚、汽浪蒸腾的"大滚锅",喷珠吐玉的"珍珠泉",有神奇妙方美称的"怀胎井",栩栩如生的"蛤蟆嘴"、"狮子头"等十多个世界少见,国内仅有的奇珍异泉。根据各自形态的不同,泉眼又分为喷气孔、冒气地面、热沸泉、喷泉、热水泉华、热水爆炸等丰富地热奇观。

(二)热海温泉、蒸汽资源:"天下神汤、地下神汽"

热海温泉为碳酸氢钠型水,具有温度极高、水质极软、酸碱度适宜、矿化度极高的特点,同时达到了饮用矿泉水和医疗矿泉水的标准。在 2008 年云南省旅游协会 SPA 与温泉分会依据 DB53/T 256—2008《旅游温泉标识使用规范》、参考 GB/T 11615—2010《地热资源地质勘查规范》和 GB/T 13277—2016《天然矿泉水资源地质勘探规范》对热海温泉水质进行了旅游温泉品质鉴定,同时云南地质工程勘察设计研究院测试研究所还对温泉水质进行了《医疗矿泉水水质标准》检测,热海温泉被授予旅游温泉特级品质,成为我国首批持有旅游温泉品质认证的旅游景区。

热海景区还有丰富的含负氧离子的汽泉(地热蒸汽)。据分析,这里的汽泉含有钍元素衰变而成的大量氡气,以及其他多种化学成分,它与各种中草药配合,能治疗运动、神经、消化、呼吸、心血管等系统的二三十种病症,其中尤对风湿性关节炎、腰肌劳损、坐骨神经痛等疗效显著,有效率高达80%以上。热海景区高温温泉、地热蒸汽资源被称为"天下神汤、地下神汽"是景区的核心资源。

热海不仅风景最独特迷人,而且热能源开发方面也有非常广阔的前景。目前热海已成为集旅游观光、休闲度假、康体理疗于一体的综合性景区。

四、热海景区的发展现状

(一)交通设施配备和景区游览线路

景区的内部交通已初具规模,目前在景区内已经设置了相应的步行道和车行道,并配备了专门的游览车等交通设施。

热海地区目前配备游览车 10 辆,其中 7 人座 1 辆,10 人座 8 辆,13 人座 1 辆,负责停车场至美女池、停车场至景区入口、停车场至景区出口、停车场至餐厅多个方向游客的运送。

随着景区游客的增多,景区游览路线不断进行改造。进入景区的游览线路由原来的珍珠泉、眼镜泉处狭窄往返向的景区游路改造为鼓鸣景—眼镜泉—珍珠泉—泉华裙的环形游览路线,增加了游客游玩的安全性,同时把景区内原有的仙人桥—热爆区以及三号岗下木桥—蛤蟆嘴平台的热田科考区木游览路线改造为火山石、鹅卵石路面,桥面改为栗树方筒,大大增加了景区的观赏性,同时还增加了游览路线的安全性。

(二)温泉产品:温泉与地热蒸汽

热海景区有两大核心资源,温泉、地热蒸汽,被称为"天下神汤、地下神气"。腾冲地热则是这两大核心资源的重要组成部分,腾冲地热的形成有特殊的地质背景,地处印度板块与欧亚板块陆陆碰撞地带与川西、藏南地区相连,是地中海—喜马拉雅环球地带的重要组成部分,强烈的地壳运动使岩石破碎、断裂形成岩浆入侵,火山喷发,为地热流上升提供了通道与储存空间,据地球物理探测,腾冲地区地壳平均厚度约为40千米,在地壳厚度约7千米的深处,有一个厚为20千米的高温岩浆囊,为腾冲地热能源不断提供热源。现热海景区主要有年年有鱼广场、养生阁、浴谷、大滚锅、怀胎井、鼓鸣泉、眼镜泉、珍珠泉、美女池、澡塘河景观、蛤蟆嘴等片区组成,各个区相对独立又互相呼应。

(三)客源市场

热海景区的客源市场分为四个客源群体:第一,高端养生度假市场,它主要面向高级白领、企业主、政府官员等,该消费群体是热海景区核心的主要服务对象;第二,康体理疗养老市场,主要面向成功人士的父母和退休的企事业高层;第三,大众观光休闲市场,主要面向工薪阶层、学生等,该群体游客主要参与地热观光等活动,停留时间短、人均消费较低;第四,会议奖励旅游市场,主要面向公务人员、企事业员工等。

(四)各项荣誉和成就

2007年12月至今,热海景区先后荣获"最具潜力的中国十大风景名胜区"、"中国温泉朝圣地"、"中国十大养生基地"、"中国最佳旅游度假胜地"、"保山市2007—2009年文明风景区"、"腾冲县2007年度对外宣传先进单位"等多项殊荣。

第五节　华南第一泉:湖南汝城福泉山庄

一、企业概况

国家AAAA级旅游景区汝城温泉(福泉山庄),坐落在由住建部颁布的中国首批特色小镇——热水镇,是以环保为主题的温泉酒店。

相传很久以前,天上有十个太阳,后羿射下九个,其中最大的一个落在湖南郴州汝城县热水镇,就成了现在的"华南第一泉"——常年滚烫如沸水开锅的汝城温泉。

湖南汝城福泉山庄地处湘、粤、赣三省交界处,位于汝城温泉汤河中心地带,汤河泉眼密布,云蒸雾绕,恍若仙境。山庄以湘南民居建筑群为主体风格,占地135亩,总建筑面积20000多平方米。拥有舒适别致的各类客房207间(套)、可容纳30~200人的多功能会议室、各类餐饮场所、各类露天疗养泡池50多个,宽敞舒适的休息厅可同时容纳80人休息。其中,小岛别墅区客房面积每间超过100平方米,并独享私家园林、私家泳池、泡池和专属会所,彰显尊贵。

二、温泉水资源及产品

（一）温泉水资源

汝城温泉（福泉山庄）位于湖南省、广东、江西三省交界的郴州汝城温泉汤河中心地带，汤河泉眼密布，云蒸雾绕，恍若仙境。温泉又名"汤河"、"灵泉"，汤河面积约 3 平方公里，天然日流量 5540 吨，水温平均为 91.5 ℃，最高达 98 ℃，为我国水温最高的热泉。也是我国南方水温最高、流量最大、水质最好、热田面积最宽的天然温泉。

汝城温泉生成于距今 8000 万年前的新构造运动，早在唐乾元二年（759）就载入了国家地理志，是我国四大热田之一。热泉水达到饮用水标准，可直接饮用，水无色透明，稍有硫化氢气味，为低矿化、低硬度、高温弱碱性重碳酸、硫酸钠型氟及硅质矿泉水，含硅、钠、钾、钙、锶、硼、氟、氡等三十多种对人体有益的元素。按照我国卫生部门标准，氡元素含量大于 15 埃曼/升即属医用温泉，对人体能产生某些显著的生理作用，30 埃曼/升即可作为生殖系统辅助治疗药物。根据联合国教科文组织官员实地考察，汝城热泉水氡含量达到了 142 埃曼/升，为罕见的"极品氡泉"，经专业鉴定，对关节炎、皮肤病、痛风、高血压、血栓性脉、气管炎、神经官能症、胃及十二指肠炎等 10 多种慢性病疗效显著，能够缓解内分泌失调、色素沉着，有助于皮肤保养、睡眠、减轻疲倦和疼痛，稀有奢贵。

（二）温泉产品

福泉山庄竹海水疗为园林式露天泡浴区，区内古乐悠扬，温泉汩汩；绿树亭台，曲廊回环；小桥流水，水雾氤氲。

水疗以温泉养生、生态养身、气候养老、文化养心、教育养人"品牌五养"为指导，主要由五大功能区构成：特别奉献汲百年畲、瑶族汤浴精华，撷本地植物药材，借极品氡泉之势，由湘南学院中医专家团队精心研制的"七生汤"本草热泉养生区；可供多款养生汤羹和浴后专业按摩的养生休息区；高品质动感泡池区；儿童嬉戏游乐区和游泳区。43 个各具特色的露天泡池让您尽享舒适惬意的休憩空间和独特的温泉养生文化。

"七生汤"是由湘南学院中医药专家团队吸取数百年当地畲族、黎族百姓汤浴精华，采撷本地植物药材，借极品氡泉之势，融合现代中医理念与技术精心研制的以药浴、保健、养生为核心的本草汤浴。"七生汤"分别是疏肝理气汤、壮腰健肾汤、醒脑养神汤、健脾益气汤、舒筋活络汤、消脂瘦身汤、润肤养颜汤。

（三）泡浴文化

《素问·四气调神大论》言："阴阳四时者，万物之终始也，死生之本也。逆之则灾害生，从之则苛疾不起。"故，四季泡浴各有侧重点。

春宜养生：春日洗浴，升阳固脱——意在调精舒体。
夏宜养长：夏日泡泉，暑温可祛——以致静神养心。
秋宜养收：秋日浸池，肺润肠蠕——力图护肺收阳。
冬宜养藏：冬日浴汤，丹田温灼——为达养精祛毒。

福泉山庄在引导游客"泡泉·品泉·享受泉"的理念下，独创"三段养生泡汤法"、"四式交替养生泡汤法"、"五要素综合养生体系"。

1. 三段养生泡汤法

第一段：沐前经络疏导。

入温泉前：充分净身洁体，淋冲揉拍，以疏通经络和毛孔，放松身心，拥抱灵泉，呼应天地。

养生意义：就像喝水需要张开口一样，泡温泉也需要打开身体的经络、毛孔、穴位，把身体调整至很放松的状态。促进身体更好地吸引温泉水的养分，更好地享受到温泉带来的妙处。

服务需求：通过桃木槌沾点秘制药水，击打背部经胳，按压各个穴位进行"开穴"，从而带动全身经络，达到打开毛孔、理顺经络。药水通过锤打渗透肌肤，促进气血循环。

第二段：沐中精心调理。

孙思邈《千金要方》言："养性之道，常欲小劳，但莫大疲及强所不能堪耳。"沐中需要淋、浸、冲、泳，四式交替，小劳而不大疲。

养生意义：由愉悦的音乐伴随，或静或动地享受经地底千万年形成的原汁原味的纯正温泉，感受蕴涵丰富文化及养生功效的温泉和辅助手段，其有益成分和美好感觉进入体内。

服务需求：沐浴温泉中，温泉的养分被身体吸收，身体处于舒张状态，这时针对身体状况进行养生调理，有针对性地补充水分、营养和药膳。

第三段：沐后肌体护理。

浴后，续享独特福泉石灸、福泉蛋灸，得以养固而完美"收官"。

养生意义：泡完温泉，毛孔受热张开，要注重泡温泉后的"收官"阶段，在这个时候需要养护和巩固，沐后肌体护理则可完美地解决，让沐汤效果更持久。

服务需求：经过沐后的按、灸护理和有针对性的特色食补，才算是结束了温泉享受的完整过程。

2. 四式（淋、浸、冲、泳）交替养生泡汤法

淋——净身洁肤，疏经导络。

浸——热身暖脉，吸氡纳精。

冲——击身拍穴，调经舒脉。

泳——摩身展体，运神理肌。

（1）温热作用——浸。

温泉（微温浴）34 ℃至 42 ℃，夏季 40 ℃以下为标准。

温泉温度若接近体温则消耗的能量较少，而此种温度的温泉对心脏的血压影响较小，不会增加身体的负担，也能促进副交感神经的功能，同时抑制神经循环过度兴奋。

（2）水压作用——冲、淋、泳。

水压作用对血管和淋巴管有压缩作用，而且有活化循环器的功能。

运动后肌肉疲劳时，水压和温热作用会使乳酸（疲劳物质）容易排出，恢复健康。

（3）浮力作用——浸。

由于温泉水的浮力比自来水大，会使身体更轻盈增加活动力。较为肥胖的人，或腰痛、关节痛患者，在温泉中较容易活动身体，对肌肉的训练也有帮助。

（4）药理作用——浸。

温泉中含有对身体有效的物质,借着泡浴或饮用,使这些物质经由皮肤或黏膜直接进入体内,因此有时能减少药剂的服用,且能提高免疫力。

温热静泡——放松身心,享受忘我。

药浴浸泡——渐入佳境,药力渗入。

高温冲浪——祛除疲劳,活化循环。

冷热淋激——适当刺激,提神免疫。

泳池游嬉——回归活力,舒展心身。

3. 五要素综合养生体系

五要素分别为饮、食、泡、按、灸,强调"两替两和":动静交替、冷热交替、泡饮结合、汤剂调和。福泉特别饮食如下。

(1)"温泉汤·烫吃"无火火锅。

根据当地畲族百年"烫食"传统,结合现代养生理念,独家研制以汝城汤河98 ℃高温泉水为底汤水,配以当地野生放养黄牛的牛骨、土鸡、野生菌类等天然原材料,辅以人参、灵芝、黄芪、当归、枸杞等多种药材精心熬制底汤,采用汝城当地食材主料,集养生与美味为一体的"无火火锅"烫锅——福泉汤·烫吃。即烫即熟,即烫即吃,味鲜独特,绿色健康,营养丰富,别有风味。

(2)滋肾羹。

张湛《延年秘录》:"食豆增髓,肾生骨髓。"以黑豆为主要原料,辅以山药、莲子及多味中草药秘制而成。

(3)养颜羹。

屈原《离骚》:"朝饮木兰之坠露兮,夕餐秋菊之落英。"以菊花为主要原料,辅以枸杞、百合、蜂蜜等秘制而成。

(4)七叶胆护肝茶。

《明清中医临证小丛书》:"七叶胆补气养阴,清肺化痰,养心安神,生精固精。"主要原料为野生七叶胆,辅以杜仲、山楂等。

(5)金银花茶。

《本草纲目》:"金银花,善于化毒,故治痈疽、肿毒、疮癣……"主要原料为野生金银花,辅以枸杞、山楂等。

(6)菊花茶。

《增广大草纲目》:"野菊,……对败毒、散疗、祛风、清火、明目为第一。"主要原料为野生菊花,辅以枸杞、山楂等。

(7)话梅茶。

《本草纲目》:"梅,血分之果,健胃、敛肺、温脾、止血涌痰、消肿解毒、生津止渴、治久嗽泻痢……"主要原料为话梅,辅以山楂、枸杞等。

三、历年荣誉

2006年被评为国家AAAA级旅游景区(点)。

2007年荣获"中国乡村旅游最佳休闲度假飞燕奖"。

2008年被评为"华南地区最高水温温泉"。

2009—2015年多次被省市旅游局评为"优秀等级旅游景区"、"最佳等级旅游景区"和"郴州市旅游行业品牌企业"。

2014荣获"中国郴州'林中之城,休闲之都'国际(温泉)休闲旅游文化节会活动先进集体三等奖"。

2014年荣获"乡村休闲温泉养生基地"、"最受湖南人欢迎的温泉度假酒店"等荣誉。

2015年8月上旬,湖南省首批"两型认证"的旅游景区。

2015年荣获"湖南省五星级乡村旅游区(点)"、"治安保卫重点单位"等,并加入了中国旅游协会温泉旅游分会理事单位。

2014—2016年连续三年承办当地少数民族畲族节日"三月三畲族的春天"。

2017年荣获中国温泉行业奥斯卡奖——金汤奖、全国十佳旅游目的地、国家四星级农庄。

2017年取得中国温泉协会副会长单位称号及国家标准化汝城县唯一试点单位等荣誉。

 相关链接

进一步阅读推荐:

1. 哈好网. 全球最具亮点的特色温泉,千万别错过[EB/OL]. http://mp.weixin.qq.com/s/qXqp1xQP2-5WZblF_qImcw,2017-12-12.

2. 唐玮. 秋冬6选!小而美的日本特色温泉旅馆[EB/OL]. http://mp.weixin.qq.com/s/gPfhl1txgEaiWP7MVNEO6 g,2016-10-28.

3. 游虎旅游网. 推荐您一款冬日特色温泉——王家大院里的温泉:崇宁堡[EB/OL]. http://mp.weixin.qq.com/s/XCwFt5V6re4rKK6D47Qtfw,2017-12-22.

4. 小米君. 私藏|盘点北海道最具特色的七大温泉旅馆![EB/OL]. http://mp.weixin.qq.com/s/9lKWI6WY4rkfmOxdfpgvMQ,2017-11-12.

5. 欧洲奢华酒店. 欧洲10家特色温泉酒店[EB/OL]. http://mp.weixin.qq.com/s/VXllEpwDZmRAteODiR5agw,2015-11-07.

6. 金晓晓.【浮在"温泉海上的国度"】匈牙利全境八大特色温泉,你去过几个?[EB/OL]. http://mp.weixin.qq.com/s/SoWWUs2W6 gnEQ7T6zG_5SA,2016-10-31.

7. 背包旅行摄影. 天冷了,送你一池能泡到天荒地老的温泉[EB/OL]. http://mp.weixin.qq.com/s/b9MetEdc2rKRHyu65Jx7GQ,2016-12-23.

8. 广西嘉和城温泉谷. 温泉颜色的秘密|五彩斑斓的"水"[EB/OL]. http://mp.weixin.qq.com/s/9tZhVahn7TlsEXtFb3O5Ig,2017-12-14.

附录

温泉企业服务质量等级划分与评定

引 言

随着国民经济的发展和人民生活水平的提高，消费者享受休闲、度假、养生等康体需求的增加，温泉旅游业发展速度快，并形成了一定规模的市场，成为与民生紧密相连的新型产业。《温泉企业服务质量等级划分与评定》是为规范温泉旅游市场秩序，全面提升温泉旅游的管理水平和服务品质，营造低碳生态突出、文化魅力独特的温泉旅游产品而制定的中华人民共和国旅游行业标准。

本标准以科学发展观为指导，以引导温泉旅游行业健康发展、促进市场繁荣和规范秩序，不断满足消费者日益增长的健康旅游发展需求为目的，在综合云南省、广东省、广西壮族自治区、重庆市等地方标准的基础上，既充分体现全国温泉行业的共性特征，又具有行业引领性及适用性的标准。

1 范围

本标准提出了对温泉企业的泉质要求（包括泉质的分类及其辅助医疗作用）、温泉水质卫生要求和经营场所的空气质量的要求，明确星级的划分条件、服务质量和运营规范要求。

本标准适用于正式营业的各种温泉企业。

2 规范性引用文件

下列文件对于本文件的应用是必不可少的。凡是注日期的引用文件，仅所注日期的版本适用于本文件。凡是不标注日期的引用文件，其最新版本（包括所有的修改单）适用于本文件。

GB/T 155　原木检验材质评定

GB/T 5750.2　生活饮用水标准检验方法　水样的采集与保存

GB/T 5750.4　生活饮用水标准检验方法感官性状和物理指标

GB/T 8538　饮用天然矿泉水检验方法

GB 9663　旅店业卫生标准
GB 9665　公共浴室卫生标准
GB 9666　理发店、美容店卫生标准
GB 9670　商场（店）、书店卫生标准
GB/T 11615　地热资源地质勘查规范
GB 11742　居民区大气中硫化氢卫生检验标准方法
GB/T 13727　天然矿泉水地质勘探规范
GB/T 14308　旅游饭店星级的划分与评定
GB/T 14582　环境空气中氡的标准测量方法
GB/T 17220　公共场所卫生监测技术规范
GB/T 17775　旅游景区质量等级的划分与评定
GB/T 18204.1　公共场所空气微生物检验方法 细菌总数测定
GB/T 18204.2　公共场所茶具微生物检验方法 细菌总数测定
GB/T 18204.3　公共场所茶具微生物检验方法 大肠菌群测定
GB/T 18204.4　公共场所毛巾、床上卧具微生物检验方法 细菌总数测定
GB/T 18204.5　公共场所毛巾、床上卧具微生物检验方法 大肠菌群测定
GB/T 18204.6　理发用具微生物检验方法 大肠菌群测定
GB/T 18204.7　理发用具微生物检验方法 金黄色葡萄球菌测定
GB/T 18204.8　公共场所拖鞋微生物检验方法 霉菌和酵母菌测定
GB/T 18204.9　游泳池水微生物检验方法 细菌总数测定
GB/T 18204.10　游泳池水微生物检验方法 大肠菌群测定
GB/T 18204.11　公共场所浴盆、脸（脚）盆微生物检验方法 细菌总数测定
GB/T 18204.12　公共场所浴盆、脸（脚）盆微生物检验方法 大肠菌群测定
GB/T 18204.28　游泳水温度测定方法
GB/T 18204.29　游泳水中尿素测定方法
GB/T 18883　室内空气质量标准
GB/T 18971　旅游规划通则
GBZ2—2002　工作场所有害因素职业接触限值
GBZ/T160.33　硫化氢的硝酸银比色法
LB/T007　绿色旅游饭店
WS 205　公共场所用品卫生标准
国家建设部和发改委.节水型城市考核标准.建城〔2006〕140号

3　术语和定义

下列术语和定义适用于本文件。

3.1　温泉 hot spring

从地下自然涌出或人工钻井取得且水温≥25 ℃，并含有对人体健康有益的微量元素的矿水。

3.2 冷泉 cold spring

从地下自然涌出或人工钻井取得且水温<25 ℃,并含有对人体健康有益的微量元素的矿水。

注:温泉和冷泉均是指天然矿水。

3.3 温泉企业 hot spring enterprise

利用温泉资源,并具备相适合的设施设备和环境条件,以温泉服务为主,并提供健康理疗、住宿、餐饮、会务、休闲、度假等相应服务的经济组织。包括温泉酒店、会所、度假村、疗养院、洗浴中心、温泉旅游小镇、温泉旅游度假区、温泉城等各类温泉企业。

3.4 温泉服务 hot spring service

以温泉(含地热蒸气、矿物泥或冷泉)为载体,以沐浴、泡汤和健康理疗为主,提供参与、体验和感悟温泉养生文化的相关产品,达到休闲、疗养及度假等目的的服务。

4 星级划分及标志

4.1 用星的数量表示温泉企业的等级。温泉企业星级分为五个级别,即一星级、二星级、三星级、四星级、五星级。最低为一星级,最高为五星级。星级越高,表示温泉企业的档次越高。

4.2 星级标志由中国地图、温泉地理图形和五角星图案构成,用一颗五角星表示一星级,两颗五角星表示二星级,三颗五角星表示三星级,四颗五角星表示四星级,五颗五角星表示五星级。

4.3 星级的标牌、证书由全国旅游温泉企业质量等级评定机构统一规定。

5 总则

5.1 申请星级的温泉企业应具有由相关资质机构编制的地热资源勘查报告、温泉地热水资源综合利用专项规划、环境保护及地质灾害评估等专项规划,并符合有关法律、法规、标准的规定与要求。

5.2 星级温泉企业的建筑、附属设施设备、服务项目和运行管理应符合国家现行的安全、消防、卫生、环境保护、劳动合同等有关法律、法规的规定与要求。

5.3 各星级划分的必备项目见附录A,各星级温泉企业应逐项达标。

5.4 温泉水质感官与理化指标按附录B的指标作出评价。温泉水质卫生要求按附录B的指标作出评价。

5.5 温泉的泉质分类及辅助疗效应符合GB/T 11615—1989、GB/T 13727和附录C中的相关要求。

5.6 室内温泉场所空气质量要求按附录D评价表的指标作出评价。

5.7 星级温泉企业设备设施的位置、结构、数量、面积、功能、材质、设计、装饰等评价标准见附录E。

5.8 星级温泉企业服务质量、清洁卫生、维护保养等评价标准见附录F。

5.9 一星级、二星级、三星级温泉企业是以沐浴康体为主,评定星级时应对泉质、卫生安全和温泉服务进行重点评价;四星级和五星级温泉企业是以优质温泉为核心的综合配套型企业,评定星级时应对温泉企业的服务进行全面评价。

注1:符合条件的温泉企业宜参加 GB/T 14308 的饭店星级评定。

注2:符合条件的温泉企业宜参加 GB/T 17775 的景区 A 级评定。

5.10 倡导绿色设计、清洁生产、节能减排、绿色消费的理念。

5.11 星级温泉企业应增强对突发事件的应急处置能力,突发事件处置的应急预案作为各星级温泉企业的必备条件。评定星级后,如温泉企业营运中发生重大安全责任事故,所属星级将被立即取消,相应星级标志不得继续使用。

5.12 评定星级时不应因某一区域所有权或经营权的分离,或因为建筑物的分隔而区别对待,温泉企业内所有区域应达到同一星级的质量标准和管理要求。

5.13 温泉企业开业一年后可申请评定星级,经相应星级评定机构评定后,星级标志有效期为三年。三年后应进行重新评定。

6 温泉泉质要求

6.1 基本要求

温泉的泉质分类及辅助疗效应符合 GB/T 11615、GB/T 13727 和附录 C 中的相关要求。

6.2 添加辅料的要求

6.2.1 应在未添加辅料前对泉质进行检测认证。

6.2.2 添加辅料后的泉质应符合附录 B 的相关要求。

6.2.3 使用辅料应避免与温泉中的成分冲突。

6.3 加热要求

6.3.1 在不改变温泉的成分和含量的前提下,可对温泉加热。

6.3.2 不应加入河水、普通井水或自来水等和冷泉一起加热。

6.4 降温要求

6.4.1 应采用热交换或自然降温的方法。

6.4.2 不应加入河水、普通井水或自来水等降温。

6.5 其他要求

6.5.1 除适用的消毒剂外,不应加入化学添加剂。

6.5.2 在不改变泉质的情况下,宜对温泉水进行循环使用。

6.5.3 五星级泉质成分应达到有医疗价值浓度,且泉(井)口水温应≥50 ℃,或泡池水温应≥40 ℃。

6.6 检验要求及检验内容

6.6.1 应同时对泉(井)口和各种泡池的泉质进行检测认证。

6.6.2 应分别公示泉(井)口和各种泡池的泉质、类型、温度及辅助疗效。

6.7 泉质认定标准及检测机构要求

6.7.1 温泉的泉质应以经营者获得使用权后所提交的温泉水质检验报告(成分及含量)为依据。检测机构应是省级国土资源部门指定的,且具有国家认证监督管理委员会资质的专业机构。

6.7.2 含有氡等放射性元素的温泉,还应由具有相关专业资质的检测机构另做检测认证,并出具相关专项检验报告。

7 温泉水质和场所要求

7.1 温泉水质要求

7.1.1 温泉水质感官指标见附录B中表B.1。

7.1.2 温泉理化指标见附录B中表B.2。

7.1.3 温泉浴池水质卫生要求。

7.1.3.1 温泉浴池温度、pH值、尿素、菌落总数、大肠菌群、嗜肺军团菌卫生指标应符合附录B中表B.1的要求,检验方法分别按GB/T 18204.28、GB/T 5750.2、GB/T 5750.4、GB/T 18204.29、GB/T 18204.9、GB/T 18204.10及附录B执行。

7.1.3.2 水中消毒剂要求

根据泉质选择不同的消毒方法,使用氯消毒应避免与温泉中的成分冲突,浴池水游离余氯宜持续保持在0.2~0.4 mg/L之间,最大不超过1.0 mg/L;如泉质pH过低或过高、有机物含量高、水温高于40 ℃、硫磺泉、含铁泉等情况,可选择合适的消毒剂配合臭氧、紫外线、光触媒、加热等消毒方法,以及配备相应的水循环处理系统或砂缸过滤器等设备,保证水质微生物指标合格。

7.1.3.3 当地卫生疾控部门每月至少一次对水质进行卫生检测,提倡温泉企业设立化验室和配有经培训合格的化验员。

7.2 温泉场所空气要求

7.2.1 温泉所属各类公共场所室内空气中的温度、湿度、风速、一氧化碳、二氧化碳、甲醛、可吸入颗粒物、细菌总数以及噪声、照度、新风量等应符合GB 9663、GB 9665、GB 9666、GB 9670和GB 16153中相应的卫生要求;检验方法按GB/T 18204各部分中相应的方法执行。

7.2.2 室内空气中氡及其子体浓度应符合GB/T 18883的卫生要求,检验方法按GB/T 14582和GB/T 155执行。

7.2.3 H_2S(硫磺泉)应符合GBZ2的卫生要求,检测方法按GBZ/T 160.33和GB 11742执行。

7.3 卫生管理要求

7.3.1 整体环境清洁、无异味,应每周至少消毒一次,并建立卫生责任制度和检查制度。

7.3.2 更衣室地面无积水,通风良好。每周至少一次对衣物柜及其他用具进行清洗、消毒,宾客卫生用品(浴巾、浴袍、拖鞋等)一客一换,清洗消毒按GB 9663的规定执行。

7.3.3 宾客温泉沐浴前应先淋浴,淋浴区保持排水、通风设施良好,温度适宜。

7.3.4 通往沐浴温泉区的必经走道中间应设强制通过式浸脚消毒池(池长不小于2 m,宽度应与走道相同,深度20 cm),池水余氯含量应保持5 mg/L~10 mg/L,至少每两小时更换一次。

7.3.5 沐浴温泉区应保持地面清洁卫生,无积水。

7.3.6 公共浴池使用期间应保持浴池溢流状态或设有循环过滤系统,2~6人的泡池应每周至少三次清洗、消毒和换水,6~20人的泡池每周至少两次,20人以上的泡池每周至少一次。

7.3.7 在温泉接待前厅和温泉区入口处须设有告示,由当地卫生疾控部门提供的相关告示:严禁传染病、精神病、酗酒者和携带宠物者进入温泉区。

7.3.8 温泉场所的用品用具(包括杯具类、布草类、洁具类、鞋类、保健理疗类、美容美发工具类及与皮肤接触的其他用品)应符合 WS 205 的要求,检验方法按 GB/T 18204.2、GB/T 18204.3、GB/T 18204.4、GB/T 18204.5、GB/T 18204.6、GB/T 18204.7、GB/T 18204.8、GB/T 18204.12 执行。

7.3.9 温泉浴池池壁细菌应符合 WS 205 中的要求,检验方法按照 GB/T 18204.11 和 GB/T18204.12 执行。

8 服务质量总体要求

8.1 服务基本原则

8.1.1 对宾客礼貌、热情、亲切、友好,一视同仁。

8.1.2 密切关注并尽量满足宾客的需求,高效率地完成对客服务。

8.1.3 遵守国家法律法规,保护宾客的合法权益。

8.1.4 尊重宾客的信仰与风俗习惯,不损害民族尊严。

8.2 服务基本要求

8.2.1 员工仪容仪表应达到:
a)遵守温泉企业的仪容仪表规范,端庄、大方、整洁;
b)着工装、佩工牌上岗;
c)服务过程中表情自然、亲切、热情适度,提倡微笑服务。

8.2.2 员工言行举止应达到:
a)语言文明、简洁、清晰,符合礼仪规范;
b)站、坐、行姿符合各岗位的规范与要求,主动服务,有职业风范;
c)以协调适宜的自然语言和身体语言对客服务,使宾客感到尊重舒适;
d)对宾客提出的问题应予耐心解释,不推诿和应付。

8.2.3 员工业务能力与技能应达到掌握相应的业务知识和服务技能,并能熟练运用。

9 管理要求

9.1 应有员工手册。

9.2 应有温泉企业组织机构图和部门组织机构图。

9.3 应有完善的规章制度、服务标准、管理规范和操作程序。一项完整的温泉企业管理规范包括规范的名称、目的、管理职责、项目运作规程(具体包括执行层级、管理对象、方式与频率、管理工作内容)、管理分工、管理程序与考核指标等项目。各项管理规范应适时更新,并保留更新记录。

9.4 应有完善的部门化运作规范。包括管理人员岗位工作说明书、管理人员工作关系表、管理人员工作项目核检表、专门的质量管理文件、工作用表和质量管理记录等内容。

9.5 应有服务和专业技术人员岗位工作说明书,对服务和专业技术人员的岗位要求、任职条件、班次、接受指令与协调渠道、主要工作职责等内容进行书面说明。

9.6 应有服务项目、程序与标准说明书,对每一个服务项目完成的目标、为完成该目标所需要经过的程序,以及各个程序的质量标准进行说明。

9.7 对国家和地方主管部门和强制性标准所要求的特定岗位的技术工作如游乐设施、医疗救护、水质化验、保健理疗、锅炉、强弱电、消防、食品加工与制作等,应有相应的工作技术标准的书面说明,相应岗位的从业人员应知晓并熟练操作。

9.8 应有其他可以证明温泉企业质量管理水平的证书或文件。

10 安全管理要求

10.1 温泉企业应取得消防等方面的安全许可,确保消防设施的完好和有效运行。

10.2 水、电、气、油、游乐设施、压力容器、管线等设施设备应安全有效运行。

10.3 应严格执行安全管理防控制度,确保安全监控设备的有效运行及人员的责任到位。

10.4 应注重食品加工流程的卫生管理,保证食品安全。

10.5 应制定和完善地震、火灾、医疗救护、食品卫生、公共卫生、治安事件、设施设备突发故障等各项突发事件应急预案。

11 各星级划分条件

11.1 必备条件

11.1.1 必备项目检查表规定了各星级应具备的泉质、卫生安全、硬件设施和服务项目。评定检查时,逐项打"√"确认达标后,再进入后续打分程序。

11.1.2 一星级必备项目见表 A.1;二星级必备项目见表 A.2;三星级必备项目见表 A.3;四星级必备项目见表 A.4;五星级必备项目见表 A.5。

11.1.3 附录 B、附录 C 的相关指标要求均为一星级至五星级温泉企业的必备条件。

11.2 设施设备

11.2.1 设施设备的要求见附录 E,总分 700 分。

11.2.2 一星级、二星级温泉企业不作要求,三星级、四星级、五星级温泉企业规定最低得分线:三星级 300 分、四星级 400 分、五星级 500 分。

11.3 温泉企业运营质量

11.3.1 温泉企业运营质量的要求见附录 F。总分 700 分。

11.3.2 温泉企业运营质量的评价内容分为总体要求、温泉水区、理疗保健、房务、餐饮、其他服务项目、公共及后勤区域等 7 个大项。评分时按"优"、"良"、"中"、"差"打分并计算得分率。公式为:

$$得分率 = \frac{该项实际得分}{该项标准总分} \times 100\%$$

11.3.3 一星级、二星级温泉企业不作要求,三星级、四星级、五星级温泉企业规定最低

得分率:三星级70%、四星级80%、五星级85%。

12 其他

对于以温泉SPA服务和住宿同为主营业务的,建筑与装修风格独特,拥有独特客户群体,管理和服务特色鲜明,且业内知名度较高温泉企业的星级评定,可参照五星级的要求(包括已通过五星级饭店评定的)。

附录A 必备项目检查表

表A.1给出了一星级温泉企业必备项目检查表。表A.2给出了二星级温泉企业必备项目检查表。表A.3给出了三星级温泉企业必备项目检查表。表A.4给出了四星级温泉企业必备项目检查表。表A.5给出了五星级温泉企业必备项目检查表。

表A.1 一星级温泉必备项目检查表

序号	项目	是否达标
A.1.1	温泉泉质	
A.1.1.1	温泉的泉质分类及辅助疗效应符合GB/T 11615、GB/T 13727和附录C中的相关要求	
A.1.1.2	应有采水许可证、用水许可证,实施勘查钻井的还应有勘查许可证	
A.1.1.3	应通过有资质的专业机构对温泉泉质的检测与认证	
A.1.1.4	温泉水实际使用量不超过批准使用量	
A.1.1.5	有温泉水温、泉质辅助疗效等信息介绍	
A.1.2	温泉卫生	
A.1.2.1	应符合7.1温泉水质卫生标准的要求	
A.1.2.2	应符合7.2温泉场所空气卫生指标的要求	
A.1.2.3	水质卫生参照GB/T 5750、GB/T 8538、GB/T 18204.29等有关标准的要求。有针对性地选择指标及限值,并经卫生疾控部门检验合格	
A.1.2.4	室内外公共温泉泡池如遇明显的客流高峰,应换水并对泡池进行常规例行消毒,以能达到卫生疾控部门抽验合格为准	
A.1.3	温泉水区设施设备	
A.1.3.1	有接待服务台	
A.1.3.2	有男女更衣区(室)	
A.1.3.3	有男女淋浴间和男女卫生间	
A.1.3.4	有室外温泉泡池或室内温泉泡池	
A.1.4	温泉服务	

续表

序号	项 目	是否达标
A.1.4.1	能为客人提供12h的沐浴服务	
A.1.4.2	有"温泉沐浴安全须知"。其内容应包括禁忌、洁身、私人物品保管等安全卫生注意事项	
A.1.5	环保	
A.1.5.1	使用后排放的尾水必应达到市政和环保规定标准	
A.1.6	安全	
A.1.6.1	应急安全事故处理预案	
A.1.6.2	应符合国家有关消防安全法律的规定	
A.1.6.3	有防暴雨、防雷电、防台风、防火等灾害性应急措施	
A.1.6.4	对高温区、深水区等危险源应采取安全防范措施并配有水深、温度等相关警示和指示标识	
A.1.6.5	应对室内外公共温泉水区的员工开展过相关的救护知识的培训,并与附近医院建有120联动机制	
A.1.6.6	室内外公共温泉水区应配有相关的救护设备和用品	
	总体是否达标结论	

表A.2 二星级温泉必备项目检查表

序号	项 目	是否达标
A.2.1	温泉泉质	
A.2.1.1	温泉的泉质分类及辅助疗效应符合GB/T 11615、GB/T 13727和附录C中的相关要求	
A.2.1.2	温泉浴池中的温泉应是纯天然温泉水的水质	
A.2.1.3	有采水许可证、用水许可证,实施勘查钻井的还应有勘查许可证	
A.2.1.4	有勘查报告或水资源利用方案,符合GB/T 11615	
A.2.1.5	通过有资质的专业机构对温泉泉质的检测与认证	
A.2.1.6	温泉水实际使用量不超过批准使用量	
A.2.1.7	应设有营业场所示意图、温泉水水温、泉质介绍及营业时间、价格等信息公示设施,保证宾客获取相关信息	
A.2.2	温泉卫生	
A.2.2.1	应符合7.1温泉水质卫生要求	
A.2.2.2	应符合7.2温泉场所空气卫生指标要求	
A.2.2.3	水质卫生参照GB/T 5750、GB/T 8538、GB/T 18204.29等有关标准的要求。有针对性地选择指标及限值,并经卫生部门检验合格	

续表

序号	项　　目	是否达标
A.2.2.4	室内外公共温泉泡池应每天由企业质检部对水质卫生进行简单的观察和检测,并实行记录备案制度。每月至少进行一次由卫生疾控部门对水质与环境卫生检查	
A.2.2.5	室内外公共温泉泡池如遇明显的客流高峰,应换水并对泡池进行常规例行消毒,以能达到卫生疾控部门抽验合格为准	
A.2.3	温泉水区设施设备	
A.2.3.1	有接待服务台	
A.2.3.2	有与水区接待规模相适应的男女更衣区(室)	
A.2.3.3	有男女淋浴间和男女卫生间	
A.2.3.4	有室外温泉泡池或室内温泉泡池	
A.2.4	温泉服务	
A.2.4.1	能为客人提供 14 h 的沐浴服务	
A.2.4.2	温泉入口处应有"沐浴温泉安全须知"。其内容应包括禁忌、洁身、私人物品保管及安全卫生注意事项	
A.2.5	环保	
A.2.5.1	使用后排放的尾水必应达到市政和环保规定标准	
A.2.5.2	对温泉周边的景观资源及其他环境资源制定了保护措施并认真实施	
A.2.6	安全	
A.2.6.1	有应急安全事故处理预案	
A.2.6.2	应符合国家有关消防安全法律的规定	
A.2.6.3	有防暴雨、防雷电、防台风、防火等灾害性应急措施	
A.2.6.4	对高温区、深水区等危险源应采取安全防范措施并配有水深、温度等相关警示和指示标识	
A.2.6.5	应对室内外公共温泉水区的员工开展过相关的救护知识的培训,并与附近医院建有 120 联动机制	
A.2.6.6	室内外公共温泉水区应配有相关的救护设备和用品	
	总体是否达标结论	

表 A.3　三星级温泉必备项目检查表

序号	项　　目	是否达标
A.3.1	温泉泉质	
A.3.1.1	温泉的泉质分类及辅助疗效应符合 GB/T 11615、GB/T 13727 和附录 C 中的相关要求	

续表

序号	项　　目	是否达标
A.3.1.2	温泉浴池中的温泉应是纯天然温泉水的水质	
A.3.1.3	有采水许可证、用水许可证,实施勘查钻井的还应有勘查许可证	
A.3.1.4	有勘查报告或水资源利用方案,符合 GB/T 11615 的相关要求	
A.3.1.5	通过有资质的专业机构对温泉泉质的检测与认证	
A.3.1.6	温泉水实际使用量不超过批准使用量	
A.3.1.7	新注入的温泉水应采用自然降温或热交换的方式处理,以保持温泉原有水质	
A.3.2	温泉卫生	
A.3.2.1	应符合 7.1 温泉水质卫生要求	
A.3.2.2	应符合 7.2 温泉场所空气卫生指标要求	
A.3.2.3	水质卫生参照 GB/T 5750、GB/T 8538、GB/T 18204.29 等有关标准的要求。有针对性地选择指标及限值,并经卫生疾控部门检验合格	
A.3.2.4	室内外公共温泉泡池应每天由企业质检部对水质卫生进行简单的观察和检测,并实行记录备案制度。每月至少进行一次由卫生部防疫部门对水质与环境卫生进行检验	
A.3.2.5	室内外公共温泉泡池如遇明显的客流高峰,应换水并对泡池进行常规例行消毒,以能达到卫生疾控部门抽验合格为准	
A.3.2.6	严禁提供给客人循环重复使用的泳衣(裤、帽),提倡客人自带	
A.3.2.7	应在通往沐浴温泉区的必经走道中设浸脚消毒池	
A.3.2.8	室内外公共水区的员工进入工作区域应对鞋底进行消毒	
A.3.2.9	客用的拖鞋、浴袍(巾)应每客更换并洗涤消毒	
A.3.2.10	在一年内没有发生被卫生疾控部门检验不达标,并向社会通报的情况	
A.3.3	温泉水区设施设备	
A.3.3.1	应有独立的接待前厅,且与面积与水区规模相适应	
A.3.3.2	接待前厅的功能布局合理,且能保证为客人提供服务	
A.3.3.3	应设有与水区接待规模相适应的男女更衣区(室)	
A.3.3.4	男女更衣区(室)应有梳妆功能	
A.3.3.5	男女更衣区(室)的室内温度应在 24～27 ℃	
A.3.3.6	有与水区接待规模相适应的男女淋浴间和男女卫生间,并符合 GB/T 14308 中的相关要求	
A.3.3.7	有室外温泉泡池或室内温泉泡池	
A.3.3.8	有与接待规模相适应的室内或室外水区休息区	

续表

序号	项　目	是否达标
A.3.3.9	应设有营业场所示意图、温泉水水温、泉质介绍及营业时间、价格等信息公示设施,保证宾客获取相关信息	
A.3.3.10	应有泳衣、泳裤、泳帽等沐浴用品出售的柜台	
A.3.4	温泉服务	
A.3.4.1	在温泉公共室内外水区能为客人提供有限的服务	
A.3.4.2	温泉入口处应展示中外文对照的"沐浴温泉安全须知"。其内容应包括禁忌、洁身、私人物品保管及应在宾客需要的地点设立其他注意事项,且服务人员应能做解释和提示	
A.3.4.3	至少有具备国家职业技能资格的保健按摩师1人	
A.3.4.4	至少有具备国家职业技能资格的足部保健师2人	
A.3.5	规划与环保	
A.3.5.1	有符合GB/T 18971和建筑节能、水土保持、生态环保的完整规划与设计成果。规划成果达到国内先进水平,具有较强的可操作性。温泉企业按规划进行建设与运营管理	
A.3.5.2	中水过后的尾水处理技术及设备达到国内水平,使用后排放的中水必应达到市政和环保规定标准	
A.3.5.3	对温泉周边的景观资源及其他环境资源制定了保护措施并认真实施	
A.3.5.4	新建项目或改扩建项目应做环评规划,并获批准	
A.3.6	景观与文化	
A.3.6.1	场所及服务项目能结合所在地区的历史文化、人文特征和周边资源特点	
A.3.7	安全	
A.3.7.1	全面制定应急安全事故处理预案	
A.3.7.2	应制定安全管理制度并严格执行	
A.3.7.3	应符合国家有关消防安全法律、法规标准	
A.3.7.4	应进行例行安全检查并做好记录,及时发现并排除隐患	
A.3.7.5	制定防暴雨、防雷电、防台风、防火等灾害性应急措施	
A.3.7.6	对高温区、深水区等危险源应采取安全防范措施并配有水深、温度等相关警示和指示标识	
A.3.7.7	应对室内外公共温泉水区的员工开展过相关的救护知识的培训,并与附近医院建有120联动机制	
A.3.7.8	室内外公共温泉水区应配有相关的救护设备和用品	
A.3.8	餐饮	
A.3.8.1	有中餐厅	

续表

序号	项　　目	是否达标
A.3.8.2	有供客人休息且提供饮品服务的场所	
A.3.8.3	有菜单及饮品单	
总体是否达标结论		

表A.4　四星级温泉必备项目检查表

序号	项　　目	是否达标
A.4.1	温泉泉质	
A.4.1.1	温泉的泉质分类及辅助疗效应符合 GB/T 11615、GB/T 13727 和附录 C 中的相关要求	
A.4.1.2	温泉浴池中的温泉应是纯温泉的水质，原井口的泉温应≥50 ℃或至少有一个泡池泉温应≥40 ℃	
A.4.1.3	有采水许可证、用水许可证，实施勘查钻井的还应有勘查许可证	
A.4.1.4	有勘查报告或水资源利用方案，符合 GB/T 11615 的相关要求	
A.4.1.5	通过有资质的专业机构对温泉泉质的检测与认证	
A.4.1.6	温泉水实际使用量不超过批准使用量	
A.4.1.7	新注入的温泉水应采用自然降温或热交换的方式处理，以保持温泉原有水质	
A.4.1.8	应设有营业场所示意图、温泉水温、泉质介绍及营业时间、价格等信息公示设施，保证宾客获取相关信息	
A.4.2	温泉卫生	
A.4.2.1	应符合 7.1 温泉水质卫生标准的要求	
A.4.2.2	应符合 7.2 温泉场所空气卫生指标要求	
A.4.2.3	水质卫生参照 GB/T 5750、GB/T 8538、GB/T 18204.29 等有关标准的要求。有针对性地选择指标及限值，并经卫生防疫部门检验合格	
A.4.2.4	室内外公共温泉泡池应设置化验室并配备相应设备，每天由企业质检部对水质卫生进行简单的观察和检测，并实行记录备案制度。每月至少进行一次由卫生疾控部门对水质与环境卫生进行检验	
A.4.2.5	室内外公共温泉泡池如遇明显的客流高峰，应及时换水并对泡池进行常规例行消毒，以能达到卫生疾控部门随机抽验合格为准	
A.4.2.6	客房的独立泡池应每客换水，并对泡池进行例行常规消毒	
A.4.2.7	严禁向客人提供或出租循环使用的泳衣(裤、帽)，提倡客人自带	
A.4.2.8	应在通往沐浴温泉区的必经走道中设浸脚消毒池	
A.4.2.9	室内外公共水区的员工进入工作区域应对鞋底进行消毒	

续表

序号	项 目	是否达标
A.4.2.10	客用的拖鞋、浴袍(巾)应每客更换并洗涤消毒	
A.4.2.11	在一年内未发生被卫生疾控部门检验不达标,并向社会通报的情况	
A.4.3	温泉水区设施设备	
A.4.3.1	应有独立的接待前厅,且与面积与水区规模相适应	
A.4.3.2	接待前厅的功能布局合理,且能保证为客人提供便捷的服务	
A.4.3.3	应设有与水区接待规模相适应的男女更衣区(室)	
A.4.3.4	男女更衣区(室)有相对独立的梳妆区,并配备必需的用品	
A.4.3.5	男女更衣区(室)的室内温度应在 24~27 ℃,并配有电子显示牌或空调开关面板上能显示即时温度	
A.4.3.6	有与水区接待规模相适应的男女淋浴间,淋浴种类至少两种	
A.4.3.7	有男女卫生间,并应符合 GB/T 14308 中的相关要求	
A.4.3.8	有室外温泉泡池或室内温泉泡池,泡池种类两种以上,如泡池、药物池、按摩池等	
A.4.3.9	有与接待规模相适应的室内或室外水区休息区	
A.4.3.10	应有泳衣、泳裤、泳帽等沐浴用品出售的商场或柜台	
A.4.4	温泉服务	
A.4.4.1	温泉入口处应展示中外文对照的"沐浴温泉安全须知"。其内容应包括禁忌、洁身、私人物品保管及应在宾客需要的地点设立其他注意事项,且服务人员应能做解释和提示	
A.4.4.2	应有专职的宾客服务人员	
A.4.4.3	至少有具备国家职业技能资格的保健按摩师 3 人	
A.4.4.4	至少有具备国家职业技能资格的芳香保健师 1 人	
A.4.4.5	至少有具备国家职业技能资格的足部保健师 5 人	
A.4.5	规划与环保	
A.4.5.1	有符合 GB/T 18971 和建筑节能、水土保持、生态环保的完整规划与设计成果。规划成果达到国内先进水平,具有较强的可操作性。温泉企业按规划进行建设与运营管理	
A.4.5.2	中水过后的尾水处理技术及设备达到国内先进水平,在不影响温泉泉质的情况下,鼓励温泉水循环使用,使用后排放的中水应达到市政和环保规定标准	
A.4.5.3	温泉水资源循环利用于景观、绿化、农业灌溉或渔业养殖等	
A.4.5.4	对温泉周边的景观资源及其他环境资源制定了保护措施并认真实施	
A.4.5.5	新建项目或改扩建项目应做环评规划,并获批准	
A.4.6	景观与文化	

续表

序号	项 目	是否达标
A.4.6.1	场所及服务项目紧密结合所在地区的历史文化、人文特征和周边资源特点等,有一定的资源互补性、文化融合性及创新性	
A.4.6.2	场所周边有旅游景区或自然保护区、旅游度假区、森林公园、海洋、湖泊、江河、湿地等资源有共融性	
A.4.6.3	室内外温泉泡池具有良好的景观视觉	
A.4.7	交通与安全	
A.4.7.1	交通设施完善,进出便捷,可进入性好	
A.4.7.2	全面制定应急安全事故处理预案	
A.4.7.3	应制定安全管理制度并严格执行	
A.4.7.4	应符合国家有关消防安全法律、法规标准	
A.4.7.5	应进行例行安全检查并做好记录,及时发现并排除隐患	
A.4.7.6	制定防暴雨、防雷电、防台风、防火等灾害性应急措施	
A.4.7.7	对高温区、深水区等危险源应采取安全防范措施并配有水深、温度等相关警示和指示标识,并配有电子显示牌显示即时温度,误差不能超过正负2度	
A.4.7.8	应对室内外公共温泉水区的员工开展过相关的救护知识的培训,并与附近医院建有120联动机制	
A.4.7.9	室内外公共温泉水区应配有相关的救护设备和用品	
A.4.8	房务(前厅+客房)、餐饮、会务部分	
	参照 GB/T 14308	
	总体是否达标结论	

表 A.5 五星级温泉必备项目检查表

序号	项 目	是否达标
A.5.1	温泉泉质	
A.5.1.1	温泉的泉质分类及辅助疗效符合 GB/T 11615、GB/T 13727 和附录 C 中的相关要求	
A.5.1.2	温泉浴池中的温泉应是纯温泉的水质,原井口的泉温应≥50 ℃或至少有一个泡池泉温应≥40 ℃	
A.5.1.3	有采水许可证、用水许可证,实施勘查钻井的还应有勘查许可证	
A.5.1.4	有勘查报告或水资源利用方案,符合 GB/T 11615 的相关要求	
A.5.1.5	通过有资质的专业机构对温泉泉质的检测与认证	
A.5.1.6	温泉水实际使用量不超过批准使用量	

续表

序号	项　目	是否达标
A.5.1.7	新注入的温泉水应采用自然降温或热交换的方式处理，以保持温泉原有水质	
A.5.1.8	应设有营业场所示意图、温泉水温、泉质介绍及营业时间、价格等信息公示设施，保证宾客获取相关信息	
A.5.2	温泉卫生	
A.5.2.1	应符合7.1温泉水质卫生要求	
A.5.2.2	应符合7.2温泉场所空气卫生指标要求	
A.5.2.3	水质卫生参照GB/T 5750、GB/T 8538、GB/T 18204.29等有关标准的要求。有针对性地选择指标及限值，并经卫生疾控部门检验合格	
A.5.2.4	室内外公共温泉泡池应设置企业化验室并配备相应设备，每天由企业质检部对水质卫生进行简单的观察和检测，并实行记录备案制度。每月至少进行一次由卫生疾控部门对水质与环境卫生进行检验	
A.5.2.5	室内外公共温泉泡池如遇明显的客流高峰，应至少每天一次换水并对泡池进行常规例行消毒，以能达到卫生疾控部门进行随机抽验合格为准	
A.5.2.6	客房或SPA的独立泡池应每客换水，并对泡池进行例行常规消毒	
A.5.2.7	严禁向客人提供或出租循环使用的泳衣(裤、帽)；提倡客人自带	
A.5.2.8	应在通往沐浴温泉区的必经走道中设浸脚消毒池	
A.5.2.9	室内外公共水区的员工进入工作区域应对鞋底进行消毒	
A.5.2.10	客用的拖鞋、浴袍(巾)应每客更换并洗涤消毒	
A.5.2.11	在半年内没有发生被卫生疾控部门检查不达标，并向社会通报的情况	
A.5.3	温泉水区设施设备	
A.5.3.1	应有独立的接待前厅，且面积与水区规模相适应	
A.5.3.2	接待前厅的功能布局合理，且能保证为客人提供便捷优质的服务	
A.5.3.3	应设有与水区接待规模相适应的男女更衣区(室)	
A.5.3.4	男女更衣区(室)有相对独立的梳妆区，并配备必需的用品	
A.5.3.5	男女更衣区(室)的室内温度应在24~27℃，并配有电子显示牌或空调开关面板上能显示即时温度	
A.5.3.6	有与水区接待规模相适应的男女淋浴间，淋浴种类至少两种	
A.5.3.7	有男女卫生间，并应符合GB/T 14308中的相关要求	
A.5.3.8	有室内外温泉泡池，应设置固定可更换的电子显示板显示即时温度，并配有灯光照明	
A.5.3.9	有室内温泉泡池，泡池种类四种以上，如不同温度的泡池及药物池和按摩池等	

附录 温泉企业服务质量等级划分与评定

续表

序号	项　　目	是否达标
A.5.3.10	有与接待规模相适应的室内外水区休息区	
A.5.3.11	应有泳衣、泳裤、泳帽等沐浴用品出售的商场	
A.5.3.12	温泉游乐水区应提供浴袍、浴巾、毛巾各一件	
A.5.4	温泉服务	
A.5.4.1	在温泉公共室内外水区能为客人提供规范性和个性化的服务	
A.5.4.2	温泉入口处应展示中外文对照的"沐浴温泉安全须知"。其内容应包括禁忌、洁身、私人物品保管及应在宾客需要的地点设立其他注意事项,且服务人员应能做解释和提示	
A.5.4.3	应有专职的宾客服务人员	
A.5.4.4	应有专职会员客服人员	
A.5.4.5	独立别墅(院)的小型温泉酒店应有专职管家,提供24h服务	
A.5.4.6	至少有具备国家职业资格的保健按摩师5人	
A.5.4.7	至少有具备国家职业资格的芳香保健师(SPA水疗)2人	
A.5.4.8	至少有具备国家职业资格的足部保健师10人	
A.5.4.9	应提供温泉及相关理疗服务的预订服务	
A.5.4.10	应有完整的客史(会员)档案	
A.5.5	规划与环保	
A.5.5.1	有符合GB/T 18971和建筑节能、水土保持、生态环保的完整规划与设计成果。规划成果达到国内先进水平,具有较强的可操作性。温泉企业按规划进行建设与运营管理	
A.5.5.2	中水过后的尾水处理技术及设备达到国内先进水平,使用后排放的中水必应达到市政和环保的相关规定标准	
A.5.5.3	温泉水资源循环利用于景观、绿化、热循环或种养殖业等	
A.5.5.4	对温泉周边的景观资源及其他环境资源制定了保护措施并认真实施	
A.5.5.5	符合《节水型城市考核标准》建城〔2006〕140号文件的相关规定或符合当地政府关于温泉(地热水)资源的相关管理规定	
A.5.5.6	新建项目或改扩建项目应做环评规划,并获批准	
A.5.5.7	符合LB/T 007绿色旅游饭店中的相关要求	
A.5.5.8	每位客人应提供浴袍、浴巾、毛巾各一件	
A.5.6	景观与文化	
A.5.6.1	场所及服务项目紧密结合所在地区的历史文化、人文特征和周边资源特点等,有较强的资源互补性、文化融合性及创新性	

续表

序号	项 目	是否达标
A.5.6.2	场所周边有特色突出的旅游景区、自然保护区、旅游度假区、森林公园、海洋、湖泊、江河、湿地等	
A.5.6.3	场所能从极佳的视觉观赏周边旅游景区的高品质景观	
A.5.6.4	室内外公共温泉水区的设计、装饰风格具有特色鲜明的当地民族或典型异域风格	
A.5.6.5	室内外温泉泡池具有优美的景观视觉	
A.5.7	交通与安全	
A.5.7.1	交通设施完善,进出便捷,可进入性极强	
A.5.7.2	全面制定应急安全事故处理预案	
A.5.7.3	应制定安全管理制度并严格执行	
A.5.7.4	应符合国家有关消防安全法律、法规标准	
A.5.7.5	应进行例行安全检查并做好记录,及时发现并排除隐患	
A.5.7.6	制定防暴雨、防雷电、防台风、防火等灾害性应急措施	
A.5.7.7	对高温区、深水区等危险源应采取安全防范措施并配有水深、温度等相关警示和指示标识	
A.5.7.8	应设有医务室;并有执业资格的医务人员;与附近医院建有120联动机制	
A.5.7.9	应对室内外公共水区的员工开展相关的救护知识的培训,并有内部救护应急预案,对于有大型水池的场所,应配备相应人数的专职救生员	
A.5.7.10	室内外公共温泉水区应配有相关的救护设备和用品	
A.5.8	房务(前厅+客房)、餐饮、会务部分	
	参照 GB/T 14308	
	总体是否达标结论	

附录 B 温泉水质评价

B.1 温泉水质感官指标

温泉水质感官指标应符合表 B.1 的规定。

表 B.1 感官指标及其限值

指 标	限 值
色度/度	≤15
浑浊度/NIU	≤5
气味	根据不同的泉质类型而定

B.2 温泉水质理化指标

B.2.1 温泉水质理化指标中的特征性指标应符合表B.2的规定。

表 B.2 特征性指标及其限值

指 标	限 值
pH	7.0～8.5
溶解性总固体/(mg/L)	200～400
碳酸氢盐(以 HCO_3 计)/(mg/L)	110～250
偏硅酸(以 H_2SiO_3 计)/(mg/L)	66～120
氟化物(以 F^- 计)/(mg/L)	5～15
钠(Na)/(mg/L)	40～65
氡(Rn)/(Bq/L)	60～140

B.2.2 温泉水质非特征性指标应符合表B.3的规定。

表 B.3 非特征性指标及其限值

指 标	限 值
氰化物(以 CN^- 计)/(mg/L)	≤0.2
汞(Hg)/(mg/L)	≤0.0001
砷(As)/(mg/L)	≤0.05
铅(Pb)/(mg/L)	≤0.05
镉(Cb)/(mg/L)	≤0.005
滴滴涕/(mg/L)	≤1.0
六六六/(mg/L)	≤0.06
四氯化碳/(mg/L)	≤0.002
挥发性酚类(以苯酚计)/(mg/L)	≤0.005
阴离子合成洗涤剂/(mg/L)	≤0.2

B.3 温泉水质卫生指标

表 B.4 给出了温泉浴池水质卫生标准中的主要标准限值。

表 B.4 温泉浴池水质卫生标准

项 目		标 准 值
温度/℃	浴池	≤43.0
	沐足池	≤45.0
pH 值		5.8～9.0
尿素/(mg/L)		≤3.5
菌落总数/(CFU/mL)		≤1000

续表

项　目	标　准　值
大肠菌群/(CFU/L)	≤18
嗜肺军团菌	不得检出

B.4 温泉水质检测方法

B.4.1 抽样

在沐浴温泉水区服务场所，随机选定沐浴点（沐浴池）待检，在每个待检沐浴点（沐浴池）中均匀采集不少于 3L 的沐浴温泉水样品。检验样本采集方案按表 B.5 的规定执行。对于加入中药、酒、牛奶等辅助的沐浴水池，感官指标检验样品应在加入辅料之前采集沐浴温泉水样品。

表 B.5　检验样本采集方案

经营规模（池点）/场所	抽取样本量/个
10 点以下	2~4
10 点~50 点	6~8
51 点~100 点	8~12
101 点以上	12~20

B.4.2 型式检验

检验项目：感官指标、特征性指标、卫生指标。

型式检验包括本规范规定的所有水质指标，检验频次为每年不少于一次，连续三年监督检验均出现不合格项，进行一次型式检验。

B.4.3 判定规则

若卫生指标、非特征性指标的检验结果出现不合格项，则判定该批次沐浴温泉水质不合格。

若感官指标和特征性指标的检验结果出现不合格项，应进行加倍采样复检，若复检结果合格则判定为合格，若复检结果仍出现不合格项，则判定该批次沐浴温泉水质不合格。

附录 C　医疗热矿水水质标准分类表

表 C.1 给出了温泉作为医疗热矿水水质分类的参考依据。表 C.2 给出了温泉作为医疗热矿水泉质类型的参考依据（限值表）。

表 C.1　温泉作为医疗热矿水水质分类的参考依据

单位：mg/L

成分	有医疗价值浓度	矿水浓度	命名矿水浓度	矿水名称
二氧化碳	250	250	1000	碳酸水
总硫化氢	1	1	2	硫化氢水

续表

成分	有医疗价值浓度	矿水浓度	命名矿水浓度	矿水名称
氟	1	2	2	氟水
溴	5	5	25	溴水
碘	1	1	5	碘水
锶	10	10	10	锶水
铁	10	10	10	铁水
锂	1	1	5	锂水
钡	5	5	5	钡水
偏硼酸	1.2	5	50	硼水
偏硅酸	25	25	50	硅水
氡/(Bq/L)	37	47.14	129.5	氡水

注：本表引自 GB/T 11615。

表 C.2 温泉作为医疗热矿水泉质类型的参考依据

分类	名称	矿化度	主要成分	特殊成分阳离子、阴离子
1	氡泉			Rn≥111 Bq/L
2	碳酸泉			CO_2≥1000 mg/L
3	硫化氢泉			总 S 量 ≥2.0 mg/L
4	铁泉			Fe^2、Fe^2≥10 mg/L
5	碘泉			I^-≥5.0 mg/L
6	溴泉			Br^-≥25 mg/L
7	砷泉			As≥0.7 mg/L
8	硅酸泉			H_2SiO_3≥50 mg/L
9	重碳酸盐泉	≥1 g/L	HCO_3^-、Na^+、Ca^{2+}、Mg^{2+}	
10	硫酸盐泉	≥1 g/L	SO_4^{2-}、Na^+、Ca^{2+}、Mg^{2+}	
11	氯化物泉	≥1 g/L	Cl^-、Na^+、Ca^{2+}、Mg^{2+}	
12	淡温泉	≤1 g/L		温度≥34 ℃

附录 D 公共场所集中空调通风系统卫生规范
（卫生部卫监督发〔2006〕58 号）

表 D.1 给出了新风量卫生要求。表 D.2 给出了送风量卫生要求。表 D.3 给出了风管表面卫生要求。表 D.4 给出了空气净化消毒装置的卫生安全性要求。表 D.5 给出了空气净化消毒装置性能的卫生要求。

表 D.1　新风量卫生要求

场所		新风量[m³/(h·人)]
饭店、宾馆	3～5星级	≥30
	1～2星级	≥20
	非星级	≥20
饭馆(餐厅)		≥20
影剧院、音乐厅、录像厅(室)		≥20
游艺厅、舞厅		≥30
酒吧、茶座、咖啡厅		≥10
体育馆		≥20
商场(店)、书店		≥20

表 D.2　送风量卫生要求

项目	要求
PM10	≤0.08 mg/m³
细菌总数	≤500 cfu/m³
真菌总数	≤500 cfu/m³
b-溶血性链球菌等致病微生物	不得检出

表 D.3　风管表面卫生要求

项目	要求
积尘量	≤20 g/m²
致病微生物	不得检出
细菌总数	≤100 cfu/cm²
真菌总数	≤100 cfu/cm²

表 D.4　空气净化消毒装置的卫生安全性要求

项目	允许增加量
臭氧	≤0.10 mg/m³
紫外线(装置周边30 cm处)	≤5 mw/cm²
TVOC	≤0.06 mg/m³
PM10	≤0.02 mg/m³

表 D.5 空气净化消毒装置性能的卫生要求

项　目	条　件	要　求
装置阻力	正常送排风量	≤50 Pa
颗粒物净化效率	一次通过	≥50%
微生物净化效率	一次通过	≥50%
连续运行效果	24小时运行前后净化效率比较	效率下降<10%
消毒效果	一次通过	除菌率≥90%

附录 E　设施设备评分表

表 E.1 给出了设施设备评分表。

表 E.1　设施设备与环境质量评分表

序　号	评定项目	各大项总分	各分项总分	各次分项总分	各小项总分	计分	记分栏
1	温泉资源	50					
1.1	泉质		20				
1.1.1	达到命名矿水浓度			12			
1.1.2	达到有医疗价值浓度			8			
1.2	泉（井）口水温		10				
1.2.1	70 ℃ 以上			10			
1.2.2	50～70 ℃			8			
1.2.3	37～50 ℃			6			
1.2.4	25～37 ℃			4			
1.3	类型（在同一企业区域内）		10				
1.3.1	有3种以上不同类型的温泉（含3种）			10			
1.3.2	有2种以上不同类型的温泉（含2种）			5			
1.3.3	同时有冷泉			5			
1.4	日出水量		10				
1.4.1	10000 m³ 以上			10			
1.4.2	5000～10000 m³			8			
1.4.3	2000～5000 m³			6			
1.4.4	2000 m³ 以下			4			
2	规划与环保	30					

续表

序号	评定项目	各大项总分	各分项总分	各次分项总分	各小项总分	计分	记分栏
2.1	规划		10				
2.1.1	编制地热资源综合利用规划			4			
2.1.2	编制温泉旅游总体规划或控制性规划			3			
2.1.3	编制专项环境评价规划			2			
2.1.4	编制专项地质灾害评价报告书			1			
2.2	环保		16				
2.2.1	利用地热先进技术			8			
	综合利用地热发电、采暖、加温				8		
	用地热发电				6		
	用热交换给水加温				4		
2.2.2	综合节水措施(处理后的中水)			8			
	综合用于清洁卫生、景观、绿化等				8		
	用于景观				6		
	用于绿化				4		
	用于企业特色养殖				2		
	用于企业特色种植				2		
2.3	泉(井)口保护区		4				
	在 50 m 范围内禁止一切建筑物				4		
	在 20 m 范围内禁止一切建筑物				2		
3	卫生设施设备	30					
3.1	水质卫生		12				
3.1.1	有中央水质过滤消毒系统设备			5			
3.1.2	有小型专用消毒设备			3			
3.1.3	有化验室和培训合格的化验员			2			
3.1.4	有砂缸过滤器			1			
3.1.5	人工添加消毒剂			1			
3.2	用品用具卫生		10				
3.2.1	有专用的臭氧消毒室			4			
3.2.2	有专用的紫外线消毒室			3			
3.2.3	有专用的电子消毒柜			2			
3.2.4	有专用的高温消毒机			1			
3.3	洗衣房		8				

续表

序　号	评定项目	各大项总分	各分项总分	各次分项总分	各小项总分	计分	记分栏
3.3.1	有专业水洗机				2		
3.3.2	有专业烘干机				2		
3.3.3	有专业烫平机				2		
3.3.4	有专业的拖鞋消毒池				2		
4	水区服务设施	110					
4.1	前厅接待区		20				
4.1.1	总台有接待、问讯、收银功能				2		
4.1.2	有更换拖鞋的区域(配有沙发、茶几)				2		
4.1.3	提供饮水机				1		
4.1.4	有空调,温度在20～24 ℃				3		
4.1.5	有大堂吧或茶吧				2		
4.1.6	公共卫生间				4		
4.1.6.1	材料、装修和洁具					2	
	较好					2	
	普通					1	
4.1.6.2	设计及设施配备					2	
	齐全					2	
	一般					1	
4.1.7	客用电梯				4		
4.1.8	有商场				2		
4.2	更衣区		10				
4.2.1	室内空气良好,温度在24～27 ℃				2		
4.2.2	更衣柜				7		
4.2.2.1	有服务员和宾客公用开启的电子锁					2	
4.2.2.2	规格尺寸					2	
	高度不小于60 cm,进深不小于55 cm,宽度不小于50 cm					2	
	高度不小于50 cm,进深不小于45 cm,宽度不小于40 cm					1	
4.2.2.3	材质、工艺、装饰					2	
	较好					2	
	普通					1	

续表

序　号	评定项目	各大项总分	各分项总分	各次分项总分	各小项总分	计分	记分栏
4.2.2.4	不少于5个衣架				1		
4.2.3	相配套的更衣凳			1			
4.3	室内水区		40				
4.3.1	淋浴间			4			
4.3.1.1	下水保持通畅，不外溢				1		
4.3.1.2	有不少于更衣柜数量5%的淋浴隔断				1		
4.3.1.3	淋浴有水流定温和调节功能				1		
4.3.1.4	提供淋浴液、洗发液				1		
4.3.2	公共卫生间			4			
4.3.2.1	材料、装修和洁具				2		
	较好					2	
	普通					1	
4.3.2.2	设计及设施配备				2		
	齐全					2	
	一般					1	
4.3.3	梳妆区			4			
4.3.3.1	有梳妆台、凳、镜子、镜前灯或壁灯				1		
4.3.3.2	提供吹风机、梳子				1		
4.3.3.3	提供护肤霜、面巾纸、棉签、定发剂				1		
4.3.3.4	有脚踏式垃圾桶				1		
4.3.4	桑拿蒸房			8			
4.3.4.1	利用地热或气泉蒸房				4		
4.3.4.2	普通的干蒸房				2		
4.3.4.3	普通的湿蒸房				2		
4.3.5	泡池			17			
4.3.5.1	种类				10		
4.3.5.1.1	3个以上不同温度					2	
4.3.5.1.2	2个以上添加不同辅料					2	
4.3.5.1.3	鱼疗					2	
4.3.5.1.4	有水上游乐设施的儿童池					2	
4.3.5.1.5	人工瀑布、冲浪等水疗功能					2	
4.3.5.2	面积				7		

续表

序　号	评定项目	各大项总分	各分项总分	各次分项总分	各小项总分	计分	记分栏
4.3.5.2.1	1000 m² 以上					7	
4.3.5.2.2	500 m² 以上					5	
4.3.5.2.3	200 m² 以上					2	
4.3.6	墙上有嵌入式电视				2		
4.3.7	有背景音乐				1		
4.4	室外水区			30			
4.4.1	泡池数量				10		
4.4.1.1	30 个以上					10	
4.4.1.2	20 个以上					8	
4.4.1.3	10 个以上					6	
4.4.2	泡池种类				10		
4.4.2.1	20 种以上					10	
4.4.2.2	10 种以上					8	
4.4.2.3	5 种以上					6	
4.4.3	绿化景观				5		
4.4.3.1	有专业绿化景观设计，且效果佳					5	
4.4.3.2	有绿化景观效果					3	
4.4.4	灯光效果				5		
	有专业灯光效果设计，且效果佳					5	
	有灯光效果设计					3	
4.5	二次更衣区			10			
4.5.1	区域功能设计合理，通道标志清楚				2		
4.5.2	布草柜(架)容量与更衣柜数量相匹配				2		
4.5.3	配有专业暖风机				2		
4.5.4	配有专业红外线取暖灯				2		
4.5.5	浴袍、休息服、浴巾、面巾、一次性内裤、拖鞋等必备品准备充足				2		
5	理疗区服务设施	60					
5.1	私密露天泡池与露天理疗区		30				
5.1.1	泡池数量			10			
5.1.1.1	5 个以上私密室外泡池				10		
5.1.1.2	2 个以上私密室外泡池				8		

续表

序号	评定项目	各大项总分	各分项总分	各次分项总分	各小项总分	计分	记分栏
5.1.1.3	最少1个室外私密泡池				6		
5.1.2	护理区面积			5			
5.1.2.1	不小于每个露天泡池面积的20%				5		
5.1.2.2	不小于每个露天泡池面积的10%				3		
5.1.3	设施与用品			5			
5.1.3.1	配备与泡池风格相符的理疗床、躺椅、遮阳伞、桌椅、衣架等必需品				3		
5.1.3.2	有中英文服务价目表				1		
5.1.3.3	提供饮料、果点服务				1		
5.1.4	景观			5			
5.1.4.1	视觉观赏效果佳				5		
5.1.4.2	有视觉观赏效果				3		
5.1.5	私密性			5			
5.1.5.1	在100 m范围内无人（公共区域）干扰				5		
5.1.5.2	在50 m范围内无人（公共区域）干扰				3		
5.2	室内理疗室		30				
5.2.1	数量			10			
5.2.1.1	8间以上				10		
5.2.1.2	4间以上				8		
5.2.1.3	2间以上				6		
5.2.2	面积			10			
5.2.2.1	30 m² 以上				10		
5.2.2.2	20 m² 以上				8		
5.2.2.3	不小于10 m²				6		
5.2.3	设施			10			
5.2.3.1	有可自动调节的护理床				2		
5.2.3.2	普通护理床				1		
5.2.3.3	有卫生间				3		
5.2.3.4	有理疗师专用的面盆				2		
5.2.3.5	有背景音乐				1		
5.2.3.6	有香薰灯(具)				1		
6	景观与文化	20					

续表

序　号	评定项目	各大项总分	各分项总分	各次分项总分	各小项总分	计分	记分栏
6.1	A级景区			12			
6.1.1	AAAAA级景区				12		
6.1.2	AAAA级景区				10		
6.1.3	AAA级景区				8		
6.2	其他自然景观			4			
6.2.1	海洋、湖泊、江河、湿地、瀑布、森林				2		
	景观视觉佳					2	
	有景观视觉					1	
6.2.2	历史人文景观				2		
	景观视觉佳					2	
	有景观视觉					1	
6.3	历史人文资源			4			
6.3.1	历史名胜古迹				2		
	国家级					2	
	省级					1	
6.3.2	少数民族文化				2		
	位于少数民族自治州辖区内					2	
	位于少数民族自治县辖区内					1	
7	交通与安全	30					
7.1	交通设施		10				
7.1.1	可进入性			8			
7.1.1.1	直达机场距离				2		
	50 km以内					2	
	100 km以内					1	
7.1.1.2	高速公路进、出口距离				2		
	10 km以内					2	
	30 km以内					1	
7.1.1.3	客运火车站距离				2		
	10 km以内					2	
	30 km以内					1	
7.1.1.4	客用航运码头距景区距离				2		
	10 km以内					2	

续表

序 号	评定项目	各大项总分	各分项总分	各次分项总分	各小项总分	计分	记分栏
	30 km 以内					1	
7.2	停车场		8				
7.2.1	面积			2			
	500 m² 以上					2	
	200 m² 以上					1	
7.2.2	距离			2			
	在温泉周围 100 m 内可以停放汽车					2	
	在温泉周围 200 m 内可以停放汽车					1	
7.2.3	地面			2			
	生态绿化					2	
	普通地面					1	
7.2.4	停车场管理			2			
7.2.4.1	停车分区,设停车线				1		
7.2.4.2	车场内有方向引导指示标识				1		
7.3	内部交通		2				
7.3.1	有游览线路标志牌				1		
7.3.2	进出口设置合理				1		
7.4	安全设施		10				
7.4.1	有医务室			6			
7.4.1.1	有医师资质的医生				4		
7.4.1.2	与就近的医院建立 120 联动机制				2		
7.4.2	锅炉、水电、电梯、游乐设备和救生、卫生化验等工种均须全部持证上岗,并保证相关设备安全运行			4			
8	行政后勤设施	10					
8.1	有独立的员工食堂		1				
8.2	有独立的更衣间		1				
8.3	有员工浴室		1				
8.4	有倒班宿舍		1				
8.5	有员工专用培训教室,配置必要的教学仪器和设备		1				
8.6	有员工活动室		1				

续表

序号	评定项目	各大项总分	各分项总分	各次分项总分	各小项总分	计分	记分栏
8.7	有员工电梯（或服务电梯）			1			
8.8	有行政管理办公区			1			
8.9	有医务室并可对宾客提供服务			2			
9	其他特色设施	60					
9.1	药浴种类较多			5			
9.2	客房阳台上设置护理及设施			3			
	景观视角条件佳,设施配套				3		
	景观视角条件一般,设施一般				2		
9.3	别墅或VIP庭院			3			
	环境优越、私密性强、文化氛围强,亭阁榭提供护理设施,相关配套完善				3		
	环境优越,亭阁榭提供护理设施,有相关配套				2		
9.4	水边（上）、山（溪）谷SPA			4			
9.4.1	水上有SPA专用游船,游船风格与整体环境结合				2		
9.4.2	建筑与环境				2		
	相关建筑融合水体与山谷景观特征,环境优越、私密性强				2		
	相关建筑与水体与山谷景观特征有所差异,但环境优越、私密性强				1		
9.5	标准高尔夫球场和室外网球场			15			
9.5.1	1个以上18洞标准高尔夫球场				10		
9.5.2	1个以上迷你高尔夫球场				3		
9.5.3	1个以上高尔夫练习场				2		
	室内网球场						
9.6	户外拓展运动			5			
9.7	特色养生项目			5			
9.8	表演项目			5			
9.9	水上运动			5			
9.10	游乐场			5			
9.11	滑雪场			5			

续表

序 号	评定项目	各大项总分	各分项总分	各次分项总分	各小项总分	计分	记分栏
10	房务设施	230					
10.1	房务(前厅)		50				
10.1.1	地面装饰				8		
	采用高档花岗岩、大理石或其他高档材料(材质高档、色泽均匀、拼接整齐、工艺精致、装饰性强,与整体氛围相协调)					8	
	采用优质花岗岩、大理石或其他材料(材质良好,工艺较好)					6	
	采用普通花岗岩、大理石或其他材料(材质一般,有色差)					4	
	采用普通材料(普通木地板、地砖等)					2	
10.1.2	墙面装饰				6		
	采用高档花岗岩、大理石或其他高档材料(材质高档、色泽均匀、拼接整齐、工艺精致、装饰性强,与整体氛围相协调)					6	
	采用优质木材或高档墙纸(布)(立面有线条变化,高档墙纸包括丝质及其他天然原料墙纸)					4	
	采用普通花岗岩、大理石或木材					2	
	采用墙纸或喷涂材料					1	
10.1.3	天花				5		
	工艺精致、造型别致,与整体氛围相协调					5	
	工艺较好,格调一般					3	
	有一定装饰					1	
10.1.4	艺术装饰				2		
	有壁画或浮雕或其他艺术品装饰					2	
	有简单艺术装饰					1	
10.1.5	家具(台、沙发等)				5		
	设计专业、材质高档、工艺精致,摆设合理,使用方便、舒适					5	
	材质较好,工艺较好					3	
	材质普通,工艺一般					1	
10.1.6	灯具与照明				5		

附录
温泉企业服务质量等级划分与评定

续表

序　号	评定项目	各大项总分	各分项总分	各次分项总分	各小项总分	计分	记分栏
	照明设计有专业性,采用高档定制灯具,功能照明、重点照明、氛围照明和谐统一					5	
	采用高档灯具,照明整体效果较好					3	
	采用普通灯具,照明效果一般					1	
10.1.7	整体装饰效果			4			
	色调协调,氛围浓郁,有中心艺术品,感观效果突出					4	
	有艺术品装饰,工艺较好,氛围一般					2	
	有一定的装饰品					1	
10.1.8	客用电梯			7			
10.1.8.1	数量				2		
	不少于平均每70间客房一部客用电梯						
	不少于平均每100间客房一部客用电梯						
10.1.8.2	性能优良、运行平稳、梯速合理				2		
10.1.8.3	内饰与设备				3		
10.1.8.3.1	有一定装饰、照明充足					0.5	
10.1.8.3.2	有主要设施楼层指示					0.5	
10.1.8.3.3	有扶手杆					0.5	
10.1.8.3.4	有通风系统					0.5	
10.1.8.3.5	与外界联系的对讲功能					0.5	
10.1.8.3.6	轿厢两侧均有按键					0.5	
10.1.9	前厅整体舒适度			6			
10.1.9.1	绿色植物、花卉摆放得体,插花有艺术感,令宾客感到自然舒适				2		
10.1.9.2	光线、温度适宜				2		
10.1.9.3	背景音乐曲目适宜、音质良好、音量适中,与前厅整体氛围协调				2		
10.1.9.4	异味,烟尘,噪音,强风(扣分,每项扣1分)				−4		
10.1.9.5	置于前厅明显位置的商店、摊点影响整体氛围				−4		
10.2	客房		180				

续表

序 号	评定项目	各大项总分	各分项总分	各次分项总分	各小项总分	计分	记分栏
10.2.1	普通客房(10.2.1～10.2.10均针对普通客房打分)			26			
10.2.1.1	70%客房的净面积(不包括卫生间和门廊)				16		
	不小于 36 m²					16	
	不小于 30 m²					12	
	不小于 24 m²					8	
	不小于 20 m²					6	
	不小于 16 m²					4	
	不小于 14 m²					2	
10.2.1.2	净高度				4		
	不低于 3 m					4	
	不低于 2.7 m					2	
10.2.1.3	软床垫(长度不小于 1.9 m),宽度				6		
10.2.1.3.1	单人床					3	
	不小于 1.35 m					3	
	不小于 1.2 m					2	
	不小于 1.1 m					1	
10.2.1.3.2	双人床					3	
	不小于 2.2 m					3	
	不小于 2.0 m					2	
	不小于 1.8 m					1	
10.2.2	装修与装饰			11			
10.2.2.1	地面				3		
	采用优质地毯或木地板,工艺精致					3	
	采用高档地砖、普通地毯或木地板,工艺较好					2	
	采用普通地砖或水磨石地面,工艺一般					1	
10.2.2.2	墙面				2		
	采用高级墙纸或其他优质材料,有艺术品装饰					2	
	采用普通涂料或墙纸					1	
10.2.2.3	天花有装饰				2		

续表

序 号	评定项目	各大项总分	各分项总分	各次分项总分	各小项总分	计分	记分栏
10.2.2.4	整体装饰效果				4		
	工艺精致、色调协调,格调高雅					4	
	工艺较好、格调统一					2	
	工艺一般					1	
10.2.3	家具			7			
10.2.3.1	档次				4		
	设计专业、材质高档、工艺精致,摆设合理、使用方便、舒适					4	
	材质较好,工艺较好					2	
	材质普通,工艺一般					1	
10.2.3.2	衣橱				3		
	步入式衣物储藏间					3	
	进深不小于 55 cm,宽度不小于 110 cm					2	
	进深不小于 45 cm,宽度不小于 90 cm					1	
10.2.4	灯具和照明			11			
10.2.4.1	灯具配备				9		
10.2.4.1.1	主光源(顶灯或槽灯)					1	
10.2.4.1.2	门廊照明灯					1	
10.2.4.1.3	床头照明灯					1	
10.2.4.1.4	写字台照明灯					1	
10.2.4.1.5	衣柜照明灯					1	
10.2.4.1.6	行李柜照明灯					1	
10.2.4.1.7	小酒吧照明灯					1	
10.2.4.1.8	装饰物照明灯					1	
10.2.4.1.9	夜灯					1	
10.2.4.2	灯光控制				2		
	各灯具开关位置合理,床头有房间灯光"一键式"总控制开关,标识清晰,方便使用					2	
	各灯具开关位置合理,方便使用					1	
10.2.5	彩色电视机			6			
10.2.5.1	类型与尺寸				3		
	平板电视,不小于 25 英寸					3	

续表

序 号	评定项目	各大项总分	各分项总分	各次分项总分	各小项总分	计分	记分栏
	普通电视,不小于25英寸					2	
	普通电视,不小于21英寸					1	
10.2.5.2	频道和节目				2		
	卫星、有线闭路电视节目不少于30套					1	
	外语频道或外语节目不少于3套					1	
10.2.5.3	有电视频道指示说明及电视节目单				1		
10.2.6	客房电话			5			
10.2.6.1	程控电话机,有直拨国际、国内长途功能				1		
10.2.6.2	有语音信箱及留言指示灯				1		
10.2.6.3	电话机上有饭店常用电话号码和使用说明				1		
10.2.6.4	附设写字台电话(双线制)				1		
10.2.6.5	配备本地电话簿				1		
10.2.7	微型酒吧(包括小冰箱)			5			
10.2.7.1	数量				3		
	100%的客房有微型酒吧(包括小冰箱)					3	
	不少于50%的客房有微型酒吧(包括小冰箱)					1	
10.2.7.2	提供适量饮品和食品,并配备相应的饮具				1		
10.2.7.3	100%以上客房配备静音、节能、环保型小冰箱				1		
10.2.8	客房便利设施及用品			12			
10.2.8.1	电热水壶				1		
10.2.8.2	熨斗和熨衣板				1		
10.2.8.3	西装衣撑				1		
10.2.8.4	每房不少于4个西服衣架、2个裤架和2个裙架				1		
10.2.8.5	不间断电源插座(国际通用制式)不少于两处,并有明确标识,方便使用				1		
10.2.8.6	吹风机				1		
10.2.8.7	浴衣(每客1件)				1		
10.2.8.8	备用被毯(每床1条)				1		
10.2.8.9	咖啡(含伴侣、糖),配相应杯具				1		

续表

序　号	评定项目	各大项总分	各分项总分	各次分项总分	各小项总分	计分	记分栏
10.2.8.10	环保或纸制礼品袋(每房2个)				1		
10.2.8.11	针线包				1		
10.2.8.12	文具(含铅笔、橡皮、曲别针等)				1		
10.2.9	客房必备物品(少一项，扣1分)						
	服务指南(含欢迎词、饭店各项服务简介)						
	笔						
	信封(每房不少于2个)						
	信纸(每房不少于4张)						
	免费茶叶						
	暖水瓶(有电热水壶可不备)						
	凉水瓶(或免费矿泉水)						
	擦鞋用具(每房2份)						
	"请勿打扰"、"请清理房间"挂牌或指示灯						
	垃圾桶						
	根据不同床型配备相应数量的枕芯、枕套、床单、毛毯或棉被						
10.2.10	客房卫生间			47			
10.2.10.1	70%的客房卫生间面积				5		
	不小于8 m²					5	
	不小于6 m²					4	
	不小于5 m²					3	
	不小于4 m²					2	
	小于4 m²					1	
10.2.10.2	卫生间装修				6		
	专业设计，全部采用高档材料装修(优质大理石、花岗岩等)、工艺精致，采用统一风格的高级品牌卫浴设施					6	
	采用高档材料装修，工艺较好					4	
	采用普通材料装修，工艺一般					2	
10.2.10.3	卫生间设施布局				4		
	不少于50%的客房卫生间淋浴、浴缸、恭桶分隔					4	

续表

序　号	评定项目	各大项总分	各分项总分	各次分项总分	各小项总分	计分	记分栏
	不少于50%的客房卫生间淋浴和浴缸分隔					3	
	不少于50%的客房卫生间有浴缸					1	
10.2.10.4	面盆及五金件				2		
	高档面盆及配套五金件					2	
	普通面盆及五金件					1	
10.2.10.5	浴缸及淋浴				12		
10.2.10.5.1	浴缸和淋浴间均有单独照明,分区域照明充足					1	
10.2.10.5.2	完全打开热水龙头,水温在15s内上升到46～51℃,水温稳定					1	
10.2.10.5.3	水流充足(水压为0.2MPa～0.35MPa)、水质良好					1	
10.2.10.5.4	淋浴间下水保持通畅,不外溢					1	
10.2.10.5.5	浴缸					3	
	高档浴缸(配带淋浴喷头)及配套五金件					3	
	普通浴缸(配带淋浴喷头)或只有淋浴间					1	
10.2.10.5.6	所有浴缸上方安装扶手,符合安全规定					1	
10.2.10.5.7	淋浴喷头的水流可以调节					1	
10.2.10.5.8	淋浴有水流定温功能					1	
10.2.10.5.9	配备热带雨林喷头					1	
10.2.10.5.10	浴缸及淋浴间配有防滑设施(或有防滑功能)					1	
10.2.10.6	恭桶				3		
	高档节水恭桶					3	
	普通节水恭桶					1	
10.2.10.7	其他				15		
10.2.10.7.1	饮用水系统					2	
10.2.10.7.2	梳妆镜				2		
	防雾梳妆镜					2	
	普通梳妆镜					1	
10.2.10.7.3	化妆放大镜					1	
10.2.10.7.4	面巾纸					1	

续表

序　号	评定项目	各大项总分	各分项总分	各次分项总分	各小项总分	计分	记分栏
10.2.10.7.5	110V/220V 不间断电源插座（低电流）					1	
10.2.10.7.6	晾衣绳					1	
10.2.10.7.7	呼救按钮或有呼救功能的电话					1	
10.2.10.7.8	连接客房电视的音响装置					1	
10.2.10.7.9	体重秤					1	
10.2.10.7.10	电话副机（方便宾客取用）					1	
10.2.10.7.11	浴室里挂钩不少于1处，方便使用					1	
10.2.10.7.12	浴帘或其他防溅设施					1	
10.2.10.7.13	浴巾架					1	
10.2.10.8	卫生间客用必备品（少一项扣一分）						
10.2.10.8.1	漱口杯（每房2个）						
10.2.10.8.2	浴巾（每房2条）						
10.2.10.8.3	地巾						
10.2.10.8.4	面巾（每房2条）						
10.2.10.8.5	卫生袋						
10.2.10.8.6	卫生纸						
10.2.10.8.7	垃圾桶						
10.2.11	套房			14			
10.2.11.1	数量				3		
	不少于客房总数的20%（不包括连通房）					3	
	不少于客房总数的10%（不包括连通房）					2	
	不少于客房总数的5%（不包括连通房）					1	
10.2.11.2	规格				6		
10.2.11.2.1	至少有三种规格的套房					2	
10.2.11.2.2	有豪华套房					4	
	至少有卧室2间、会客室、餐厅、书房各1间（卫生间3间）					4	
	至少有卧室2间、会客室1间、餐厅或书房各1间（卫生间3间）					2	
10.2.11.3	套房卫生间				5		
10.2.11.3.1	有供主人和来访宾客分别使用的卫生间					2	

续表

序　号	评 定 项 目	各大项总分	各分项总分	各次分项总分	各小项总分	计分	记分栏
10.2.11.3.2	有由卧室和客厅分别直接进入的卫生间（双门卫生间）					1	
10.2.11.3.3	有音响装置					1	
10.2.11.3.4	配有电视机					1	
10.2.12	有残疾人客房，配备相应的残障设施				2		
10.2.13	设无烟楼层				2		
10.2.14	客房舒适度			27			
10.2.14.1	布草				7		
10.2.14.1.1	床单、被套、枕套的纱支规格					6	
	不低于 80×60 支纱					6	
	不低于 60×40 支纱					3	
	不低于 40×40 支纱					1	
10.2.14.1.2	床单、被套、枕套的含棉量为 100%					1	
10.2.14.2	床垫硬度适中、无变形，可提供 3 种以上不同类型的枕头					2	
10.2.14.3	温度					3	
10.2.14.3.1	室内温度可调节					2	
10.2.14.3.2	公共区域与客房区域温差不超过 5 ℃					1	
10.2.14.4	相对湿度：冬季为 50%～55%，夏季为 45%～50%					2	
10.2.14.5	客房门、墙、窗、天花、卫生间采取隔音措施，效果良好					2	
	客房隔音效果差，或部分客房靠近高噪音设施（如歌舞厅、保龄球场、洗衣房等），影响宾客休息					－4	
10.2.14.6	窗帘与客房整体设计匹配，有纱帘，方便开闭，密闭遮光效果良好					2	
10.2.14.7	照明效果					3	
	专业设计，功能照明、重点照明、氛围照明和谐统一					3	
	有目的物照明光源，满足不同区域的照明需求					2	

续表

序 号	评定项目	各大项总分	各分项总分	各次分项总分	各小项总分	计分	记分栏
	照明效果一般					1	
10.2.14.8	客用品方便取用,插座、开关位置合理,方便使用					2	
10.2.14.9	艺术品、装饰品搭配协调,布置雅致;家具、电器、灯饰档次匹配,色调和谐					2	
10.2.14.10	电视机和背景音乐系统的音、画质良好,节目及音量调节方便有效					2	
10.2.15	客房走廊及电梯厅			5			
10.2.15.1	走廊宽度不少于1.8 m,高度不低于2.3 m					1	
10.2.15.2	光线适宜					1	
10.2.15.3	通风良好,温度适宜					1	
10.2.15.4	客房门牌标识醒目,制作精良					1	
10.2.15.5	管道井、消防设施的装饰与周边氛围协调					1	
11	餐饮设施	50					
11.1	餐厅(11.1~11.2对各个餐厅分别打分,然后根据餐厅数量取算术平均值的整数部分)		26				
11.1.1	布局			8			
11.1.1.1	接待区装饰风格(接待台、预订台)与整体氛围协调				2		
11.1.1.2	有宴会单间或小宴会厅				3		
11.1.1.3	靠近厨房,传菜线路不与非餐饮公共区域交叉				2		
11.1.1.4	有酒水台				1		
11.1.2	装饰			6			
11.1.2.1	地面装饰				2		
	采用大理石、地毯、木地板或其他材料(材质一般,有色差,拼接整齐,装饰性较强)					2	
	采用普通材料(普通木地板、地砖等)					1	

续表

序　号	评定项目	各大项总分	各分项总分	各次分项总分	各小项总分	计分	记分栏
11.1.2.2	墙面装饰				2		
	采用花岗岩、大理石、木材、墙纸（布）					2	
	采用普通墙纸或喷涂材料					1	
11.1.2.3	天花				2		
	工艺较好，格调一般					2	
	有一定装饰					1	
11.1.3	家具			3			
	材质较好，工艺较好					3	
	材质普通，工艺一般					1	
11.1.4	灯具与照明			3			
	采用高档灯具，照明整体效果较好					3	
	采用普通灯具，照明效果一般					1	
11.1.5	餐具			2			
	较好材质与工艺					2	
	一般材质与工艺					1	
11.1.6	菜单与酒水单			2			
	用中英文印刷，装帧较好，出菜率不低于90%					2	
	有中文菜单，保持完整、清洁					1	
11.1.7	不使用一次性筷子和一次性湿毛巾，不使用塑料桌布			2			
11.2	厨房			12			
11.2.1	应有与餐厅经营面积和菜式相适应的厨房区域（含粗细加工间、面点间、冷菜间、冻库等）			2			
11.2.2	为某特定类型餐厅配有专门厨房（每个1分，最多2分）			2			
11.2.3	位置合理、布局科学，传菜路线不与非餐饮公共区域交叉			2			
11.2.4	冷、热制作间分隔			1			
11.2.5	配备与厨房相适应的保鲜和冷冻设施，生熟分开			1			

续表

序 号	评定项目	各大项总分	各分项总分	各次分项总分	各小项总分	计分	记分栏
11.2.6	粗细加工间分隔				1		
11.2.7	洗碗间位置合理				1		
11.2.8	厨房与餐厅间采用有效的隔音、隔热、隔味措施				1		
11.2.9	厨房内、灶台上采取有效的通风、排烟措施				1		
11.3	酒吧、茶室及其他吧室			4			
11.3.1	装修与装饰(包含台、家具、餐具、饮具等)				2		
	较好材质与工艺					2	
	普通材质与工艺					1	
11.3.2	氛围				2		
	氛围较好					2	
	氛围一般					1	
11.4	餐饮区域整体舒适度			8			
11.4.1	整体设计有专业性,格调高雅,色调协调、有艺术感				2		
11.4.2	温湿度适宜,通风良好,无炊烟及烟酒异味				2		
11.4.3	专业设计照明,环境舒适,无噪音。背景音乐曲目、音量适宜,音质良好				2		
11.4.4	餐具按各菜式习惯配套齐全,无破损,无水迹				2		
11.4.5	任一餐厅(包括宴会厅)与其厨房不在同一楼层				－2		
12	会务设施	20					
12.1	会议室		11				
12.1.1	面积(如有多个会议室,可以累积加分,但总分不能超过3分)			3			
	不小于 300 m²					3	
	不小于 200 m²					2	
12.1.2	有座席固定的会议室			2			
12.1.3	小会议室(至少容纳8人开会)			3			
	不少于 4 个					3	
	不少于 2 个					1	

续表

序号	评定项目	各大项总分	各分项总分	各次分项总分	各小项总分	计分	记分栏
12.1.4	通风良好,温度适宜			1			
12.1.5	灯光分区控制,亮度可调节,遮光效果良好			1			
12.1.6	隔音效果良好			1			
12.2	会议设施		3				
12.2.1	同声传译功能设置(设备可租借)			1			
12.2.2	电视电话会议功能设置(设备可租借)			1			
12.2.3	多媒体演讲系统(电脑、即席发言麦克风、投影仪、屏幕等)			1			
12.3	设贵宾休息室,位置合理,并有专用通道进大宴会厅		2				
12.4	配设衣帽间		2				
12.5	商务中心		2				
12.5.1	位置合理,方便宾客使用			1			
12.5.2	配备完整的办公设施(包括复印机、打印机、传真机、装订机、手机充电器等),提供报纸杂志			1			
总分			700				

附录 F 温泉企业运营质量评价表

温泉企业运营质量评价表见表 F.1。

表 F.1 温泉企业运营质量评价表

序号	标准	评价			
1. 总体要求					
1.1	管理制度与规范	优	良	中	差
1.1.1	有完备的规章制度	6	4	2	1
1.1.2	有完备的操作程序	6	4	2	1
1.1.3	有完备的服务规范	6	4	2	1
1.1.4	有完备的岗位安全责任制与各类突发事件应急预案,有培训、演练计划和实施记录	6	4	2	1

续表

序号	标 准	评		价	
1.1.5	制订温泉企业人力资源规划,有明确的考核、激励机制。有系统的员工培训制度和实施记录。企业文化特色鲜明	6	4	2	1
1.1.6	建立能源管理与考核制度。有完备的设备设施运行、巡检与维护记录	6	4	2	1
1.1.7	建立宾客意见收集、反馈和持续改进机制	6	4	2	1
1.2	员工素养	优	良	中	差
1.2.1	仪容仪表得体,着装统一、体现岗位特色;工服整洁、熨烫平整,鞋袜整洁一致;佩戴名牌,着装效果好	6	4	2	1
1.2.2	训练有素、业务熟练,应变能力较强,及时满足宾客合理需求	6	4	2	1
1.2.3	各部门组织严密、沟通有效、富有团队精神	6	4	2	1
	小计		60		
	实际得分:				
	得分率:(实际得分)/该项总分×100%=				

2. 温泉水区

序号	标 准	评		价	
2.1	前厅服务质量				
2.1.1	总机	优	良	中	差
2.1.1.1	在正常情况下,电话铃响10 s内应答	3	2	1	0
2.1.1.2	接电话时正确问候宾客,同时报出温泉企业名称,语音清晰,态度亲切	3	2	1	0
2.1.1.3	转接电话准确、及时、无差错(无人接听时,15 s后转回总机)	3	2	1	0
2.1.1.4	熟练掌握岗位英语或岗位专业用语	3	2	1	0
2.1.2	预订	优	良	中	差
2.1.2.1	及时接听电话,确认宾客抵离时间,语音清晰,态度亲切	3	2	1	0
2.1.2.2	熟悉温泉企业各项产品,正确描述各种服务差异,说明价格及所含内容	3	2	1	0
2.1.2.3	提供预订号码或预订姓名,询问宾客联系方式	3	2	1	0
2.1.2.4	说明温泉沐浴的有关规定,通话结束前重复确认预订的所有细节,并向宾客致谢	3	2	1	0
2.1.2.5	实时网络预订,界面友好,及时确认	3	2	1	0
2.1.3	礼宾、问讯服务	优	良	中	差
2.1.3.1	热情友好,乐于助人,及时响应宾客合理需求	3	2	1	0
2.1.3.2	熟悉温泉企业各项产品,包括泉质、水温、辅助疗效、泡池种类、保健理疗项目、客房、餐饮、会务等信息	3	2	1	0

续表

序号	标准	评		价	
2.1.3.3	熟悉温泉企业周边环境,包括当地特色商品、旅游景点、购物中心、文化设施、餐饮设施等信息;协助安排出租车	3	2	1	0
2.1.3.4	委托代办业务效率高,准确无差错	3	2	1	0
2.1.4	总台接待	优	良	中	差
2.1.4.1	主动、友好地问候宾客,热情接待	3	2	1	0
2.1.4.2	与宾客确认是否住店或用餐等	3	2	1	0
2.1.4.3	询问宾客是否需要贵重物品寄存服务,并解释相关规定	3	2	1	0
2.1.4.4	如住店要登记验证、信息上传效率高、准确无差错	3	2	1	0
2.1.4.5	指示温泉水区或客房方向,或招呼客服为宾客服务,祝愿宾客沐浴愉快	3	2	1	0
2.1.5	结账	优	良	中	差
2.1.5.1	确认宾客的所有消费,提供总账单,条目清晰、正确完整	3	2	1	0
2.1.5.2	效率高,准确无差错	3	2	1	0
2.1.5.3	征求宾客意见,向宾客致谢并邀请宾客再次光临	3	2	1	0
2.1.6	更衣室	优	良	中	差
2.1.6.1	在宾客抵达后,技师接待并引导至更衣柜前,并帮助打开柜门	3	2	1	0
2.1.6.2	通风良好、照明合理,更衣柜保持清洁,保养良好,温度在24~27 ℃,湿度≤70%	3	2	1	0
2.1.6.3	淋浴间保持洁净,布置合理,方便使用,沐浴用品保持充足	3	2	1	0
2.1.6.4	垃圾桶、洗涤篮位置摆放合理,无灰尘,无污渍,并及时清理	3	2	1	0
2.1.6.5	摆放浴袍、休息服、浴巾、一次性内裤等的布草柜设置合理,清洁、无灰尘且保持品种和数量充足	3	2	1	0
2.1.6.6	有专人在岗及时为宾客提供相应的二次更衣服务,并主动询问宾客的下一步需求	3	2	1	0
2.1.6.7	保持二次更衣间的地面清洁、无水迹、防滑(吸水)地垫、地巾摆放合理,洁净、干燥	3	2	1	0
2.1.6.8	梳妆台、凳、镜子、灯具等位置合理,无破损、无灰尘,并能及时清理	3	2	1	0
2.1.6.9	提供吹风机,且性能良好、安全、洁净、无灰尘	3	2	1	0
2.1.6.10	提供梳子、面巾纸、棉签、护肤霜、定发剂等用品洁净、卫生且及时更换	3	2	1	0
2.1.7	温泉水区	优	良	中	差

续表

序号	标 准	评		价	
2.1.7.1	泉质、水温、辅助疗效、水深标记及安全提示清晰、醒目(在显眼处有关沐浴须知和安全提示,在泡池边上能清楚地看见泡池水温及深度标志)	6	4	2	0
2.1.7.2	泡池周边保持清洁卫生、照明充足	6	4	2	0
2.1.7.3	各种泡池水质符合卫生要求	6	4	2	0
2.1.7.4	配备专职救生人员及相应救生设施	6	4	2	0
2.1.7.5	提供数量充足的休息椅,且位置摆放合理,保养良好。室外泡池提供数量充足的遮阳伞,且保养良好	6	4	2	0
2.1.7.6	提供毛巾,并及时更换宾客用过的毛巾。应宾客要求提供饮品	6	4	2	0
2.1.7.7	水质卫生检验员每天例行检查	6	4	2	0
2.1.7.8	蒸房、锅炉、水上游乐设施水循环系统等重要设备运行良好、安全并做检验记录和运行记录	6	4	2	0
2.1.8	擦背服务	优	良	中	差
2.1.8.1	热情问候宾客,主动介绍擦背及其他项目的价格、服务时间和注意事项	3	2	1	0
2.1.8.2	擦背床、地面完好、清洁,每客及时清洗擦背床、更换毛巾、用品	3	2	1	0
2.1.9	休息区服务	优	良	中	差
2.1.9.1	宾客抵达后,及时接待并引座。宾客休息的沙发椅已布置完毕	3	2	1	0
2.1.9.2	宾客入座后及时提供茶水或饮料等服务,并主动询问宾客的需求	3	2	1	0
2.1.9.3	室内休息区空气良好、照明合理、温度24～27 ℃,环境舒适	3	2	1	0
2.1.9.4	沙发椅、脚凳上的布草每客更换	3	2	1	0
2.1.9.5	室外休息区要有专人随时巡查,并及时提供服务	3	2	1	0
2.1.10	其他配套服务	优	良	中	差
2.1.10.1	在宾客抵达自助餐厅后,及时接待并引座,保证餐桌和取餐台等已布置完毕	3	2	1	0
2.1.10.2	所有的自助餐食和餐具及时补充,适量、清洁、卫生	3	2	1	0
2.1.10.3	食品和饮品均正确标记说明(中英文),标记牌洁净统一	3	2	1	0
2.1.10.4	茶室、棋牌室、网吧、台球室等应明示各项服务收费规定,员工业务熟练、效率高、质量好	3	2	1	0
2.1.10.5	商品部商品陈列美观、明码标价、质量可靠,有与沐浴、理疗相关商品,结账及时、方便、准确无差错	3	2	1	0

续表

序号	标 准	评 价			
		优	良	中	差
2.2	温泉水区维护保养与清洁卫生				
2.2.1	地面完整,无破损、无变色、无变形、无污渍、无异味、清洁、光亮	3	2	1	0
2.2.2	门窗无破损、无变形、无划痕、无灰尘	3	2	1	0
2.2.3	天花板(包括空调排风口)无破损、无裂痕、无脱落、无灰尘、无水迹、无蛛网、无污渍	3	2	1	0
2.2.4	墙面(柱)平整、无破损、无开裂、无脱落、无污渍、无蛛网	3	2	1	0
2.2.5	电梯平稳、有效、无障碍、无划痕、无脱落、无灰尘、无污渍	3	2	1	0
2.2.6	家具稳固、完好,与整体装饰风格相匹配。无变形、无破损、无烫痕、无脱漆、无灰尘、无污渍	3	2	1	0
2.2.7	电器及插座(电视、电话、冰箱等)完好、有效、安全、无灰尘、无污渍	3	2	1	0
2.2.8	灯具完好、有效,与整体装饰风格相匹配。无灰尘、无污渍	3	2	1	0
2.2.9	盆景、花木、艺术品无枯枝败叶、修剪效果好,无灰尘、无异味、无昆虫,与整体装饰风格相匹配	3	2	1	0
2.2.10	总台及各种设备(贵重物品保险箱、电话、宣传册及册架、垃圾桶、伞架、行李车、指示标志等)有效、无破损、无污渍、无灰尘	3	2	1	0
	小计	205			
	实际得分:				
	得分率:(实际得分)/该项总分×100%=				

3. 保健理疗区

序号	标 准	评 价			
3.1					
3.1.1	足部按摩服务	优	良	中	差
3.1.1.1	足疗区域空气良好,光线适宜,相应安静,温度在22~28 ℃	3	2	1	0
3.1.1.2	相关布置、用品用具保持洁净、卫生。每客更换和消毒	3	2	1	0
3.1.1.3	足部按摩师,应具持有国家职业技能资格证书,持证上岗率应达到足疗师的80%	3	2	1	0
3.1.2	中医保健按摩	优	良	中	差
3.1.2.1	保健按摩室空气良好,灯光空调可调节,有背景音乐,有中英文的服务价目表	3	2	1	0
3.1.2.2	相关布草、用品用具保持清洁、卫生,每客更换和消毒	3	2	1	0
3.1.2.3	保健按摩师应具持有国家职业技能资格证书,持证上岗率达到保健按摩师的60%	3	2	1	0

续表

序号	标　　准	评		价	
3.1.3	芳香保健按摩(水疗)服务	优	良	中	差
3.1.3.1	芳疗室通风良好,灯光、空调、背景音乐可调节,温度22~28℃,环境氛围、装修装饰、设施设备及用品具有芳疗的专业性	3	2	1	0
3.1.3.2	相关服务流程符合国家芳疗保健师职业标准的要求	3	2	1	0
3.1.3.3	芳疗师应持有国家职业技能资格证书,持证上岗率应达到芳疗室的50%	3	2	1	0
3.2	保健理疗区(房)维护保养与清洁卫生	优	良	中	差
3.2.1	天花、墙面、地面保养良好,保持清洁无水迹、无破损、无脱落、无开裂、无污渍	3	2	1	0
3.2.2	按摩床、沙发椅、衣柜(架)、茶几等稳固、安全、无破损、无污渍、无灰尘	3	2	1	0
3.2.3	独立的卫生间、淋浴间、水疗浴缸等使用安全、方便、洁净、卫生	3	2	1	0
3.2.4	相关专业用品用具配备齐全,摆放合理、洁净、卫生,服务价目表无破损、无污渍	3	2	1	0
	小计			39	
	实际得分:				
	得分率:(实际得分)/该项总分×100%=				

4. 房务

序号	标　　准	评		价	
4.1	客房服务质量				
4.1.1	整理客房服务	优	良	中	差
4.1.1.1	正常情况下,每天14时前清扫客房完毕。如遇"请勿打扰"标志,按相关程序进行处理	3	2	1	0
4.1.1.2	客房与卫生间清扫整洁、无毛发、无灰尘、无污渍	3	2	1	0
4.1.1.3	所有物品已放回原处,所有客用品补充齐全	3	2	1	0
4.1.1.4	应宾客要求更换床单、被套、毛巾、浴巾等	3	2	1	0
4.1.2	开夜床服务	优	良	中	差
4.1.2.1	正常情况下,每天17时到21时提供开夜床服务;如遇"请勿打扰"标志,按相关程序进行处理	3	2	1	0
4.1.2.2	客房与卫生间清扫整洁、无毛发、无灰尘、无污渍	3	2	1	0
4.1.2.3	所有物品已整理整齐,所有客用品补充齐全	3	2	1	0
4.1.3	洗衣服务	优	良	中	差
4.1.3.1	洗衣单上明确相关信息(服务时间、价格、服务电话、送回方式等),配备温泉企业专用环保洗衣袋	3	2	1	0

续表

序号	标 准	评		价	
4.1.3.2	应宾客要求,及时收集待洗衣物,并仔细检查	3	2	1	0
4.1.3.3	在规定时间内送还衣物,包装、悬挂整齐	3	2	1	0
4.1.4	微型酒吧	优	良	中	差
4.1.4.1	小冰箱运行状态良好,无明显噪音,清洁无异味	3	2	1	0
4.1.4.2	提供微型酒吧价目表,价目表上的食品、酒水与实际提供的相一致	3	2	1	0
4.1.4.3	食品、酒水摆放整齐,且标签朝外,均在保质期之内	3	2	1	0
4.2	客房维护保养与清洁卫生	优	良	中	差
4.2.1	房门完好、有效、自动闭合,无破损、无灰尘、无污渍	3	2	1	0
4.2.2	地面完整,无破损、无变色、无变形、无污渍、无异味	3	2	1	0
4.2.3	窗户、窗帘玻璃明亮,无破损、无污渍、无脱落、无灰尘	3	2	1	0
4.2.4	墙面无破损、无裂痕、无脱落、无灰尘、无水迹、无蛛网	3	2	1	0
4.2.5	天花板(包括空调排风口)无破损、无裂痕、无脱落,无灰尘、无水迹、无蛛网、无污渍	3	2	1	0
4.2.6	家具稳固、完好,无变形、无破损、无烫痕、无脱漆,无灰尘、无污渍	3	2	1	0
4.2.7	灯具完好、有效,无灰尘、无污渍	3	2	1	0
4.2.8	布草(床单、枕头、被子、毛毯、浴衣等)配置规范、清洁,无灰尘、无毛发、无污渍	3	2	1	0
4.2.9	客房内印刷品(服务指南、电视节目单、安全出口指示图等)规范、完好,方便取用,字迹图案清晰,无皱折、无涂抹,无灰尘、无污渍	3	2	1	0
4.2.10	床头(控制)柜完好、有效,安全、无灰尘、无污渍	3	2	1	0
4.2.11	贵重物品保险箱方便使用,完好有效、无灰尘、无污渍	3	2	1	0
4.2.12	客房电话机完好、有效,无灰尘、无污渍,旁边有便笺和笔	3	2	1	0
4.2.13	卫生间门、锁安全、有效,无破损、无灰尘、无污渍	3	2	1	0
4.2.14	卫生间地面平坦,无破损、无灰尘、无污渍、排水畅通	3	2	1	0
4.2.15	卫生间墙壁平整,无破损、无脱落、无灰尘、无污渍	3	2	1	0
4.2.16	卫生间天花板无破损、无裂痕、无脱落、无灰尘、无水迹、无蛛网、无污渍	3	2	1	0
4.2.17	面盆、浴缸、淋浴区洁净、无毛发、无灰尘、无污渍	3	2	1	0
4.2.18	水龙头、淋浴喷头等五金件无污渍、无滴漏、擦拭光亮	3	2	1	0

续表

序号	标　　准	评　　价			
4.2.19	恭桶洁净、无堵塞、噪音低	3	2	1	0
4.2.20	下水通畅、无明显噪音	3	2	1	0
4.2.21	排风系统完好,运行时无明显噪音	3	2	1	0
4.3	前厅服务质量				
4.3.1	行李服务	优	良	中	差
4.3.1.1	正常情况下,有行李服务人员在门口热情友好地问候宾客	3	2	1	0
4.3.1.2	为宾客拉开车门或指引宾客进入温泉企业	3	2	1	0
4.3.1.3	帮助宾客搬运行李,确认行李件数,轻拿轻放,勤快主动	3	2	1	0
4.3.1.4	及时将行李送入房间,礼貌友好地问候宾客,将行李放在行李架或行李柜上,并向宾客致意	3	2	1	0
4.3.1.5	离店时及时收取行李,协助宾客将行李放入车辆中,并与宾客确认行李件数	3	2	1	0
4.3.2	叫醒服务	优	良	中	差
4.3.2.1	重复宾客的要求,确保信息准确	3	2	1	0
4.3.2.2	有第二遍叫醒,准确、有效地叫醒宾客,人工叫醒电话正确问候宾客	3	2	1	0
	小计	123			
	实际得分:				
	得分率:(实际得分)/该项总分×100％＝				

5.餐饮

5.1	餐饮服务质量				
5.1.1	自助早餐服务	优	良	中	差
5.1.1.1	在宾客抵达餐厅后,及时接待并引座。正常情况下,宾客就座的餐桌已经布置完毕	3	2	1	0
5.1.1.2	在宾客入座后及时提供咖啡或茶	3	2	1	0
5.1.1.3	所有自助餐食及时补充,适温、适量	3	2	1	0
5.1.1.4	食品和饮品均正确标记说明。标记牌洁净统一	3	2	1	0
5.1.1.5	提供加热过的盘子取用热食。厨师能够提供即时加工服务	3	2	1	0
5.1.1.6	咖啡或茶应宾客要求及时添加,适时更换烟灰缸	3	2	1	0
5.1.1.7	宾客用餐结束后,及时收拾餐具,结账效率高、准确无差错。宾客离开餐厅时,向宾客致谢	3	2	1	0
5.1.1.8	自助早餐食品质量评价	3	2	1	0
5.1.2	正餐服务	优	良	中	差

续表

序号	标准	评价			
5.1.2.1	在营业时间,及时接听电话,重复并确认所有预订细节	3	2	1	0
5.1.2.2	在宾客抵达餐厅后,及时接待并引座。正常情况下,宾客就座的餐桌已经布置完毕	3	2	1	0
5.1.2.3	提供菜单和酒水单,熟悉菜品知识,主动推荐特色菜肴,点单时与宾客保持目光交流	3	2	1	0
5.1.2.4	点菜单信息完整(如烹调方法、搭配等),点单完毕后与宾客确认点单内容	3	2	1	0
5.1.2.5	点单完成后,及时上酒水及冷盘(头盘),根据需要适时上热菜(主菜),上菜时主动介绍菜名	3	2	1	0
5.1.2.6	根据不同菜式要求及时更换、调整餐具,确认宾客需要的各种调料,提醒宾客小心餐盘烫手,西餐时,主动提供面包、黄油	3	2	1	0
5.1.2.7	向宾客展示酒瓶,在宾客面前打开酒瓶,西餐时,倒少量酒让主人鉴酒	3	2	1	0
5.1.2.8	红葡萄酒应是常温,白葡萄酒应是冰镇。操作玻璃器皿时,应握杯颈或杯底	3	2	1	0
5.1.2.9	宾客用餐结束后,结账效率高、准确无差错,主动征询宾客意见并致谢	3	2	1	0
5.1.2.10	正餐食品质量评价	3	2	1	0
5.1.3	酒吧服务(大堂吧,茶室)	优	良	中	差
5.1.3.1	宾客到达后,及时接待,热情友好。提供酒水单,熟悉酒水知识,主动推荐,点单时与宾客保持目光交流	3	2	1	0
5.1.3.2	点单后,使用托盘及时上齐酒水,使用杯垫,主动提供佐酒小吃	3	2	1	0
5.1.3.3	提供的酒水与点单一致,玻璃器皿与饮料合理搭配,各种酒具光亮、洁净、无裂痕、无破损,饮品温度合理	3	2	1	0
5.1.3.4	结账效率高、准确无差错,向宾客致谢	3	2	1	0
5.1.4	送餐服务	优	良	中	差
5.1.4.1	正常情况下,及时接听订餐电话,熟悉送餐菜单内容,重复和确认预订的所有细节,主动告知预计送餐时间	3	2	1	0
5.1.4.2	正常情况下,送餐的标准时间为:事先填写好的早餐卡预订时间5 min 内;临时订早餐 25 min 内;小吃 25 min 内;中餐或晚餐 40 min 内	3	2	1	0

续表

序号	标准	评价			
5.1.4.3	送餐时按门铃或轻轻敲门(未经宾客许可,不得进入客房);礼貌友好地问候宾客;征询宾客托盘或手推车放于何处,为宾客摆台、倒酒水、介绍各种调料	3	2	1	0
5.1.4.4	送餐推车保持清洁,保养良好。推车上桌布清洁、熨烫平整。饮料、食品均盖有防护用具	3	2	1	0
5.1.4.5	送餐推车上摆放鲜花瓶。口布清洁、熨烫平整、无污渍。盐瓶、胡椒瓶及其他调味品盛器洁净,装满	3	2	1	0
5.1.4.6	送餐完毕,告知餐具回收程序(如果提供回收卡,视同已告知),向宾客致意,祝愿宾客用餐愉快	3	2	1	0
5.1.4.7	送餐服务食品质量评价	3	2	1	0
5.2	餐饮区域维护保养与清洁卫生	优	良	中	差
5.2.1	餐台(包括自助餐台)稳固、美观、整洁	3	2	1	0
5.2.2	地面完整,无破损、无变色、无变形、无污渍、无异味	3	2	1	0
5.2.3	门窗及窗帘玻璃明亮,无破损、无变形、无划痕、无灰尘	3	2	1	0
5.2.4	墙面平整,无破损、无裂痕、无脱落、无灰尘、无水迹、无蛛网	3	2	1	0
5.2.5	天花板(包括空调排风口)平整,无破损、无裂痕、无脱落、无灰尘、无水迹、无蛛网	3	2	1	0
5.2.6	家具稳固、完好,无变形、无破损、无烫痕、无脱漆、无灰尘、无污染	3	2	1	0
5.2.7	灯具完好、有效,无灰尘、无污渍	3	2	1	0
5.2.8	盆景、花木无枯枝败叶,修剪效果好,无灰尘、无异味、无昆虫	3	2	1	0
5.2.9	艺术品有品位、完整,无褪色、无灰尘、无污渍	3	2	1	0
5.2.10	客用品(包括台布、餐巾、面巾、餐具、烟灰缸等)方便使用、完好、无破损、无灰尘、无污渍	3	2	1	0
	小计	117			
	实际得分:				
	得分率:(实际得分)/该项总分×100%=				

6.其他服务项目

6.1	会议、宴会	优	良	中	差
6.1.1	提供多种厅房布置方案,并有详细文字说明	3	2	1	0
6.1.2	各种厅房的名称标牌位于厅房显著位置,到厅房的方向指示标识内容清晰,易于理解	3	2	1	0
6.1.3	各厅房的灯光、空调可独立调控	3	2	1	0

续表

序号	标准	评价			
6.1.4	有窗户的厅房配备窗帘,遮光效果好	3	2	1	0
6.1.5	厅房之间有良好的隔音效果,互不干扰	3	2	1	0
6.1.6	台布、台呢整洁平整、完好、无灰尘、无污渍	3	2	1	0
6.1.7	音响、照明、投影等设施提前调试好,功能正常	3	2	1	0
6.1.8	会议期间,及时续水,响应宾客需求	3	2	1	0
6.1.9	会议休息期间,摆正椅子,整理台面,清理垃圾	3	2	1	0
6.2	健身房	优	良	中	差
6.2.1	营业时间不少于12 h,热情问候、接待	3	2	1	0
6.2.2	提供毛巾及更衣柜钥匙。有安全提示,提醒宾客保管贵重物品	3	2	1	0
6.2.3	温度合理、清洁卫生、感觉舒适、无异味	3	2	1	0
6.2.4	健身器械保养良好、易于操作,并配有注意事项,必要时向宾客讲解器械操作指南	3	2	1	0
6.2.5	照明、音像设施运行正常,照明充足、音质良好。备有饮水机与水杯	3	2	1	0
6.3	商务中心、商店、休闲娱乐项目	优	良	中	差
6.3.1	商务中心应明示各项服务收费规定、员工业务熟练、效率高、质量好	3	2	1	0
6.3.2	商品部商品陈列美观、明码标价、质量可靠、包装精美,与温泉企业整体氛围相协调,结账效率高,准确无差错	3	2	1	0
6.3.3	休闲娱乐设施完好、有效、安全、无灰尘、无污渍、无异味	3	2	1	0
6.3.4	休闲娱乐项目热情接待、服务周到,外包项目管理规范	3	2	1	0
	小计	54			
	实际得分:				
	得分率:(实际得分)/该项总分×100%=				
7.公共、后勤区					
7.1	周围环境	优	良	中	差
7.1.1	庭院(花园)完好,花木修剪整齐,保持清洁	3	2	1	0
7.1.2	停车场、回车线标线清晰,车道保持畅通	3	2	1	0
7.1.3	店标(旗帜)、艺术品等保养良好、无破损、无污渍	3	2	1	0
7.2	楼梯、走廊、电梯厅	优	良	中	差
7.2.1	地面完整,无破损、无变色、无变形、无污渍、无异味	3	2	1	0
7.2.2	墙面平整,无破损、无裂痕、无脱落、无污渍、无水迹、无蛛网	3	2	1	0

续表

序号	标准	评		价	
7.2.3	天花板(包括空调排风口)平整、无破损、无裂痕、无脱落、无灰尘、无水迹、无蛛网	3	2	1	0
7.2.4	灯具、装饰物保养良好,无灰尘、无破损	3	2	1	0
7.2.5	家具:洁净、保养良好,无灰尘、无污渍	3	2	1	0
7.2.6	紧急出口与消防设施标识清晰,安全通道保持畅通	3	2	1	0
7.2.7	公用电话机完好、有效、清洁	3	2	1	0
7.2.8	垃圾桶完好、清洁	3	2	1	0
7.3	公共卫生间	优	良	中	差
7.3.1	地面完整,无破损、无变色、无变形、无污渍、无异味、光亮	3	2	1	0
7.3.2	墙面平整、无破损、无裂痕、无脱落、无灰尘、无水迹、无蛛网	3	2	1	0
7.3.3	天花(包括空调排风口)平整,无破损、无裂痕、无脱落、无灰尘、无水迹、无蛛网	3	2	1	0
7.3.4	照明充足、温湿度适宜、通风良好	3	2	1	0
7.3.5	洗手台、恭桶、小便池保持洁净、保养良好、无堵塞、无滴漏	3	2	1	0
7.3.6	梳妆镜完好、无磨损、玻璃明亮、无灰尘、无污渍	3	2	1	0
7.3.7	洗手液、擦手纸充足,干手器完好、有效,方便使用,厕位门锁、挂钩完好、有效	3	2	1	0
7.3.8	残疾人厕位(或专用卫生间)位置合理,空间适宜,方便使用	3	2	1	0
7.4	后勤区域	优	良	中	差
7.4.1	通往后勤区域的标识清晰、规范,各区域有完备的门锁管理制度	3	2	1	0
7.4.2	后勤区域各通道保持畅通,无杂物堆积	3	2	1	0
7.4.3	地面无油污、无积水、无杂物、整洁	3	2	1	0
7.4.4	天花板(包括空调排风口)无破损、无裂痕、无脱落、无灰尘、无水迹、无蛛网	3	2	1	0
7.4.5	墙面平整,无破损、无开裂、无脱落、无污渍、无蛛网	3	2	1	0
7.4.6	各项设备维护保养良好,运行正常,无"跑、冒、滴、漏"现象	3	2	1	0
7.4.7	在醒目位置张贴有关安全、卫生的须知	3	2	1	0
7.4.8	餐具的清洗、消毒、存放符合卫生标准要求,无灰尘、无水渍	3	2	1	0
7.4.9	食品的加工与贮藏严格做到生、熟分开,操作规范	3	2	1	0
7.4.10	有防鼠、蟑螂、蝇类、蚊虫的装置与措施,完好有效	3	2	1	0
7.4.11	各类库房温度、湿度适宜,照明、通风设施完备有效,整洁卫生	3	2	1	0
7.4.12	下水道无堵塞、无油污,保持畅通无阻	3	2	1	0
7.4.13	排烟与通风设备无油污、无灰尘,定期清理	3	2	1	0

续表

序号	标 准	评 价			
7.4.14	垃圾分类收集,日产日清,垃圾房周围保持整洁,无保洁死角	3	2	1	0
7.4.15	行政后勤设施(办公室、宿舍、食堂、浴室、更衣室、培训室、医务室等)管理规范,设施设备保养良好、整洁卫生	3	2	1	0
	小计	102			
	实际得分:				
	得分率:(实际得分)/该项总分×100%=				
	总分	700			
	实际总得分:				
	总得分率:				

(注:此标准由中华人民共和国国家旅游局提出,2011年发布并实施。由全国旅游标准化技术委员会(SAC/TC 210)归口。国家旅游局在2016年开始对此标准进行勘误和修订。)

参考文献 Bibliography

[1] 曹诗图.旅游哲学引论[M].天津:南开大学出版社,2008.
[2] 王艳平.温泉旅游研究导论[M].北京:中国旅游出版社,2007.
[3] 王艳平.温泉开发的策划与规划——构筑旅游与休闲的温泉世界[M].大连:东北财经大学出版社,2009.
[4] 陈天来,张波.温泉企业设备管理[M].北京:中国旅游出版社,2007.
[5] 朱跃东.温泉旅游管理实务[M].北京:中国旅游出版社,2007.
[6] 朱东国.我国温泉旅游开发研究[M].湘潭:湘潭出版社,2006.
[7] 唐烨,谢璐.温泉旅游文化[M].天津:天津大学出版社,2017.
[8] 马勇,刘名俭.旅游市场营销管理[M].大连:东北财经大学出版社,2011.
[9] 田玉堂,张大为,冯武杰.温泉酒店文化与管理实务[M].北京:中国旅游出版社,2006.
[10] 田玉堂.温泉文化酒店操作实务[M].北京:中国旅游出版社,2005.
[11] 何少泉,华峰,高成广,等.温泉旅游地规划设计与实例[M].北京:中国林业出版社,2017.
[12] 赵欣.温泉度假村[M].大连:大连理工大学出版社,2013.
[13] 李晓琴,朱创业.温泉体验旅游策划与规划——理论方法与实践[M].武汉:科学出版社,2010.
[14] 王艳平.旅游地理与温泉度假[M].武汉:武汉大学出版社,2011.
[15] 袁富山.饭店设备管理[M].天津:南开大学出版社,2001.
[16] 郑向敏.旅游服务概论[M].北京:旅游教育出版社,2007.
[17] 郑向敏.旅游安全概论[M].北京:中国旅游出版社,2007.
[18] 郑向敏.旅游安全学[M].北京:中国旅游出版社,2003.
[19] 唐德鹏.现代饭店经营管理[M].上海:复旦大学出版社,2000.
[20] 林南枝.旅游市场学[M].天津:南开大学出版社,2000.
[21] 汪纯孝,蔡浩然.服务营销与服务质量管理[M].广州:中山大学出版社,1996.
[22] 王艳平,山村顺次.中国温泉资源旅游利用形式的变迁及其开发现状[J].地理科学,2002(1).
[23] 左莉华,王艳平.汤温泉及其理论基础[J].旅游论坛,2016(29).
[24] 王艳平.我国温泉旅游存在的问题及对策[J].地域研究与开发,2004(3).

[25] 王艳平.温泉地社会保障功能之国际比较[J].旅游学刊,2005(1).
[26] 于杨,王艳平.中国温泉旅游研究三十年进展[J].旅游论坛,2009(5).
[27] 彭秀芬,向云波.广东、台湾与日本温泉旅游开发比较研究[J].经济论坛,2011(2).
[28] 邵其会.四川温泉度假旅游产品的开发研究[J].旅游经济,2012(2).
[29] 谢慧颖.武义夏季温泉旅游产品设计研究[J].城市旅游规划,2013(5).
[30] 周玲强,祝勤玫.温泉旅游开发模式探讨[J].经济论坛,2010(11).
[31] 张春丽,王昆欣.基于休闲经济背景下的我国温泉旅游发展分析[J].生态经济(学术版),2008(2).
[32] 张跃西,养生旅游的概念及开发[N].中国旅游报,2010-01-08.
[33] 韩光明.我国温泉休闲旅游安全问题与对策[J].泉州师范学院学报,2013(2).
[34] 陈才,刘艳华,孙洪娇.温泉游客决策、旅游体验与购后行为研究[J].旅游论坛,2011(3).
[35] 谢朝武.我国旅游安全预警体系的构建研究[J].中国安全科学学报,2010(8).
[36] 樊春梅,蔡飞.温泉休闲旅游发展对策研究——以江西星子为例[J].安徽农业科学,2009(36).
[37] 樊超.成都周边温泉度假村主题服务设施建筑设计研究[D].成都:西南交通大学,2014.
[38] 刘函.生态旅游标准体系法律问题研究[D].武汉:华中农业大学,2012.
[39] 余伟.温泉度假区规划方法研究[D].上海:同济大学,2008.
[40] 张雪.温泉度假酒店设计的研究[D].南京:南京林业大学,2009.
[41] 洪彪.温泉旅游者体验影响因素研究[D].福州:福建师范大学,2009.
[42] 季学芬.RMP视角下的云步山温泉旅游产品优化研究[D].沈阳:沈阳师范大学,2017.
[43] 干永和.基于消费者偏好的中医药康养旅游产品开发策略研究[D].北京:北京中医药大学,2017.
[44] 李萌.基于产业链延伸的宜春温泉旅游产品创新研究[D].南昌:江西财经大学,2016.
[45] 尹苏.基于公共管理角度下的温泉旅游发展研究[D].南京:东南大学,2014.
[46] 巫晶.温泉旅游游客行为研究[D].厦门:厦门大学,2006.
[47] 朱东国.我国温泉旅游开发研究[D].湘潭:湘潭大学,2006.
[48] 马伟.营口温泉旅游发展战略研究[D].大连:大连理工大学,2008.
[49] 段银云.恒鑫旅游度假区—规划与实施[D].广州:暨南大学,2013.

教学支持说明

为了改善教学效果,提高教材的使用效率,满足高校授课教师的教学需求,本套教材备有与纸质教材配套的教学课件(PPT 电子教案)和拓展资源(案例库、习题库视频等)。

为保证本教学课件及相关教学资料仅为教材使用者所得,我们将向使用本套教材的高校授课教师免费赠送教学课件或者相关教学资料,烦请授课教师通过电话、邮件或加入旅游专家俱乐部 QQ 群等方式与我们联系,获取"教学课件资源申请表"文档并认真准确填写后发给我们,我们的联系方式如下:

地址:湖北省武汉市东湖新技术开发区华工科技园华工园六路

邮编:430223

电话:027-81321911

传真:027-81321917

E-mail:lyzjjlb@163.com

旅游专家俱乐部 QQ 群号:306110199

旅游专家俱乐部 QQ 群二维码:

群名称:旅游专家俱乐部
群　号:306110199

教学课件资源申请表

填表时间：_____年___月___日

1. 以下内容请教师按实际情况填写，★为必填项。
2. 学生根据个人情况如实填写，相关内容可以酌情调整提交。

★姓名		★性别	□男 □女	出生年月		★职务		
						★职称	□教授 □副教授	□讲师 □助教

★学校		★院/系	
★教研室		★专业	
★办公电话		家庭电话		★移动电话	
★E-mail（请填写清晰）				★QQ号/微信号	
★联系地址				★邮编	

★现在主授课程情况	学生人数	教材所属出版社	教材满意度
课程一			□满意 □一般 □不满意
课程二			□满意 □一般 □不满意
课程三			□满意 □一般 □不满意
其他			□满意 □一般 □不满意

教材出版信息					
方向一	□准备写	□写作中	□已成稿	□已出版待修订	□有讲义
方向二	□准备写	□写作中	□已成稿	□已出版待修订	□有讲义
方向三	□准备写	□写作中	□已成稿	□已出版待修订	□有讲义

　　请教师认真填写表格下列内容，提供索取课件配套教材的相关信息，我社根据每位教师/学生填表信息的完整性、授课情况与索取课件的相关性，以及教材使用的情况赠送教材的配套课件及相关教学资源。

ISBN（书号）	书名	作者	索取课件简要说明	学生人数（如选作教材）
			□教学　□参考	
			□教学　□参考	

★您对与课件配套的纸质教材的意见和建议，希望提供哪些配套教学资源：